50 CENTIMES LA LIVRAISON.

HISTOIRE
DE
LA RÉVOLUTION
FRANÇAISE,

PAR M. A. THIERS,
DE L'ACADÉMIE FRANÇAISE, MINISTRE ET DÉPUTÉ.

QUATRIÈME ÉDITION,
ORNÉE DE 100 BELLES GRAVURES EN TAILLE-DOUCE D'APRÈS LES DESSINS
DE M. SCHEFFER AÎNÉ,
ET EXÉCUTÉES SUR ACIER PAR LES PLUS HABILES ARTISTES.

PROSPECTUS.

Huit mille exemplaires de l'*Histoire de la Révolution française*, de M. Thiers, ayant été épuisés, une quatrième édition devient nécessaire.

Cet important ouvrage a, comme on sait, fait époque dans notre littérature : il a été justement regardé comme un modèle de narration et de critique historiques. Composé dans un moment où on discutait beaucoup sur la meilleure manière d'écrire l'histoire, il offrit l'exemple d'une composition historique réunissant toutes les conditions que les meilleurs écrivains en ce genre n'ont remplies qu'incomplétement.

Mais c'est surtout à cause de son influence sur les esprits, que ce livre mérite d'être remarqué entre beaucoup d'autres. La Révolution française, mal connue des générations nouvelles, ne leur apparaissait, dans le nuage du passé, que comme un rêve sanglant et terrible; la Restauration et tous les débris du passé qui s'y rattachaient, trouvaient dans les souvenirs de ce temps des arguments contre les idées de liberté, de progrès et de réformes politiques, et des motifs d'accusation contre les hommes qui combattaient pour leur triomphe. L'Histoire de M. Thiers, en expliquant, en justifiant et réhabilitant le passé, fit mieux comprendre le présent et l'avenir.

On ne peut douter que le point de vue nouveau sous lequel M. Thiers a représenté cette grande époque, n'ait contribué à développer dans l'opinion publique cette opposition formidable à laquelle la Restauration fut en butte. La génération actuelle puisa dans son livre une instruction positive et forte, qui lui donnait à la fois et l'intelligence et le goût des choses politiques.

L'*Histoire de la Révolution française* prépara tous les esprits à la catastrophe de juillet, et en disposa un grand nombre à la désirer. Les destinées du parti de l'émigration, si bien expliquées dans l'ouvrage, ne furent plus douteuses pour personne, et on ne disputait plus que sur la date de l'événement. Le fait vint bientôt justifier les prévisions; et l'ouvrage de M. Thiers a dû y contribuer par sa tendance révolutionnaire. Sous ce rapport, on peut croire qu'il a été de quelque utilité pour le pays.

Depuis la publication de la deuxième édition, la Révolution de Juillet s'accomplit, et l'ouvrage ne perdit rien, ni de son utilité, ni de son intérêt; trois mille nouveaux exemplaires épuisés en une année, le prouvèrent. Dans la troisième édition publiée en 1832, l'auteur ne crut pas devoir, en relisant son livre, modifier une seule de ses opinions, soit sur les choses, soit sur les hommes; ses convictions sont restées après ce qu'elles étaient avant.

Il n'a été fait, comme nous venons de le dire, aucun changement à l'ouvrage, quant au fond des opinions et des jugements. Les corrections nombreuses qu'a subies la troisième édition et qu'on retrouvera dans celle-ci, ne portent que sur la forme : ce sont de simples corrections de style et de rédaction. M. Thiers a tenu à faire disparaître quelques négligences inévitables dans une œuvre si longue ; et si l'on compare le texte de cette édition avec les précédentes, on verra que ce travail de révision était de quelque importance pour un ouvrage qui doit rester. L'auteur a pensé aussi que le récit gagnerait beaucoup à être divisé en chapitres : l'absence de ces repos nécessaires se faisait trop sentir dans les premières éditions. Les lecteurs n'y trouvaient pas non plus, avec assez de facilité, les dates et les faits : des indications marginales, des sommaires, et des tables à la fin de chaque volume, ont remédié à cet inconvénient.

La nouvelle édition que nous annonçons aujour-

(4)

d'hui, ne diffère de la précédente que par le mode de publication et par l'addition des gravures. Nous avons pensé que *cent* dessins de M. Scheffer, gravés par les meilleurs artistes, donneraient un nouveau prix à cette belle histoire. Le goût toujours croissant du public pour les publications iconologiques et pittoresques, nous fait espérer que cette innovation sera approuvée.

CONDITIONS DE LA SOUSCRIPTION :

L'*Histoire de la Révolution* formera 10 gros volumes in-8° imprimés par Firmin Didot frères, sur papier superfin des Vosges, qui seront divisés en 100 livraisons, chacune de 48 pages, et accompagnées d'une très-belle gravure d'après les dessins de M. Scheffer aîné, exécutée par les meilleurs artistes.

Une livraison paraîtra toutes les semaines à compter du 1er décembre.

Prix de chaque livraison	50 cent.
La même, figure sur papier de Chine	60

On fera porter les livraisons à domicile en souscrivant et payant d'avance.

Pour 20 livraisons	10 fr.
Pour 20 livraisons sur papier de Chine	12

Les souscriptions pour les départements seront reçues pour 20 livraisons par la poste	13 fr. 50 cent.
Sur papier de Chine	15 50

On vendra séparément les gravures aux personnes qui les désireront.

Prix de chaque gravure	15 cent.
Sur papier de Chine	25

On souscrit,

A BRUXELLES, chez **LEVOUX**, libraire ;
A MONS, même maison,
Et chez tous les libraires de la Belgique.

IMPRIMERIE DE FIRMIN DIDOT FRÈRES,
RUE JACOB, N° 24.

HISTOIRE
DE
LA RÉVOLUTION
FRANÇAISE.

TOME Ier.

TYPOGRAPHIE DE FIRMIN DIDOT FRÈRES,
RUE JACOB, N° 24.

HISTOIRE

DE

LA RÉVOLUTION

FRANÇAISE,

PAR M. A. THIERS,
DE L'ACADÉMIE FRANÇAISE, MINISTRE ET DÉPUTÉ.

TOME PREMIER.

Quatrième Édition.

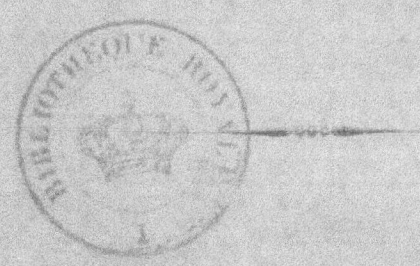

PARIS,
CHEZ LEPOINTE, ÉDITEUR,
QUAI DES AUGUSTINS, N° 49.

M DCCC XXXIV.

DISCOURS

PRONONCÉ

PAR

M. THIERS,

LE JOUR DE SA RÉCEPTION

A L'ACADÉMIE FRANÇAISE

(13 décembre 1834).

Messieurs,

En entrant dans cette enceinte, j'ai senti se réveiller en moi les plus beaux souvenirs de notre patrie. C'est ici que vinrent s'asseoir tour à tour Corneille, Bossuet, Voltaire, Montesquieu, esprits immortels qui feront à jamais la gloire de notre nation. C'est ici que, naguère encore, siégeaient Laplace et Cuvier. Il faut s'humilier profondément devant ces hommes illustres; mais à quelque distance qu'on soit placé d'eux, il faudrait être insensible à tout ce qu'il y a de grand, pour ne pas être touché d'entrer dans leur glorieuse compagnie. Rarement, il est vrai, on en soutient l'éclat, mais on en perpétue du moins la durée, en attendant que des génies nouveaux viennent lui rendre sa splendeur.

L'Académie française n'est pas seulement le sanctuaire des plus beaux souvenirs patriotiques, elle est une noble et utile institution, que l'ancienne royauté avait fondée, et que la révolution française a pris soin d'élever et d'agrandir. Cette institution, en donnant aux premiers écrivains du pays la mission de régler la marche de la langue, d'en fixer le sens, non d'après le caprice individuel, mais d'après le consentement universel, a créé au milieu de vous une autorité qui maintient l'unité de la langue, comme ailleurs les autorités régulatrices maintiennent l'unité de la justice, de l'administration, du gouvernement.

L'Académie française contribue ainsi, pour sa part, à la conservation de cette belle unité française, caractère essentiel et gloire principale de notre nation. Si le véritable objet de la société humaine est de réunir en commun des milliers d'hommes, de les amener à penser, parler, agir comme un seul individu, c'est-à-dire avec la précision de l'unité et la toute-puissance du nombre, quel spectacle plus grand, plus magnifique, que celui d'un peuple de trente-deux millions d'hommes, obéissant à une seule loi, parlant une seule langue, presque toujours saisis au même instant de la même pensée, animés de la même volonté, et marchant tous ensemble du même pas au même but ! Un tel peuple est redoutable, sans doute, par la promptitude et la véhémence de ses résolutions; la prudence lui est plus nécessaire qu'à aucun autre; mais dirigé par la sagesse, sa puissance, pour le bien de lui-même et du monde, sa puissance est immense, irrésistible! Quant à moi, messieurs, je suis fier pour mon pays de cette grande unité, je la respecte partout; je regarde comme sérieuses toutes les institutions destinées à la maintenir, et je ressens vivement l'honneur d'avoir été appelé à faire partie de cette noble Académie, rendez-vous des esprits distingués de notre nation, centre d'unité pour notre langue.

Dès qu'il m'a été permis de me présenter à vos suffrages, je l'ai fait. J'ai consacré dix années de ma vie à écrire l'histoire de notre immense révolution; je l'ai écrite sans haine, sans passion, avec un vif amour pour la grandeur de mon pays; et quand cette révolution a triomphé dans ce qu'elle avait de bon, de juste, d'honorable, je suis venu déposer à vos pieds le tableau que j'avais essayé de tracer de ses longues vicissitudes. Je vous remercie de l'avoir accueilli, d'avoir déclaré que les amis de l'ordre, de l'humanité, de la France, pouvaient l'avouer; je vous remercie surtout, vous, hommes paisibles, heureusement étrangers pour la plupart aux troubles qui nous agitent, d'avoir discerné, au milieu du tumulte des partis, un disciple des lettres, passagèrement enlevé à leur culte, de lui avoir tenu compte d'une jeunesse laborieuse, consacrée à l'étude, et peut-être aussi de quelques luttes soutenues pour la cause de la raison et de la vraie liberté. Je vous remercie de m'avoir introduit dans cet asile de la pensée libre et calme. Lorsque de pénibles devoirs me permettront d'y être, ou que la destinée aura reporté sur d'autres têtes le joug qui pèse sur la mienne, je serai heureux de me réunir souvent à des confrères justes, bienveillants, pleins de lumières.

S'il m'est doux d'être admis à vos côtés, dans ce sanctuaire des lettres, il m'est doux aussi d'avoir à louer devant vous un prédécesseur, homme d'esprit et de bien, homme de lettres véritable, que notre puissante révolution saisit un instant, emporta au milieu des orages, puis déposa, pur et irréprochable, dans un asile tranquille, où il enseigna utilement la jeunesse pendant trente années.

M. Andrieux était né à Strasbourg, vers le milieu du dernier siècle, d'une famille simple et honnête, qui le destinait au barreau. Envoyé à Paris pour y étudier la jurisprudence, il l'étudiait avec assiduité; mais il nourrissait en lui un goût vif et profond, celui des lettres, et il se consolait souvent avec elles de l'aridité de ses études. Il vivait seul et loin du monde, dans une société de jeunes gens spirituels, aimables et pauvres, comme lui destinés par leurs parents à une carrière solide et utile, et, comme lui, rêvant une carrière d'éclat et de renommée.

Là se trouvait le bon Colin d'Harleville, qui, placé à Paris pour y apprendre la science du droit, affligeait son vieux père en écrivant des pièces de théâtre. Là se trouvait aussi Picard, jeune homme franc, ouvert, plein de verve. Ils vivaient dans une étroite intimité, et songeaient à faire une révolution sur la scène comique. Si, à cette époque, le génie philosophique avait pris un essor extraordinaire, et soumis à un examen redoutable les institutions sociales, religieuses et politiques, les arts s'étaient abaissés avec les mœurs du siècle. La comédie, par exemple, avait contracté tous les caractères d'une société oisive et raffinée; elle parlait un langage faux et apprêté. Chose singulière! on n'avait jamais été plus loin de la nature en la célébrant avec enthousiasme. Éloignés de cette société, où la littérature était venue s'affadir, Colin d'Harleville, Picard, Andrieux, se promettaient de rendre à la comédie un langage plus simple, plus vrai, plus décent. Ils y réussirent, chacun suivant son goût particulier.

Colin d'Harleville, élevé aux champs dans une bonne et douce famille, reproduisit dans *l'Optimiste* et *les Châteaux en Espagne* ces caractères aimables, faciles, gracieux, qu'il avait pris, autour de lui, l'habitude de voir et d'aimer. Picard, frappé du spectacle étrange de notre révolution, transporta sur la scène le bouleversement bizarre des esprits, des mœurs, des conditions. M. Andrieux, vivant au milieu de la jeunesse des écoles, quand il écrivait la célèbre comédie des *Étourdis*, lui emprunta ce tableau de jeunes gens, échappés récemment à la surveillance de leurs familles, et jouissant de leur liberté avec l'entraînement du premier âge. Aujourd'hui ce tableau, sans doute, a un peu vieilli; car les étourdis de M. Andrieux ne ressemblent pas aux nôtres : quoiqu'ils aient vingt ans, ils n'oseraient pas prononcer sur la meilleure forme de gouvernement à donner à leur pays; ils sont vifs, spirituels, dissipés, et livrés à ces désordres qu'un père blâme et peut encore pardonner. Ce tableau tracé par M. Andrieux attache et amuse. Sa poésie, pure, facile, piquante, rappelle les poésies légères de Voltaire. La comédie des *Étourdis* est incontestablement la meilleure production dramatique de M. Andrieux, parce qu'il l'a composée en présence même du modèle. C'est toujours ainsi qu'un auteur rencontre son chef-d'œuvre. C'est ainsi que Lesage a créé *Turcaret*, Piron *la Métromanie*, Picard *les Marionnettes*. Ils représentaient ce qu'ils avaient vu de leurs yeux. Ce qu'on a vu on le peint mieux, cela donne la vérité; on le peint plus volontiers, cela donne la verve du style. M. Andrieux n'a pas autrement composé *les Étourdis*.

Il obtint sur-le-champ une réputation littéraire distinguée. Écrire avec esprit, pureté, élégance, n'était pas ordinaire, même alors. M. Colin d'Harleville avait quitté le barreau, mais M. Andrieux, qui avait une famille à soutenir, et qui se montra toujours scrupuleux observateur de ses devoirs, n'avait pu suivre cet exemple. Il s'était résigné au barreau, lorsque la révolution le priva de son état, puis l'obligea de chercher un asile à Maintenon, dans la douce retraite où Colin d'Harleville était né, où il était revenu, où il vivait adoré des habitants du voisinage, et recueillait le prix des vertus de sa famille et des siennes, en goûtant au milieu d'une terreur générale une sécurité profonde.

M. Andrieux, réuni à son ami, trouva dans les lettres ces douceurs tant vantées il y a deux mille ans par Cicéron proscrit, toujours les mêmes dans tous les siècles, et que la Providence tient constamment en réserve pour les esprits élevés que la fortune agite et poursuit. Revenu à Paris quand tous les hommes paisibles y revenaient, M. Andrieux y trouva un emploi utile, devint membre de l'Institut, bientôt juge au tribunal de cassation, puis député aux cinq-cents, et enfin membre de ce corps singulier que, dans la longue histoire de nos constitutions, on a nommé le tribunat. Dans ces situations diverses, M. Andrieux, sévère pour lui-même, ne sacrifia jamais ses devoirs à ses goûts personnels. Jurisconsulte savant au tribunal de cassation, député zélé aux cinq-cents, il remplit partout sa tâche, telle que la destinée la lui avait assignée. Aux cinq-cents, il soutint le directoire, parce qu'il voyait encore dans ce gouvernement la cause de la révolution. Mais il ne crut plus la reconnaître dans le premier consul, et il lui résista au sein du tribunat.

Tout le monde, à cette époque, n'était pas d'accord sur le véritable enseignement à tirer de la révolution française. Pour les uns, elle contenait une leçon frappante; pour les autres, elle ne prouvait rien, et toutes les opinions de 89 demeuraient vraies, même après l'événement. Aux yeux de ces derniers, le gouvernement consulaire était coupable. M. Andrieux penchait pour cet avis. Ayant peu souffert de la révolution, il en était moins ému que d'autres. Avec un esprit calme, fin, nullement enthousiaste, il était peu exposé aux séductions du premier consul, qu'il admirait modérément, et que jamais il ne put aimer. Il contribuait à la Décade philosophique avec MM. Cabanis, Chénier, Ginguené, tous continuateurs fidèles de l'esprit du dix-huitième siècle, qui pensaient comme Voltaire à une époque où peut-être Voltaire n'eût plus pensé de même, et qui écrivaient comme lui, sinon avec son génie, du moins avec son élégance. Vivant dans cette société où l'on regardait comme oppressive l'énergie du gouvernement consulaire, où l'on considérait le concordat comme un retour à de vieux préjugés, et le code civil comme une compilation de vieilles lois, M. Andrieux montra une résistance décente, mais ferme.

A côté de ces philosophes de l'école du dix-huitième siècle, qui avaient au moins le mérite de ne pas courir au-devant de la fortune, il y en avait d'autres qui pensaient très-différemment, et parmi eux s'en trouvait un couvert de gloire, qui avait la plume, la parole, l'épée, c'est-à-dire tous les instruments à la fois, et la ferme volonté de s'en servir : c'était le jeune et brillant vainqueur de Marengo. Il affichait hautement la prétention d'être plus novateur, plus philosophe, plus révolutionnaire que ses détracteurs. A l'entendre, rien n'était plus nouveau que d'édifier une société dans un pays où il ne restait plus que des ruines; rien n'était plus philosophique que de rendre au monde ses vieilles croyances; rien n'était plus véritablement révolutionnaire que d'écrire dans les lois et de propager par la victoire le grand principe de l'égalité civile.

Devant vous, messieurs, on peut exposer ces prétentions diverses; il ne serait pas séant de les juger.

Le tribunat était le dernier asile laissé à l'opposition. La parole avait exercé tant de ravage qu'on avait voulu se donner contre elle des garanties, en la séparant de la délibération. Dans la constitution consulaire, un corps législatif délibérait sans parler; et à côté de lui un autre corps, le tribunat, parlait sans délibérer. Singulière précaution, et qui fut vaine! Ce tribunat, institué pour parler, parla en effet. Il combattit les mesures proposées par le premier consul; il repoussa le code civil; il dit timidement, mais il dit enfin ce qu'au dehors mille journaux répétaient avec violence. Le gouvernement, dans un coupable mouvement de colère, brisa ses résistances, étouffa le tribunat, et fit succéder un profond silence à ces dernières agitations.

Aujourd'hui, messieurs, rien de pareil n'existe: on n'a point séparé les corps qui délibèrent des corps qui discutent; deux tribunes retentissent sans cesse; la presse élève ses cent voix. Livré à soi, tout cela marche. Un gouvernement pacifique supporte ce que ne put pas supporter un gouvernement illustré par la victoire. Pourquoi, messieurs ? parce que la liberté, possible aujourd'hui à la suite d'une révolution pacifique, ne l'était pas alors à la suite d'une révolution sanglante.

Les hommes de ce temps avaient à se dire d'effrayantes vérités. Ils avaient versé le sang les uns des autres; ils s'étaient réciproquement dépouillés; quelques-uns avaient porté les armes contre leur patrie. Ils ne pouvaient être en présence avec la faculté de parler et d'écrire sans s'adresser des reproches cruels. La liberté n'eût été pour eux qu'un échange d'affreuses récriminations.

Messieurs, il est des temps où toutes choses peuvent se dire impunément, où l'on peut sans danger reprocher aux hommes publics d'avoir opprimé les vaincus, trahi leur pays, manqué à l'honneur; c'est quand ils n'ont rien fait de pareil; c'est quand ils n'ont ni opprimé les vaincus, ni trahi leur pays, ni manqué à l'honneur. Alors cela peut se dire sans danger, parce que cela n'est pas : alors la liberté peut affliger quelquefois les cœurs honnêtes, mais elle ne peut pas bouleverser la société. Mais malheureusement en 1800 il y avait des hommes qui pouvaient dire à d'autres : Vous avez égorgé mon père et mon fils, vous détenez mon bien, vous étiez dans les rangs de l'étranger. Napoléon ne voulut plus qu'on pût s'adresser de telles paroles. Il donna aux haines les distractions de la guerre; il condamna au silence dans lequel elles ont expiré les passions fatales qu'il fallait laisser éteindre. Dans ce silence, une France nouvelle, forte, compacte, innocente, s'est formée, une France qui n'a rien de pareil à se dire, dans laquelle la liberté est possible, parce que nous, hommes du temps présent, nous avons des erreurs, nous n'avons pas de crimes à nous reprocher.

M. Andrieux, sorti du tribunat, eût été réduit à une véritable pauvreté sans les lettres, qu'il aimait, et qui le payèrent bientôt de son amour. Il composa quelques ouvrages pour le théâtre qui eurent moins de succès que *les Étourdis*, mais qui confirmèrent sa réputation d'excellent écrivain. Il composa surtout des contes qui sont aujourd'hui dans la mémoire de tous les appréciateurs de la saine littérature, et qui sont des modèles de grâce et de bon langage. Le frère du premier consul, cherchant à dépenser dignement une fortune inespérée, assura à M. Andrieux une existence douce et honorable en le nommant son bibliothécaire. Bientôt, à ce bienfait, la Providence en ajouta un autre : M. Andrieux trouva l'occasion que ses goûts et la nature de son esprit lui faisaient rechercher depuis long-temps, celle d'exercer l'enseignement. Il obtint la chaire de littérature de l'École polytechnique, et plus tard celle du Collège de France.

Lorsqu'il commença la carrière du professorat, M. Andrieux était âgé de quarante ans. Il avait traversé une longue révolution, et il avait été rendu plein de souvenirs à une vie paisible.

Il avait des goûts modérés, une imagination douce et enjouée, un esprit fin, lucide, parfaitement droit, et un cœur aussi droit que son esprit. S'il n'avait pas produit des ouvrages d'un ordre supérieur, il s'était du moins assez essayé dans les divers genres de littérature pour connaître tous les secrets de l'art; enfin il avait conservé un talent de narrer avec grace, presque égal à celui de Voltaire. Avec une telle vie, de telles facultés, une bienveillance extrême pour la jeunesse, on peut dire qu'il réunissait presque toutes les conditions du critique accompli.

Aujourd'hui, messieurs, dans cet auditoire qui m'entoure, comme dans tous les rangs de la société, il y a des témoins qui se rappellent encore M. Andrieux enseignant la littérature au Collége de France. Sans leçon écrite, avec sa simple mémoire, avec son immense instruction toujours présente, avec les souvenirs d'une longue vie, il montait dans sa chaire, toujours entourée d'un auditoire nombreux. On faisait, pour l'entendre, un silence profond. Sa voix faible et cassée, mais claire dans le silence, s'animait par degré, prenait un accent naturel et pénétrant. Tour à tour mêlant ensemble la plus saine critique, la morale la plus pure, quelquefois même des récits piquants, il attachait, entraînait son auditoire, par un enseignement qui était moins une leçon qu'une conversation pleine d'esprit et de grace. Presque toujours son cours se terminait par une lecture; car on aimait surtout à l'entendre lire avec un art exquis, des vers ou de la prose de nos grands écrivains. Tout le monde s'en allait charmé de ce professeur aimable, qui donnait à la jeunesse la meilleure des instructions, celle d'un homme de bien, éclairé, spirituel, éprouvé par la vie, épanchant ses idées, ses souvenirs, son ame enfin, qui était si bonne à montrer tout entière.

Je n'aurais pas achevé ma tâche, si je ne rappelais devant vous les opinions littéraires d'un homme qui a été si long-temps l'un de nos professeurs les plus renommés. M. Andrieux avait un goût pur, sans toutefois être exclusif. Il ne condamnait ni la hardiesse d'esprit, ni les tentatives nouvelles. Il admirait beaucoup le théâtre anglais; mais en admirant Shakspeare, il estimait beaucoup moins ceux qui se sont inspirés de ses ouvrages. L'originalité du grand tragique anglais, disait-il, est vraie. Quand il est singulier ou barbare, ce n'est pas qu'il veuille l'être, c'est qu'il l'est naturellement, par l'effet de son caractère, de son temps, de son pays. M. Andrieux pardonnait au génie d'être quelquefois barbare, mais non pas de chercher à l'être. Il ajoutait que quiconque se fait ce qu'il n'est pas, est sans génie. Le vrai génie consiste, disait-il, à être tel que la nature vous a fait, c'est-à-dire hardi, incorrect, dans le siècle et la patrie de Shakspeare; pur, régulier et poli, dans le siècle et la patrie de Racine. Être autrement, disait-il, c'est imiter. Imiter Racine ou Shakspeare; être classique à l'école de l'un ou à l'école de l'autre, c'est toujours imiter, et imiter c'est n'avoir pas de génie.

En fait de langage, M. Andrieux tenait à la pureté, à l'élégance, et il en était aujourd'hui un modèle accompli. Il disait qu'il ne comprenait pas les essais faits sur une langue dans le but de la renouveler. Le propre d'une langue, c'était, suivant lui, d'être une convention admise et comprise de tout le monde. Dès lors, disait-il, la fixité est de son essence, et la fixité, ce n'est pas la stérilité. On peut faire une révolution complète dans les idées, sans être obligé de bouleverser la langue pour les exprimer. De Bossuet et Pascal à Montesquieu et Voltaire, quel immense changement d'idées! A la place de la foi, le doute; à la place du respect le plus profond pour les institutions existantes, l'agression la plus hardie : eh bien, pour rendre des idées si différentes, a-t-il fallu créer ou des mots nouveaux ou des constructions nouvelles? Non; c'est dans la langue pure et coulante de Racine que Voltaire a exprimé les pensées les plus étrangères au siècle de Racine. Défiez-vous, ajoutait M. Andrieux, des gens qui disent qu'il faut renouveler la langue; c'est qu'ils cherchent à produire avec des mots, des effets qu'ils ne savent pas produire avec des idées. Jamais un grand penseur ne s'est plaint de la langue comme d'un lien qu'il fallût briser. Pascal, Bossuet, Montesquieu, écrivains caractérisés s'il en fut jamais, n'ont jamais élevé de telles plaintes; ils ont grandement pensé, naturellement écrit, et l'expression naturelle de leurs grandes pensées en a fait de grands écrivains.

Je ne reproduis qu'en hésitant ces maximes d'une orthodoxie fort contestée aujourd'hui, et je ne les reproduis que parce qu'elles sont la pensée exacte de mon savant prédécesseur; car, messieurs, je l'avouerai, la destinée m'a réservé assez d'agitations, assez de combats d'un autre genre, pour ne pas rechercher volontiers de nouveaux adversaires. Ces belles-lettres, qui furent mon sol natal, je me les représente comme un asile de paix. Dieu me préserve d'y trouver encore des partis et leurs chefs, la discorde et ses clameurs! Aussi, je me hâte de dire que rien n'était plus bienveillant et plus doux que le jugement de M. Andrieux sur toutes choses, et que ce n'est pas lui qui eût mêlé du fiel aux questions littéraires de notre époque. Disciple de Voltaire, il ne condamnait que ce qui l'ennuyait; il ne repoussait que ce qui pouvait corrompre les esprits et les ames.

M. Andrieux s'est doucement éteint dans les travaux agréables et faciles de l'enseignement et du secrétariat perpétuel; il s'est éteint au milieu d'une famille chérie, d'amis empressés; il s'est éteint sans douleurs, presque sans maladie, et, si j'ose dire, parce qu'il avait assez vécu, suivant la nature et suivant ses propres désirs.

Il est mort, content de laisser ses deux filles unies à deux hommes d'esprit et de bien, content de sa médiocre fortune, de sa grande considération, content de voir la révolution française triomphant sans désordre et sans excès.

En terminant ce simple tableau d'une carrière pure et honorée, arrêtons-nous un instant devant ce siècle orageux qui entraîna dans son cours la modeste vie de M. Andrieux; contemplons ce siècle immense qui emporta tant d'existences et qui emporte encore les nôtres.

Je suis ici, je le sais, non devant une assemblée politique, mais devant une Académie. Pour vous, messieurs, le monde n'est point une arène, mais un spectacle, devant lequel le poète s'inspire, l'historien observe, le philosophe médite. Quel temps, quelles choses, quels hommes, depuis cette mémorable année 1789 jusqu'à cette autre année non moins mémorable de 1830! La vieille société française du 18e siècle, si polie, mais si mal ordonnée, finit dans un orage épouvantable. Une couronne tombe avec fracas, entraînant la tête auguste qui la portait. Aussitôt, et sans intervalle, sont précipitées les têtes les plus précieuses et les plus illustres: génie, héroïsme, jeunesse, succombent sous la fureur des factions, qui s'irritent de tout ce qui charme les hommes. Les partis se suivent, se poussent à l'échafaud, jusqu'au terme que Dieu a marqué aux passions humaines; et de ce chaos sanglant, sort tout-à-coup un génie extraordinaire, qui saisit cette société agitée, l'arrête, lui donne à la fois l'ordre, la gloire, réalise le plus vrai de ses besoins, l'égalité civile, ajourne la liberté qui l'eût gêné dans sa marche, et court porter à travers le monde les vérités puissantes de la révolution française. Un jour sa bannière à trois couleurs éclate sur les hauteurs du Mont-Thabor, un jour sur le Tage, un dernier jour sur le Borysthène. Il tombe enfin, laissant le monde rempli de ses œuvres, l'esprit humain plein de son image; et le plus actif des mortels va mourir, mourir d'inaction, dans une île du grand Océan!

Après tant et de si magiques événements, il semble que le monde épuisé doive s'arrêter; mais il marche et marche encore. Une vieille dynastie, préoccupée de chimériques regrets, lutte avec la France, et déchaîne de nouveaux orages; un trône tombe de nouveau; les imaginations s'ébranlent, mille souvenirs effrayants se réveillent, lorsque, tout-à-coup, cette destinée mystérieuse qui conduit la France à travers les écueils depuis quarante années, cherche, trouve, élève un prince, qui a vu, traversé, conservé en sa mémoire tous ces spectacles divers, qui fut soldat, proscrit, instituteur; la destinée le place sur ce trône entouré de tant d'orages, et aussitôt le calme renaît, l'espérance rentre dans les cœurs, et la vraie liberté commence.

Voilà, messieurs, les grandeurs auxquelles nous avons assisté. Quel que soit ici notre âge, nous en avons tous vu une partie, et beaucoup d'entre nous les ont vues toutes. Quand on nous enseignait, dans notre enfance, les annales du monde, on nous parlait des orages de l'antique Forum, des proscriptions de Sylla;

de la mort tragique de Cicéron; on nous parlait des infortunes des rois, des malheurs de Charles Ier, de l'aveuglement de Jacques II, de la prudence de Guillaume III; on nous entretenait aussi du génie des grands capitaines, on nous entretenait d'Alexandre, de César, on nous charmait du récit de leur grandeur, des séductions attachées à leur génie, et nous aurions désiré connaître de nos propres yeux ces hommes puissants et immortels.

Eh bien! messieurs, nous avons rencontré, vu, touché nous-mêmes en réalité toutes ces choses et ces hommes; nous avons vu un Forum aussi sanglant que celui de Rome, nous avons vu la tête des orateurs portée à la tribune aux harangues; nous avons vu des rois plus malheureux que Charles Ier, plus tristement aveuglés que Jacques II, nous voyons tous les jours la prudence de Guillaume, et nous avons vu César, César lui-même! Parmi vous qui m'écoutez, il y a des témoins qui ont eu la gloire de l'approcher, de rencontrer son regard étincelant, d'entendre sa voix, de recueillir ses ordres de sa propre bouche, et de courir les exécuter à travers la fumée des champs de bataille. S'il faut des émotions aux poètes, des scènes vivantes à l'historien, des vicissitudes instructives au philosophe, que vous manque-t-il, poètes, historiens, philosophes de notre âge, pour produire des œuvres dignes d'une postérité reculée!

Si, comme on l'a dit souvent, des troubles, puis un profond repos, sont nécessaires pour féconder l'esprit humain, certes ces deux conditions sont bien remplies aujourd'hui. L'histoire dit qu'en Grèce les arts fleurirent après les troubles d'Athènes, et sous l'influence paisible de Périclès; qu'à Rome, ils se développèrent après les dernières convulsions de la république mourante, et sous le beau règne d'Auguste; qu'en Italie ils brillèrent sous les derniers Médicis, quand les républiques italiennes expiraient; et chez nous, sous Louis XIV, après la Fronde. S'il en devait toujours être ainsi, nous devrions espérer, messieurs, de beaux fruits de notre siècle.

Il ne m'est pas permis de prendre ici la parole pour ceux de mes contemporains qui ont consacré leur vie aux arts, qui animent la toile ou le marbre, qui transportent les passions humaines sur la scène; c'est à eux à dire s'ils se sentent inspirés par ces spectacles si riches! Je craindrai moins de parler ici pour ceux qui cultivent les sciences, qui retracent les annales des peuples, qui étudient les lois du monde politique. Pour ceux-là, je crois le sentir, une belle époque s'avance. Déjà trois grands hommes, Laplace, Lagrange, Cuvier, ont glorieusement ouvert le siècle. Des esprits jeunes et ardents se sont élancés sur leurs traces. Les uns étudient l'histoire immémoriale de notre planète, et se préparent à éclairer l'histoire de l'espèce humaine par celle du globe qu'elle habite. D'autres, saisis d'un ardent amour de l'humanité, cherchent à soumettre les éléments à l'homme pour améliorer sa condition. Déjà nous avons vu la puissance de la vapeur traverser les mers, réunir les mondes; nous allons la voir bientôt parcourir les continents eux-mêmes, franchir tous les obstacles terrestres, abolir les distances, et, rapprochant l'homme de l'homme, ajouter des quantités infinies à la puissance de la société humaine!

À côté de ces vastes travaux sur la nature physique, il s'en prépare d'aussi beaux encore sur la nature morale. On étudie à la fois tous les temps et tous les pays. De jeunes savants parcourent toutes les contrées. Champollion expire, lisant déjà les annales jusqu'alors impénétrables de l'antique Égypte. Abel Remusat succombe au moment où il allait nous révéler les secrets du monde oriental. De nombreux successeurs se disposent à les suivre. J'ai devant moi le savant vénérable qui enseigne aux générations présentes les langues de l'Orient. D'autres érudits sondent les profondeurs de notre propre histoire, et tandis que ces matériaux se préparent, des esprits créateurs se disposent à s'en emparer pour refaire les annales des peuples. Quelques-uns plus hardis cherchent après Vico, après Herder, à tracer l'histoire philosophique du monde; et peut-être notre siècle verra-t-il le savant heureux qui, profitant des efforts de ses contemporains, nous donnera enfin cette histoire générale, où seront révélées les éternelles lois de la société humaine. Pour moi, je n'en doute pas, notre siècle est appelé à produire des œuvres dignes des siècles qui l'ont précédé.

Les esprits de notre temps sont profondément érudits, et ils ont de plus une immense expérience des hommes et des choses. Comment ces deux puissances, l'érudition et l'expérience, ne féconderaient-elles pas leur génie ? Quand on a été élevé, abaissé par les révolutions, quand on a vu tomber ou s'élever des rois, l'histoire prend une tout autre signification. Oserai-je avouer, messieurs, un souvenir tout personnel ? Dans cette vie agitée qui nous a été faite à tous depuis quatre ans, j'ai trouvé une seule fois quelques jours de repos dans une retraite profonde. Je me hâtai de saisir Thucydide, Tacite, Guiciardin, et, en relisant ces grands historiens, je fus surpris d'un spectacle tout nouveau. Leurs personnages avaient, à mes yeux, une vie que je ne leur avais jamais connue. Ils marchaient, parlaient, agissaient devant moi, je croyais les voir vivre sous mes yeux, je croyais les reconnaître, je leur aurais donné des noms contemporains. Leurs actions, obscures auparavant, prenaient un sens clair et profond : c'est que je venais d'assister à une révolution, et de traverser les orages des assemblées délibérantes.

Notre siècle, messieurs, aura pour guides l'érudition et l'expérience. Entre ces deux muses austères, mais puissantes, il s'avancera glorieusement vers des vérités nouvelles et fécondes. J'ai, du moins, un ardent besoin de l'espérer : je serais malheureux si je croyais à la stérilité de mon temps. J'aime ma patrie, mais j'aime aussi, et j'aime tout autant mon siècle. Je me fais de mon siècle une patrie dans le temps, comme mon pays en est une dans l'espace, et j'ai besoin de rêver pour l'un et pour l'autre un vaste avenir.

Au milieu de vous, fidèles et constants amis de la science, permettez-moi de m'écrier : Heureux ceux qui prendront part aux nobles travaux de notre temps! heureux ceux qui pourront être rendus à ces travaux, et qui contribueront à cette œuvre scientifique, historique et morale, que notre âge est destiné à produire! La plus belle des gloires leur est réservée, et surtout la plus pure, car les factions ne sauraient la souiller. En prononçant ces dernières paroles, une image me frappe. Vous vous rappelez tous qu'il y a deux ans, un fléau cruel ravageait la France, et, atteignant à la fois tous les âges et tous les rangs, mit tour à tour en deuil l'armée, la science, la politique. Deux cercueils s'en allèrent en terre presque en même temps; ce fut le cercueil de M. Casimir Perrier et celui de M. Cuvier. La France fut émue en voyant disparaître le ministre dévoué qui avait épuisé sa noble vie au service du pays. Mais, quelle ne fut pas aussi son émotion, en voyant disparaître le savant illustre qui avait jeté sur elle tant de lumières! Une douleur universelle s'exprima par toutes les bouches : les partis eux-mêmes furent justes! Entre ces deux tombes, celle du savant ou de l'homme politique, personne n'est appelé à faire son choix, car c'est la destinée qui, sans nous, malgré nous, dès notre enfance, nous achemine vers l'une ou vers l'autre; mais je le dis sincèrement, au milieu de vous, heureuse la vie qui s'achève dans la tombe de Cuvier, et qui se recouvre, en finissant, des palmes immortelles de la science!

HISTOIRE
DE
LA RÉVOLUTION
FRANÇAISE.

Je me propose d'écrire l'histoire d'une révolution mémorable, qui a profondément agité les hommes, et qui les divise encore aujourd'hui. Je ne me dissimule pas les difficultés de l'entreprise, car des passions que l'on croyait étouffées sous l'influence du despotisme militaire, viennent de se réveiller. Tout-à-coup des hommes accablés d'ans et de travaux ont senti renaître en eux des ressentiments qui paraissaient apaisés, et nous les ont communiqués, à nous, leurs fils et leurs héritiers. Mais si nous avons à soutenir la même cause, nous n'avons pas à défendre leur conduite, et nous pouvons séparer la liberté de ceux qui l'ont bien ou mal servie, tandis que nous avons l'avantage d'avoir entendu et observé ces vieillards, qui, tout pleins encore de leurs souvenirs, tout agités de leurs impressions, nous révèlent l'esprit et le caractère des partis, et nous apprennent à les comprendre. Peut-être le moment où les acteurs vont expirer est-il le plus propre à écrire l'histoire : on peut recueillir leur témoignage sans partager toutes leurs passions.

Quoi qu'il en soit, j'ai tâché d'apaiser en moi tout sentiment de haine; je me suis tour à tour figuré que, né sous le chaume, animé d'une juste ambition, je voulais acquérir ce que l'orgueil des hautes classes m'avait injustement refusé; ou bien qu'élevé dans les palais, héritier d'antiques priviléges, il m'était douloureux de renoncer à une possession que je prenais pour une propriété légitime. Dès lors je n'ai pu m'irriter; j'ai plaint les combattants, et je me suis dédommagé en adorant les ames généreuses.

CHAPITRE PREMIER.

Etat moral et politique de la France à la fin du 18e siècle. — Avénement de Louis XVI. — Maurepas, Turgot et Necker ministres. — Calonne. Assemblée des notables. — De Brienne ministre. — Opposition du parlement, son exil et son rappel. — Le duc d'Orléans exilé. — Arrestation du conseiller d'Espréménil. — Necker est rappelé et remplace de Brienne. — Nouvelle assemblée des notables. — Discussions relatives aux états-généraux. — Formation des clubs. — Causes de la révolution. — Premières élections des députés aux états-généraux. — Incendie de la maison Réveillon. — Le duc d'Orléans; son caractère.

On connaît les révolutions de la monarchie française; on sait qu'au milieu des Gaules à moitié sauvages, les Grecs, puis les Romains apportèrent leurs armes et leur civilisation; qu'après eux, les barbares y établirent leur hiérarchie militaire; que cette hiérarchie, transmise des personnes aux terres, y fut comme immobilisée, et forma ainsi le système féodal. L'autorité s'y partagea entre le chef féodal appelé roi, et les chefs secondaires appelés vassaux, qui à leur tour étaient rois de leurs propres sujets. Dans notre temps, où le besoin de s'accuser a fait rechercher les torts réciproques, on nous a suffisamment appris que l'autorité fut d'abord disputée par les vassaux, ce que font toujours ceux qui sont le plus rapprochés d'elle; que cette autorité fut ensuite partagée entre eux, ce qui forma l'anarchie féodale; et qu'enfin elle retourna au trône, où elle se concentra en despotisme sous Louis XI, Richelieu et Louis XIV. La population française s'était progressivement affranchie par le travail, première source de la richesse et de la liberté. Agricole d'abord, puis commerçante et manufacturière, elle acquit une telle importance qu'elle forma la nation tout entière. Introduite en suppliante dans les états-généraux, elle n'y parut qu'à genoux, pour y être taillée à *merci et miséricorde;* bientôt même Louis XIV annonça qu'il ne voulait plus de ces assemblées si soumises, et il le déclara aux parlements, en bottes et le fouet à la main. On vit dès lors à la tête de l'état, un roi muni d'un pouvoir mal défini en théorie, mais absolu dans la pratique; des grands qui avaient abandonné leur dignité féodale pour la faveur du monarque, et qui se disputaient par l'intrigue ce qu'on leur livrait de la substance des peuples; au-dessous une population immense, sans autre relation avec cette aristocratie royale qu'une soumission d'habitude et l'acquittement des impôts. Entre la cour et le peuple se trouvent des parlements investis du pouvoir de distribuer la justice et d'enregistrer les volontés royales. L'autorité est toujours disputée : quand ce n'est pas dans les assemblées légitimes de la nation, c'est dans le palais même du prince. On sait qu'en refusant de les enregistrer, les parlements arrêtaient l'effet des volontés royales; ce qui finissait par un lit de justice et une transaction, quand le roi était faible, et par une soumission entière, quand le roi était fort. Louis XIV n'eut pas même à transiger, car sous son règne aucun parlement n'osa faire des remontrances; il entraîna la nation à sa suite, et elle le glorifia des prodiges qu'elle faisait elle-même dans la guerre, dans les arts et les sciences. Les sujets et le monarque furent unanimes, et tendirent vers un même but. Mais Louis XIV était à peine expiré, que le régent offrit aux parlements l'occasion de se venger de leur longue nullité. La volonté du monarque, si respectée de son vivant, fut violée après sa mort, et son testament cassé. L'autorité fut alors remise en litige, et une lonque lutte commença entre les parlements, le clergé et la cour, en présence d'une nation épuisée par de longues guerres, et fatiguée de fournir aux prodigalités de ses maîtres, livrés tour à tour au goût des voluptés ou des armes. Jusque-là elle n'avait eu du génie que pour le service et les plaisirs du monarque; elle en eut alors pour son propre usage, et s'en servit à examiner ses intérêts. L'esprit humain passe incessamment d'un objet à l'autre. Du théâtre, de la chaire religieuse et funèbre, le génie français se porta vers les sciences morales et politiques; et alors tout fut changé. Qu'on se figure, pendant un siècle entier, les usurpateurs de tous les droits nationaux se disputant une autorité usée; les parlements poursuivant le clergé, le clergé poursuivant les parlements; ceux-ci contestant l'autorité de la cour; la cour, insouciante et tranquille au sein de cette lutte, dévorant la substance des peuples au milieu des plus grands désordres; la nation, enrichie et éveillée, assistant à ces divisions, s'armant des aveux des uns contre les autres, privée de toute action politique, dogmatisant avec audace et ignorance, parce qu'elle était réduite à des théories; aspirant surtout à recouvrer son rang en Europe, et offrant en vain son or et son sang pour reprendre une place que la faiblesse de ses maîtres lui avait fait perdre : tel fut le dix-huitième siècle.

Le scandale avait été poussé à son comble lorsque Louis XVI, prince équitable, modéré dans ses goûts, négligemment élevé, mais porté au bien par un penchant naturel, monta fort jeune sur le trône*. Il appela auprès de lui un vieux courtisan pour lui donner le soin de son royaume, et partagea sa confiance entre Maurepas et la reine, jeune princesse autrichienne, vive, aimable, et exerçant sur lui le plus grand ascendant. Maurepas et la reine ne s'aimaient pas; le roi, cédant tantôt à son ministre, tantôt à son épouse, commença de bonne heure la longue carrière de ses incertitudes. Ne se dissimulant pas l'état de son royaume, il en croyait les philosophes sur ce point; mais, élevé dans les sentiments les plus chrétiens, il avait pour eux le plus grand éloignement. La voix publique, qui s'exprimait hautement, lui désigna Turgot, de la société des économistes, homme simple, vertueux, doué d'un caractère ferme, d'un génie lent, mais opiniâtre et profond. Convaincu de sa probité, charmé de ses projets de réformes, Louis XVI a répété souvent : « Il n'y a que moi et Turgot qui

* 1774.

« soyons les amis du peuple. » Les réformes de Turgot échouèrent par la résistance des premiers ordres de l'état, intéressés à conserver tous les genres d'abus que le ministre austère voulait détruire. Louis XVI le renvoya avec regret. Pendant sa vie, qui ne fut qu'un long martyre, il eut toujours la douleur d'entrevoir le bien, de le vouloir sincèrement, et de manquer de la force nécessaire pour l'exécuter.

Le roi, placé entre la cour, les parlements et le public, exposé aux intrigues et aux suggestions de tout genre, changea tour à tour de ministres : cédant encore une fois à la voix publique et à la nécessité des réformes, il appela aux finances Necker [*], Génevois enrichi par des travaux de banque, partisan et disciple de Colbert, comme Turgot l'était de Sully; financier économe et intègre, mais esprit vain, ayant la prétention d'être modérateur en toutes choses, philosophie, religion, liberté, et trompé par les éloges de ses amis et du public, se flattant de conduire et d'arrêter les esprits au point où s'arrêtait le sien.

Necker rétablit l'ordre dans les finances, et trouva les moyens de suffire aux frais considérables de la guerre d'Amérique. Génie moins

---

[*] 1777.

vaste, mais plus flexible que Turgot, disposant surtout de la confiance des capitalistes, il trouva pour le moment des ressources inattendues, et fit renaître la confiance. Mais il fallait plus que des artifices financiers pour terminer les embarras du trésor, et il essaya le moyen des réformes. Les premiers ordres ne furent pas plus faciles pour lui qu'ils ne l'avaient été pour Turgot : les parlements, instruits de ses projets, se réunirent contre lui, et l'obligèrent à se retirer.

La conviction des abus était universelle; on en convenait partout; le roi le savait et en souffrait cruellement. Les courtisans, qui jouissaient de ces abus, auraient voulu voir finir les embarras du trésor, mais sans qu'il leur en coûtât un seul sacrifice. Ils dissertaient à la cour, et y débitaient des maximes philosophiques; ils s'apitoyaient à la chasse sur les vexations exercées à l'égard du laboureur; on les avait même vus applaudir à l'affranchissement des Américains, et recevoir avec honneur les jeunes Français qui revenaient du Nouveau-Monde. Les parlements invoquaient aussi l'intérêt du peuple, alléguaient avec hauteur les souffrances du pauvre, et cependant s'opposaient à l'égale répartition de l'impôt ainsi qu'à l'abolition des restes de la barbarie féodale. Tous parlaient du bien public, peu le voulaient; et le peuple, ne démêlant pas bien encore ses vrais amis, applaudissait tous ceux qui résistaient au pouvoir, son ennemi le plus apparent.

En écartant Turgot et Necker, on n'avait pas changé l'état des choses; la détresse du trésor était la même : on aurait consenti long-temps encore à se passer de l'intervention de la nation, mais il fallait exister, il fallait fournir aux prodigalités de la cour. La difficulté écartée un moment par la destitution d'un ministre, par un emprunt, ou par l'établissement forcé d'un impôt, reparaissait bientôt plus grande, comme tout mal négligé. On hésitait comme il arrive toujours lorsqu'il faut prendre un parti redouté, mais nécessaire. Une intrigue amena au ministère M. de Calonne, peu favorisé de l'opinion, parce qu'il avait contribué à la persécution de La Chalotais[*]. Calonne, spirituel, brillant, fécond en ressources, comptait sur son génie, sur la fortune et sur les hommes, et se livrait à l'avenir avec la plus singulière insouciance. Son opinion était qu'il ne fallait point s'alarmer d'avance, et ne découvrir le mal que la veille du jour où on voulait le ré-

[*] 1763.

parer. Il séduisit la cour par ses manières, la toucha par son empressement à tout accorder, procura au roi et à tous quelques instants plus faciles, et fit succéder aux plus sinistres présages un moment de bonheur et d'aveugle confiance.

Cet avenir sur lequel on avait compté approchait; il fallait enfin prendre des mesures décisives. On ne pouvait charger le peuple de nouveaux impôts, et cependant les caisses étaient vides. Il n'y avait qu'un moyen d'y pourvoir, c'était de réduire la dépense par la suppression des grâces, et, ce moyen ne suffisant pas, d'étendre l'impôt sur un plus grand nombre de contribuables, c'est-à-dire sur la noblesse et le clergé. Ces projets, successivement tentés par Turgot et par Necker, et repris par Calonne, ne parurent à celui-ci susceptibles de réussir qu'autant qu'on obtiendrait le consentement des privilégiés eux-mêmes. Calonne imagina donc de les réunir dans une assemblée, appelée des *notables*, pour leur soumettre ses plans et arracher leur consentement, soit par adresse, soit par conviction [1]. L'assemblée était composée de grands, pris dans la noblesse, le clergé et la magistrature; d'une

---

[1] Cette assemblée s'ouvrit le 22 février 1787.

foule de maîtres des requêtes et de quelques magistrats des provinces. Au moyen de cette composition, et surtout avec le secours des grands seigneurs populaires et philosophes, qu'il avait eu soin d'y faire entrer, Calonne se flatta de tout emporter.

Le ministre trop confiant s'était mépris. L'opinion publique ne lui pardonnait pas d'occuper la place de Turgot et de Necker. Charmée surtout qu'on obligeât un ministre à rendre des comptes, elle appuya la résistance des notables. Les discussions les plus vives s'engagèrent. Calonne eut le tort de rejeter sur ses prédécesseurs, et en partie sur Necker, l'état du trésor. Necker répondit, fut exilé, et l'opposition n'en devint que plus vive. Calonne suffit à tout avec présence d'esprit et avec calme. Il fit destituer M. de Miroménil, garde-des-sceaux, qui conspirait avec les parlements. Mais son triomphe ne fut que de deux jours. Le roi, qui l'aimait, lui avait promis plus qu'il ne pouvait, en s'engageant à le soutenir. Il fut ébranlé par les représentations des notables, qui promettaient d'obtempérer aux plans de Calonne, mais à condition qu'on en laisserait l'exécution à un ministre plus moral et plus digne de confiance. La reine, sur les suggestions de l'abbé de Vermont, proposa et fit accepter au roi un ministre nouveau, M. de Brienne, archevêque de Toulouse, et l'un des notables qui avaient le plus contribué à la perte de Calonne, dans l'espoir de lui succéder *.

L'archevêque de Toulouse, avec un esprit obstiné et un caractère faible, rêvait le ministère depuis son enfance, et poursuivait par tous les moyens cet objet de ses vœux. Il s'appuyait principalement sur le crédit des femmes, auxquelles il cherchait et réussissait à plaire. Il faisait vanter partout son administration du Languedoc. S'il n'obtint pas en arrivant au ministère la faveur qui aurait entouré Necker, il eut aux yeux du public le mérite de remplacer Calonne. Il ne fut pas d'abord premier ministre, mais il le devint bientôt. Secondé par M. de Lamoignon, garde-des-sceaux, ennemi opiniâtre des parlements, il commença sa carrière avec assez d'avantage. Les notables, engagés par leurs promesses, consentirent avec empressement à tout ce qu'ils avaient d'abord refusé : impôt territorial, impôt du timbre, suppression des corvées, assemblées provinciales, tout fut accordé avec affectation. Ce n'était point à ces mesures,

---

* Avril 1787.

mais à leur auteur qu'on affectait d'avoir résisté; l'opinion publique triomphait. Calonne était poursuivi de malédictions, et les notables, entourés du suffrage public, regrettaient cependant un honneur acquis au prix des plus grands sacrifices. Si M. de Brienne eût su profiter des avantages de sa position, s'il eût poursuivi avec activité l'exécution des mesures consenties par les notables, s'il les eût toutes à la fois et sans délai présentées au parlement, à l'instant où l'adhésion des premiers ordres semblait obligée, c'en était fait peut-être : le parlement, pressé de toutes parts, aurait consenti à tout, et cette transaction, quoique partielle et forcée, eût probablement retardé pour long-temps la lutte qui s'engagea bientôt.

Rien de pareil n'eut lieu. Par des délais imprudents, on permit les retours; on ne présenta les édits que l'un après l'autre; le parlement eut le temps de discuter, de s'enhardir, et de revenir sur l'espèce de surprise faite aux notables. Il enregistra, après de longues discussions, l'édit portant la seconde abolition des corvées, et un autre permettant la libre exportation des grains. Sa haine se dirigeait surtout contre la subvention territoriale; mais il craignait, par un refus, d'éclairer le public, et de lui laisser voir que son opposition était tout intéressée. Il hésitait, lorsqu'on lui épargna cet embarras, en présentant ensemble l'édit sur le timbre et sur la subvention territoriale, mais surtout en commençant la délibération par celui du timbre. Le parlement put ainsi refuser le premier sans s'expliquer sur le second; et, en attaquant l'impôt du timbre, qui affectait la majorité des contribuables, il sembla défendre les intérêts publics. Dans une séance où les pairs assistèrent, il dénonça les abus, les scandales et les prodigalités de la cour, et demanda des états de dépenses. Un conseiller, jouant sur le mot, s'écria : « Ce ne sont pas des états, mais des *états généraux* qu'il nous faut! » Cette demande inattendue frappa tout le monde d'étonnement. Jusqu'alors on avait résisté parce qu'on souffrait; on avait secondé tous les genres d'opposition, favorables ou non à la cause populaire, pourvu qu'ils fussent dirigés contre la cour, à laquelle on rapportait tous les maux. Cependant on ne savait trop ce qu'il fallait désirer; on avait toujours été si loin d'influer sur le gouvernement, on avait tellement l'habitude de s'en tenir aux plaintes, qu'on se plaignait sans concevoir l'idée d'agir ni de faire une révolution. Un seul mot prononcé offrit un but inattendu; chacun le répéta, et les états-généraux furent demandés à grands cris.

D'Espréménil, jeune conseiller, orateur emporté, agitateur sans but, démagogue dans les parlements, aristocrate dans les états-généraux, et qui fut déclaré en état de démence par un décret de l'assemblée constituante, d'Espréménil se montra dans cette occasion l'un des plus violents déclamateurs parlementaires. Mais l'opposition était conduite secrètement par Duport, jeune homme doué d'un esprit vaste, d'un caractère ferme et persévérant, qui seul peut-être, au milieu de ces troubles, se proposait un avenir, et voulait conduire sa compagnie, la cour et la nation, à un but tout autre que celui d'une aristocratie parlementaire.

Le parlement était divisé en vieux et jeunes conseillers. Les premiers voulaient faire contre-poids à l'autorité royale pour donner de l'importance à leur compagnie; les seconds, plus ardents et plus sincères, voulaient introduire la liberté dans l'état, sans bouleverser néanmoins le système politique sous lequel ils étaient nés. Le parlement fit un aveu grave: il reconnut qu'il n'avait pas le pouvoir de consentir les impôts, qu'aux états-généraux seuls appartenait le droit de les établir; et il demanda au roi la communication des états de recettes et de dépenses.

Cet aveu d'incompétence et même d'usurpation, puisque le parlement s'était jusqu'alors arrogé le droit de consentir les impôts, cet aveu dut étonner. Le prélat-ministre, irrité de cette opposition, manda aussitôt le parlement à Versailles, et fit enregistrer les deux édits dans un lit de justice*. Le parlement, de retour à Paris, fit des protestations, et ordonna des poursuites contre les prodigalités de Calonne. Sur-le-champ une décision du conseil cassa ses arrêtés et l'exila à Troyes**.

Telle était la situation des choses le 15 août 1787. Les deux frères du roi, Monsieur et le comte d'Artois, furent envoyés, l'un à la cour des comptes, et l'autre à la cour des aides, pour y faire enregistrer les édits. Le premier, devenu populaire par les opinions qu'il avait manifestées dans l'assemblée des notables, fut accueilli par les acclamations d'une foule immense, et reconduit jusqu'au Luxembourg au milieu des applaudissements universels. Le comte d'Artois, connu pour avoir soutenu Calonne, fut accueilli par des murmures, ses

* 6 août.
** 15 août.

gens furent attaqués, et on fut obligé de recourir à la force armée.

Les parlements avaient autour d'eux une clientèle nombreuse, composée de légistes, d'employés du palais, de clercs, d'étudiants, population active, remuante et toujours prête à s'agiter pour leur cause. A ces alliés naturels des parlements se joignaient les capitalistes, qui craignaient la banqueroute; les classes éclairées, qui étaient dévouées à tous les opposants; et enfin la multitude, qui se range toujours à la suite des agitateurs. Les troubles furent très-graves, et l'autorité eut beaucoup de peine à les réprimer.

Le parlement, séant à Troyes, s'assemblait chaque jour, et appelait les causes. Ni avocats ni procureurs ne paraissaient, et la justice était suspendue, comme il était arrivé tant de fois dans le courant du siècle. Cependant les magistrats se lassaient de leur exil, et M. de Brienne était sans argent. Il soutenait avec assurance qu'il n'en manquait pas, et tranquillisait la cour inquiète sur ce seul objet; mais il n'en avait plus, et, incapable de terminer les difficultés par une résolution énergique, il négociait avec quelques membres du parlement. Ses conditions étaient un emprunt de 440 millions, réparti sur quatre années, à l'expiration desquelles les états-généraux seraient convoqués. A ce prix, Brienne renonçait aux deux impôts, sujets de tant de discordes. Assuré de quelques membres, il crut l'être de la compagnie entière, et le parlement fut rappelé le 10 septembre.

Une séance royale eut lieu le 20 du même mois. Le roi vint en personne présenter l'édit portant la création de l'emprunt successif, et la convocation des états-généraux dans cinq ans. On ne s'était point expliqué sur la nature de cette séance, et on ne savait si c'était un lit de justice. Les visages étaient mornes, un profond silence régnait, lorsque le duc d'Orléans se leva, les traits agités, et avec tous les signes d'une vive émotion; il adressa la parole au roi, et lui demanda si cette séance était un lit de justice ou une délibération libre. « C'est une séance royale, » répondit le roi. Les conseillers Fréteau, Sabatier, d'Espréménil, prirent la parole après le duc d'Orléans, et déclamèrent avec leur violence ordinaire. L'enregistrement fut aussitôt forcé, les conseillers Fréteau et Sabatier furent exilés aux îles d'Hyères, et le duc d'Orléans à Villers-Cotterets. Les états-généraux furent renvoyés à cinq ans.

Tels furent les principaux événements de l'année 1787. L'année 1788 commença par de nouvelles hostilités. Le 4 janvier, le parlement rendit un arrêté contre les lettres de cachet, et pour le rappel des personnes exilées. Le roi cassa cet arrêté; le parlement le confirma de nouveau.

Pendant ce temps, le duc d'Orléans, consigné à Villers-Cotterets, ne pouvait se résigner à son exil. Ce prince, brouillé avec la cour, s'était réconcilié avec l'opinion, qui d'abord ne lui était pas favorable. Dépourvu à la fois de la dignité d'un prince et de la fermeté d'un tribun, il ne sut pas supporter une peine aussi légère; et, pour obtenir son rappel, il descendit jusqu'aux sollicitations, même envers la reine, son ennemie personnelle.

Brienne était irrité par les obstacles, sans avoir l'énergie de les vaincre. Faible en Europe contre la Prusse, à laquelle il sacrifiait la Hollande, faible en France contre les parlements et les grands de l'état, il n'était plus soutenu que par la reine, et en outre se trouvait souvent arrêté dans ses travaux par une mauvaise santé. Il ne savait ni réprimer les révoltes, ni faire exécuter les réductions décrétées par le roi; et, malgré l'épuisement très-prochain du trésor, il affectait une inconcevable sécurité. Cependant, au milieu de tant de difficultés, il ne négligeait pas de se pourvoir de nouveaux bénéfices, et d'attirer sur sa famille de nouvelles dignités.

Le garde-des-sceaux Lamoignon, moins faible, mais aussi moins influent que l'archevêque de Toulouse, concerta avec lui un plan nouveau pour frapper la puissance politique des parlements; car c'était là le principal but du pouvoir en ce moment. Il importait de garder le secret. Tout fut préparé en silence : des lettres closes furent envoyées aux commandants des provinces; l'imprimerie où se préparaient les édits fut entourée de gardes. On voulait que le projet ne fût connu qu'au moment même de sa communication aux parlements. L'époque approchait, et le bruit s'était répandu qu'un grand acte politique s'apprêtait. Le conseiller d'Espréménil parvint à séduire à force d'argent un ouvrier imprimeur, et à se procurer un exemplaire des édits. Il se rendit ensuite au palais, fit assembler ses collègues, et leur dénonça hardiment le projet ministériel *. D'après ce projet, six grands bailliages, établis dans le ressort du parlement de Paris, devaient restreindre sa juridiction trop étendue. La faculté de juger en dernier ressort, et d'enregistrer les lois et les

---

* Mai.

édits, était transportée à une cour plénière, composée de pairs, de prélats, de magistrats, de chefs militaires, tous choisis par le roi. Le capitaine des gardes y avait même voix délibérative. Ce plan attaquait la puissance judiciaire du parlement, et anéantissait tout-à-fait sa puissance politique. La compagnie, frappée de stupeur, ne savait quel parti prendre. Elle ne pouvait délibérer sur un projet qui ne lui avait pas été soumis; et il lui importait cependant de ne pas se laisser surprendre. Dans cet embarras elle employa un moyen tout à la fois ferme et adroit, celui de rappeler et de consacrer dans un arrêté tout ce qu'elle appelait lois constitutives de la monarchie, en ayant soin de comprendre dans le nombre son existence et ses droits. Par cette mesure générale, elle n'anticipait nullement sur les projets supposés du gouvernement, et garantissait tout ce qu'elle voulait garantir.

En conséquence, il fut déclaré, le 5 mai, par le parlement de Paris :

« Que la France était une monarchie gou-
« vernée par le roi, suivant les lois; et que de
« ces lois, plusieurs, qui étaient fondamen-
« tales, embrassaient et consacraient : 1° le
« droit de la maison régnante au trône, de mâle
« en mâle, par ordre de primogéniture; 2° le

« droit de la nation d'accorder librement des
« subsides par l'organe des états-généraux, ré-
« gulièrement convoqués et composés; 3° les
« coutumes et les capitulations des provinces;
« 4° l'inamovibilité des magistrats; 5° le droit
« des cours de vérifier dans chaque province
« les volontés du roi, et de n'en ordonner l'en-
« registrement qu'autant qu'elles étaient con-
« formes aux lois constitutives de la province,
« ainsi qu'aux lois fondamentales de l'état;
« 6° le droit de chaque citoyen de n'être ja-
« mais traduit en aucune manière par-devant
« d'autres juges que ses juges naturels, qui
« étaient ceux que la loi désignait; et 7° le
« droit, sans lequel tous les autres étaient in-
« utiles, de n'être arrêté par quelque ordre
« que ce fût, que pour être remis sans délai
« entre les mains des juges compétents. Pro-
« testait ladite cour contre toute atteinte qui
« serait portée aux principes ci-dessus expri-
« més. »

A cette résolution énergique le ministre répondit par le moyen d'usage, toujours mal et
inutilement employé : il sévit contre quelques
membres du parlement. D'Esprémenil et Gois-
lart de Monsalbert, apprenant qu'ils étaient
menacés, se réfugièrent au sein du parlement
assemblé. Un officier, Vincent d'Agoult, s'y

rendit à la tête d'une compagnie, et, ne connaissant pas les magistrats désignés, les appela par leur nom. Le plus grand silence régna d'abord dans l'assemblée; puis les conseillers s'écrièrent qu'ils étaient tous d'Espréménil. Enfin le vrai d'Espréménil se nomma, et suivit l'officier chargé de l'arrêter. Le tumulte fut alors à son comble; le peuple accompagna les magistrats en les couvrant d'applaudissements. Trois jours après, le roi, dans un lit de justice, fit enregistrer les édits; et les princes et les pairs assemblés présentèrent l'image de cette cour plénière qui devait succéder aux parlements.

Le Châtelet rendit aussitôt un arrêté contre les édits. Le parlement de Rennes déclara infames ceux qui entreraient dans la cour plénière. A Grenoble, les habitants défendirent leurs magistrats contre deux régiments; les troupes elles-mêmes, excitées à la désobéissance par la noblesse militaire, refusèrent bientôt d'agir. Lorsque le commandant du Dauphiné assembla ses colonels, pour savoir si on pouvait compter sur leurs soldats, ils gardèrent tous le silence. Le plus jeune, qui devait parler le premier, répondit qu'il ne fallait pas compter sur les siens, à commencer par le colonel. A cette résistance, le ministre opposa des arrêts du grand conseil qui cassaient les décisions des cours souveraines, et il frappa d'exil huit d'entre elles.

La cour, inquiétée par les premiers ordres, qui lui faisaient la guerre en invoquant l'intérêt du peuple et en provoquant son intervention, eut recours, de son côté, au même moyen ; elle résolut d'appeler le tiers-état à son aide, comme avaient fait autrefois les rois de France pour anéantir la féodalité. Elle pressa alors de tous ses moyens la convocation des états-généraux. Elle prescrivit des recherches sur le mode de leur réunion ; elle invita les écrivains et les corps savants à donner leur avis ; et, tandis que le clergé assemblé déclarait de son côté qu'il fallait rapprocher l'époque de la convocation, la cour, acceptant le défi, suspendit en même temps la réunion de la cour plénière, et fixa l'ouverture des états-généraux au 1er mai 1789. Alors eut lieu la retraite de l'archevêque de Toulouse [*], qui, par des projets hardis faiblement exécutés, avait provoqué une résistance qu'il fallait ou ne pas exciter ou vaincre. En se retirant, il laissa le trésor dans la détresse, le paiement des rentes de l'Hôtel-de-Ville suspendu, toutes

---

[*] 24 août.

les autorités en lutte, toutes les provinces en armes. Quant à lui, pourvu de huit cent mille francs de bénéfices, de l'archevêché de Sens, et du chapeau de cardinal, s'il ne fit pas la fortune publique, il fit du moins la sienne. Pour dernier conseil, il engagea le roi à rappeler Necker au ministère des finances, afin de s'aider de sa popularité contre des résistances devenues invincibles.

C'est pendant les deux années 1787 et 1788 que les Français voulurent passer des vaines théories à la pratique. La lutte des premières autorités leur en avait donné le désir et l'occasion. Pendant toute la durée du siècle, le parlement avait attaqué le clergé et dévoilé ses penchants ultramontains; après le clergé, il avait attaqué la cour, signalé ses abus de pouvoir et dénoncé ses désordres. Menacé de représailles, et inquiété à son tour dans son existence, il venait enfin de restituer à la nation des prérogatives que la cour voulait lui enlever à lui-même, pour les transporter à un tribunal extraordinaire. Après avoir ainsi averti la nation de ses droits, il avait exercé ses forces en excitant et protégeant l'insurrection. De leur côté, le haut clergé en faisant des mandements, la noblesse en fomentant la désobéissance des troupes, avaient réuni leurs efforts à ceux de la magistrature, et appelé le peuple aux armes pour la défense de leurs priviléges.

La cour, pressée par ces divers ennemis, avait résisté faiblement. Sentant le besoin d'agir, et en différant toujours le moment, elle avait détruit parfois quelques abus, plutôt au profit du trésor que du peuple, et ensuite était retombée dans l'inaction. Enfin, attaquée en dernier lieu de toutes parts, voyant que les premiers ordres appelaient le peuple dans la lice, elle venait de l'y introduire elle-même en convoquant les états-généraux. Opposée, pendant toute la durée du siècle, à l'esprit philosophique, elle lui faisait un appel cette fois, et livrait à son examen les constitutions du royaume. Ainsi les premières autorités de l'état donnèrent le singulier spectacle de détenteurs injustes, se disputant un objet en présence du propriétaire légitime, et finissant même par l'invoquer pour juge.

Les choses en étaient à ce point lorsque Necker rentra au ministère [*]. La confiance l'y suivit, le crédit fut rétabli sur-le-champ, les difficultés les plus pressantes furent écartées. Il pourvut, à force d'expédients, aux dépenses indispensables, en attendant les états-généraux,

[*] Août.

qui étaient le remède invoqué par tout le monde.

On commençait à agiter de grandes questions relatives à leur organisation. On se demandait quel y serait le rôle du tiers-état : s'il y paraîtrait en égal ou en suppliant, s'il obtiendrait une représentation égale en nombre à celle des deux premiers ordres, si on délibérerait par tête ou par ordre, et si le tiers n'aurait qu'une seule voix contre les deux voix de la noblesse et du clergé.

La première question agitée fut celle du nombre des députés. Jamais controverse philosophique du dix-huitième siècle n'avait excité une pareille agitation. Les esprits s'échauffèrent par l'importance tout actuelle de la question. Un écrivain concis, énergique, amer, prit dans cette discussion la place que les grands génies du siècle avaient occupée dans les discussions philosophiques. L'abbé Sieyes, dans un livre qui donna une forte impulsion à l'esprit public, se demanda : Qu'est le tiers-état ? Et il répondit : Rien. — Que doit-il être ? — Tout.

Les états du Dauphiné se réunirent malgré la cour. Les deux premiers ordres, plus adroits et plus populaires dans cette contrée que partout ailleurs, décidèrent que la représentation du tiers serait égale à celle de la noblesse et du clergé. Le parlement de Paris, entrevoyant déjà la conséquence de ses provocations imprudentes, vit bien que le tiers-état n'allait pas arriver en auxiliaire, mais en maître; et en enregistrant l'édit de convocation, il enjoignit pour clause expresse le maintien des formes de 1614, qui annulaient tout-à-fait le rôle du troisième ordre. Déjà dépopularisé par les difficultés qu'il avait opposées à l'édit qui rendait l'état civil aux protestants, il fut en ce jour complétement dévoilé, et la cour entièrement vengée. Le premier, il fit l'épreuve de l'instabilité des faveurs populaires; mais si plus tard la nation put paraître ingrate envers les chefs qu'elle abandonnait l'un après l'autre, cette fois elle avait toute raison contre le parlement, car il s'arrêtait avant qu'elle eût recouvré aucun de ses droits.

La cour, n'osant décider elle-même ces questions importantes, ou plutôt voulant dépopulariser à son profit les deux premiers ordres, leur demanda leur avis, dans l'intention de ne pas le suivre, si, comme il était probable, cet avis était contraire au tiers-état. Elle convoqua donc une nouvelle assemblée de notables[*], dans laquelle toutes les questions rela-

[*] Elle s'ouvrit à Versailles le 6 novembre, et ferma sa session le 8 décembre suivant.

tives à la tenue des états-généraux furent mises en discussion. La dispute fut vive : d'une part on faisait valoir les anciennes traditions, de l'autre les droits naturels et la raison. En se reportant même aux traditions, la cause du tiers-état avait encore l'avantage; car, aux formes de 1614, invoquées par les premiers ordres, on opposait des formes plus anciennes. Ainsi, dans certaines réunions, et sur certains points, on avait voté par tête; quelquefois on avait délibéré par province et non par ordre; souvent les députés du tiers avaient égalé en nombre les députés de la noblesse et du clergé. Comment donc s'en rapporter aux anciens usages? Les pouvoirs de l'état n'avaient-ils pas été dans une révolution continuelle? L'autorité royale, souveraine d'abord, puis vaincue et dépouillée, se relevant de nouveau avec le secours du peuple, et ramenant tous les pouvoirs à elle, présentait une lutte perpétuelle, et une possession toujours changeante. On disait au clergé, qu'en se reportant aux anciens temps, il ne serait plus un ordre; aux nobles, que les possesseurs de fiefs seuls pourraient être élus, et qu'ainsi la plupart d'entre eux seraient exclus de la députation; aux parlements eux-mêmes, qu'ils n'étaient que des officiers infidèles de la royauté; à tous enfin, que la constitution française n'était qu'une longue révolution, pendant laquelle chaque puissance avait successivement dominé ; que tout avait été innovation, et que, dans ce vaste conflit, la raison seule devait décider.

Le tiers-état comprenait la presque totalité de la nation, toutes les classes utiles, industrieuses et éclairées ; s'il ne possédait qu'une partie des terres, du moins il les exploitait toutes ; et, selon la raison, ce n'était pas trop que de lui donner un nombre de députés égal à celui des deux autres ordres.

L'assemblée des notables se déclara contre ce qu'on appelait le doublement du tiers. Un seul bureau, celui que présidait Monsieur, frère du roi, vota pour ce doublement. La cour alors, prenant, disait-elle, en considération l'avis de la minorité, l'opinion prononcée de plusieurs princes du sang, le vœu des trois ordres du Dauphiné, la demande des assemblées provinciales, l'exemple de plusieurs pays d'états, *l'avis de divers publicistes*, et le vœu exprimé par un grand nombre d'adresses, la cour ordonna que le nombre total des députés serait de mille au moins ; qu'il serait formé en raison composée de la population et des contributions de chaque bailliage, et que le nombre particulier des députés du tiers-état serait égal à celui des deux premiers ordres réunis. (*Arrêt du conseil du 27 décembre* 1788.)

Cette déclaration excita un enthousiasme universel. Attribuée à Necker, elle accrut à son égard la faveur de la nation et la haine des grands. Cependant cette déclaration ne décidait rien quant au vote par tête ou par ordre, mais elle le renfermait implicitement; car il était inutile d'augmenter les voix si on ne devait pas les compter; et elle laissait au tiers-état le soin d'emporter de vive force ce qu'on lui refusait dans le moment. Elle donnait ainsi une idée de la faiblesse de la cour et de celle de Necker lui-même. Cette cour offrait un assemblage de volontés qui rendait tout résultat décisif impossible. Le roi était modéré, équitable, studieux, et se défiait trop de ses propres lumières; aimant le peuple, accueillant volontiers ses plaintes, il était cependant atteint quelquefois de terreurs paniques et superstitieuses, et croyait voir marcher, avec la liberté et la tolérance, l'anarchie et l'impiété. L'esprit philosophique, dans son premier essor, avait dû commettre des écarts, et un roi timide et religieux avait dû s'en épouvanter. Saisi à chaque instant de faiblesses, de terreurs, d'incertitudes, l'infortuné Louis XVI, résolu pour lui à tous les sacrifices, mais ne

sachant pas les imposer aux autres, victime de
sa facilité pour la cour, de sa condescendance
pour la reine, expiait toutes les fautes qu'il
n'avait pas commises, mais qui devenaient les
siennes parce qu'il les laissait commettre. La
reine, livrée aux plaisirs, exerçant autour d'elle
l'empire de ses charmes, voulait que son époux
fût tranquille, que le trésor fût rempli, que la
cour et ses sujets l'adorassent. Tantôt elle
était d'accord avec le roi pour opérer des réformes, quand le besoin en paraissait urgent;
tantôt, au contraire, quand elle croyait l'autorité menacée, ses amis de cour dépouillés, elle
arrêtait le roi, écartait les ministres populaires, et détruisait tout moyen et toute espérance de bien. Elle cédait surtout aux influences d'une partie de la noblesse qui vivait autour du trône et s'y nourrissait de graces et
d'abus. Cette noblesse de cour désirait sans
doute, comme la reine elle-même, que le roi
eût de quoi faire des prodigalités; et par ce
motif, elle était ennemie des parlements quand
ils refusaient les impôts, mais elle devenait
leur alliée quand ils défendaient ses priviléges
en refusant, sous de spécieux prétextes, la subvention territoriale. Au milieu de ces influences contraires, le roi, n'osant envisager en
face les difficultés, juger les abus, les détruire

d'autorité, cédait alternativement à la cour ou à l'opinion, et ne savait satisfaire ni l'une ni l'autre.

Si, pendant la durée du dix-huitième siècle, lorsque les philosophes, réunis dans une allée des Tuileries, faisaient des vœux pour Frédéric et les Américains, pour Turgot et pour Necker; si, lorsqu'ils n'aspiraient point à gouverner l'état, mais seulement à éclairer les princes, et prévoyaient tout au plus des révolutions lointaines que des signes de malaise et l'absurdité des institutions faisaient assez présumer; si, à cette époque, le roi eût spontanément établi une certaine égalité dans les charges, et donné quelques garanties, tout eût été apaisé pour long-temps, et Louis XVI aurait été adoré à l'égal de Marc-Aurèle. Mais lorsque toutes les autorités se trouvèrent avilies par une longue lutte, et tous les abus dévoilés par une assemblée de notables; lorsque la nation, appelée dans la querelle, eut conçu l'espoir et la volonté d'être quelque chose, elle le voulut impérieusement. On lui avait promis les états-généraux, elle demanda que le terme de la convocation fût rapproché; le terme rapproché, elle y réclama la prépondérance: on la lui refusa; mais, en doublant sa représentation, on lui donna le moyen de la conquérir.

Ainsi donc on ne cédait jamais que partiellement et seulement lorsqu'on ne pouvait plus lui résister ; mais alors ses forces étaient accrues et senties, et elle voulait tout ce qu'elle croyait pouvoir. Une résistance continuelle, irritant son ambition, devait bientôt la rendre insatiable. Mais alors même, si un grand ministre, communiquant un peu de force au roi, se conciliant la reine, domptant les privilégiés, eût devancé et rassasié tout-à-coup les prétentions nationales, en donnant lui-même une constitution libre ; s'il eût satisfait ce besoin d'agir qu'éprouvait la nation, en l'appelant tout de suite, non à réformer l'état, mais à discuter ses intérêts annuels dans un état tout constitué, peut-être la lutte ne se fût pas engagée. Mais il fallait devancer la difficulté au lieu d'y céder, et surtout immoler des prétentions nombreuses. Il fallait un homme d'une conviction forte, d'une volonté égale à sa conviction ; et cet homme, sans doute audacieux, puissant, passionné peut-être, eût effrayé la cour, qui n'en aurait pas voulu. Pour ménager à la fois l'opinion et les vieux intérêts, elle prit des demi-mesures ; elle choisit, comme on l'a vu, un ministre demi-philosophe, demi-audacieux, et qui avait une popularité immense, parce qu'alors des intentions demi populaires dans un agent du pouvoir surpassaient toutes les espérances, et excitaient l'enthousiasme d'un peuple, que bientôt la démagogie de ses chefs devait à peine satisfaire.

Les esprits étaient dans une fermentation universelle. Des assemblées s'étaient formées dans toute la France, à l'exemple de l'Angleterre et sous le même nom, celui de *clubs*. On ne s'occupait là que des abus à détruire, des réformes à opérer, et de la constitution à établir. On s'irritait par un examen sévère de la situation du pays. En effet, son état politique et économique était intolérable. Tout était privilége dans les individus, les classes, les villes, les provinces et les métiers eux-mêmes. Tout était entrave pour l'industrie et le génie de l'homme. Les dignités civiles, ecclésiastiques et militaires étaient exclusivement réservées à quelques classes, et dans ces classes à quelques individus. On ne pouvait embrasser une profession qu'à certains titres et à certaines conditions pécuniaires. Les villes avaient leurs priviléges pour l'assiette, la perception, la quotité de l'impôt, et pour le choix des magistrats. Les graces même, converties par les survivances en propriétés de famille, ne permettaient presque plus au monarque de donner des préférences. Il ne lui restait de liberté que pour quelques dons pécuniaires, et on l'avait vu obligé de disputer avec le duc de Coigny pour l'abolition d'une charge inutile[*]. Tout était donc immobilisé dans quelques mains, et partout le petit nombre résistait au grand nombre dépouillé. Les charges pesaient sur une seule classe. La noblesse et le clergé possédaient à peu près les deux tiers des terres ; l'autre tiers, possédé par le peuple, payait des impôts au roi, une foule de droits féodaux à la noblesse, la dîme au clergé, et supportait de plus les dévastations des chasseurs nobles et du gibier. Les impôts sur les consommations pesaient sur le grand nombre, et par conséquent sur le peuple. La perception était vexatoire ; les seigneurs étaient impunément en retard ; le peuple, au contraire, maltraité, enfermé, était condamné à livrer son corps à défaut de ses produits. Il nourrissait donc de ses sueurs, il défendait de son sang les hautes classes de la société, sans pouvoir exister lui-même. La bourgeoisie, industrieuse, éclairée, moins malheureuse sans doute que le peuple, mais enrichissant le royaume par son industrie, l'illustrant par ses talents, n'obtenait aucun des avantages auxquels elle avait droit.

---

[*] Voyez les Mémoires de Bouillé.

La justice, distribuée dans quelques provinces par les seigneurs, dans les juridictions royales par des magistrats acheteurs de leurs charges, était lente, souvent partiale, toujours ruineuse, et surtout atroce dans les poursuites criminelles. La liberté individuelle était violée par les lettres de cachet, la liberté de la presse par les censeurs royaux. Enfin l'état, mal défendu au dehors, trahi par les maîtresses de Louis XV, compromis par la faiblesse des ministres de Louis XVI, avait été récemment déshonoré en Europe par le sacrifice honteux de la Hollande et de la Pologne.

Déjà les masses populaires commençaient à s'agiter; des troubles s'étaient manifestés plusieurs fois, pendant la lutte des parlements, et surtout à la retraite de l'archevêque de Toulouse. On avait brûlé l'effigie de celui-ci; la force armée avait été insultée, et même attaquée; la magistrature avait faiblement poursuivi des agitateurs qui soutenaient sa cause. Les esprits émus, pleins de l'idée confuse d'une révolution prochaine, étaient dans une fermentation continuelle. Les parlements et les premiers ordres voyaient déjà se diriger contre eux les armes qu'ils avaient données au peuple. En Bretagne, la noblesse s'était opposée au doublement du tiers, et avait refusé de nommer des députés. La bourgeoisie, qui l'avait si puissamment servie contre la cour, s'était alors tournée contre elle, et des combats meurtriers avaient eu lieu. La cour, qui ne se croyait pas assez vengée de la noblesse bretonne*, lui avait non seulement refusé ses secours, mais encore avait enfermé quelques-uns de ses membres venus à Paris pour réclamer.

Les éléments eux-mêmes semblaient s'être déchaînés. Une grêle du 13 juillet avait dévasté les récoltes, et devait rendre l'approvisionnement de Paris plus difficile, surtout au milieu des troubles qui se préparaient. Toute l'activité du commerce suffisait à peine pour concentrer la quantité de subsistances nécessaire à cette grande capitale; et il était à craindre qu'il ne devint bientôt très-difficile de la faire vivre, lorsque les agitations politiques auraient ébranlé la confiance et interrompu les communications. Depuis le cruel hiver qui suivit les désastres de Louis XIV, et qui immortalisa la charité de Fénélon, on n'en avait pas vu de plus rigoureux que celui de 88 à 89. La bienfaisance, qui alors éclata de la manière la plus touchante, ne fut pas suffisante pour adoucir les misères du peuple. On

---

* Voyez Bouillé.

avait vu accourir de tous les points de la France une quantité de vagabonds sans profession et sans ressources, qui étalaient de Versailles à Paris leur misère et leur nudité. Au moindre bruit, on les voyait paraître avec empressement pour profiter des chances toujours favorables à ceux qui ont tout à acquérir, jusqu'au pain du jour.

Ainsi tout concourait à une révolution. Un siècle entier avait contribué à dévoiler les abus et à les pousser à l'excès; deux années à exciter la révolte, et à aguerrir les masses populaires, en les faisant intervenir dans la querelle des privilégiés. Enfin des désastres naturels, un concours fortuit de diverses circonstances amenèrent la catastrophe, dont l'époque pouvait bien être différée, mais dont l'accomplissement était tôt ou tard infaillible.

C'est au milieu de ces circonstances qu'eurent lieu les élections. Elles furent tumultueuses en quelques provinces, actives partout, et très-calmes à Paris, où il régna beaucoup d'accord et d'unanimité. On distribuait des listes, on tâchait de s'unir et de s'entendre. Des marchands, des avocats, des hommes de lettres, étonnés de se voir réunis pour la première fois, s'élevaient peu à peu à la liberté. A Paris, ils renommèrent eux-mêmes les bureaux formés par le roi, et, sans changer les personnes, firent acte de leur puissance en les confirmant. Le sage Bailly quitte sa retraite de Chaillot : étranger aux intrigues, pénétré de sa noble mission, il se rend seul et à pied à l'assemblée. Il s'arrête en route sur la terrasse des Feuillants ; un jeune homme inconnu l'aborde avec respect. — Vous serez nommé, lui dit-il. — Je n'en sais rien, répond Bailly ; cet honneur ne doit ni se refuser ni se solliciter. — Le modeste académicien reprend sa marche, il se rend à l'assemblée, et il est nommé successivement électeur et député.

L'élection du comte de Mirabeau fut orageuse : rejeté par la noblesse, accueilli par le tiers-état, il agita la Provence, sa patrie, et vint bientôt se montrer à Versailles.

La cour ne voulut point influencer les élections ; elle n'était point fâchée d'y voir un grand nombre de curés ; elle comptait sur leur opposition aux grands dignitaires ecclésiastiques, et en même temps sur leur respect pour le trône. D'ailleurs elle ne prévoyait pas tout, et dans les députés du tiers elle apercevait encore plutôt des adversaires pour la noblesse que pour elle-même. Le duc d'Orléans fut accusé d'agir vivement pour faire élire ses partisans, et pour être lui-même nommé. Déjà signalé parmi les adversaires de la cour, allié des parlements, invoqué pour chef, de son gré ou non, par le parti populaire, on lui imputa diverses menées. Une scène déplorable eut lieu au faubourg Saint-Antoine ; et comme on veut donner un auteur à tous les événements, on l'en rendit responsable. Un fabricant de papiers peints, Réveillon, qui par son habileté entretenait de vastes ateliers, perfectionnait notre industrie et fournissait la subsistance à trois cents ouvriers, fut accusé d'avoir voulu réduire les salaires à moitié prix. La populace menaça de brûler sa maison. On parvint à la disperser, mais elle y retourna le lendemain ; la maison fut envahie, incendiée, détruite[*]. Malgré les menaces faites la veille par les assaillants, malgré le rendez-vous donné, l'autorité n'agit que fort tard, et agit alors avec une rigueur excessive. On attendit que le peuple fût maître de la maison ; on l'y attaqua avec furie, et on fut obligé d'égorger un grand nombre de ces hommes féroces et intrépides, qui depuis se montrèrent dans toutes les occasions, et qui reçurent le nom de *brigands*.

[*] 27 avril.

tisans, et pour être lui-même nommé. Déja signalé parmi les adversaires de la cour, allié

Tous les partis qui étaient déjà formés s'accusèrent : on reprocha à la cour son action tardive d'abord, et cruelle ensuite ; on supposa qu'elle avait voulu laisser le peuple s'engager, pour faire un exemple et exercer ses troupes. L'argent trouvé sur les dévastateurs de la maison de Réveillon, les mots échappés à quelques-uns d'entre eux, firent soupçonner qu'ils étaient suscités et conduits par une main cachée ; et les ennemis du parti populaire accusèrent le duc d'Orléans d'avoir voulu essayer ces bandes révolutionnaires.

Ce prince était né avec des qualités heureuses ; il avait hérité de richesses immenses ; mais, livré aux mauvaises mœurs, il avait abusé de tous ces dons de la nature et de la fortune. Sans aucune suite dans le caractère, tour à tour insouciant de l'opinion ou avide de popularité, il était hardi et ambitieux un jour, docile et distrait le lendemain. Brouillé avec la reine, il s'était fait ennemi de la cour. Les partis commençant à se former, il avait laissé prendre son nom, et même, dit-on, jusqu'à ses richesses. Flatté d'un avenir confus, il agissait assez pour se faire accuser, pas assez pour réussir, et il devait, si ses partisans avaient réellement des projets, les désespérer de son inconstante ambition.

CHAPITRE II.

Convocation et ouverture des états-généraux. — Discussions sur la vérification des pouvoirs et sur le vote par ordre et par tête. — L'ordre du tiers-état se déclare assemblée nationale. — La salle des états est fermée, les députés se rendent dans un autre local. — Serment du Jeu de Paume. — Séance royale du 23 juin. — L'assemblée continue ses délibérations malgré les ordres du roi. — Réunion définitive des trois ordres. — Premiers travaux de l'assemblée. — Agitations populaires à Paris. — Le peuple délivre des gardes françaises enfermées à l'Abbaye. — Complots de la cour; des troupes s'approchent de Paris. — Renvoi de Necker. — Journées des 12, 13 et 14 juillet. Prise de la Bastille. — Le roi se rend à l'assemblée, et de là à Paris. — Rappel de Necker.

Le moment de la convocation des états-généraux arrivait enfin; dans ce commun danger, les premiers ordres, se rapprochant de la cour, s'étaient groupés autour des princes du sang et de la reine. Ils tâchaient de gagner par des flatteries les gentilshommes campagnards, et en leur absence ils raillaient leur rusticité. Le clergé tâchait de capter les plébéiens de son ordre, la noblesse militaire ceux du sien. Les parlements, qui avaient cru occuper le premier rôle dans les états-généraux, commençaient à craindre que leur ambition ne fût trompée. Les députés du tiers-état, forts de la supériorité de leurs talents, de l'énergique expression de leurs cahiers, soutenus par des rapprochements continuels, stimulés même par les doutes que beaucoup de gens manifestaient sur le succès de leurs efforts, avaient pris la ferme résolution de ne pas céder.

Le roi seul, qui n'avait pas goûté un moment de repos depuis le commencement de son règne, entrevoyait les états-généraux comme le terme de ses embarras. Jaloux de son autorité, plutôt pour ses enfants, auxquels il croyait devoir laisser ce patrimoine intact, que pour lui-même, il n'était pas fâché d'en remettre une partie à la nation, et de se décharger sur elle des difficultés du gouvernement. Aussi faisait-il avec joie les apprêts de cette grande réunion. Une salle avait été préparée à la hâte. On avait même déterminé les costumes, et imposé au tiers-état une étiquette humiliante. Les hommes ne sont pas

moins jaloux de leur dignité que de leurs
droits : par une fierté bien juste, les cahiers
défendaient aux députés de condescendre à
tout cérémonial outrageant. Cette nouvelle
faute de la cour tenait, comme toutes les autres, au désir de maintenir au moins le signe
quand les choses n'étaient plus. Elle dut causer une profonde irritation dans un moment
où avant de s'attaquer on commençait par se
mesurer des yeux.

Le 4 mai, veille de l'ouverture, une procession solennelle eut lieu. Le roi, les trois
ordres, tous les dignitaires de l'état, se rendirent à l'église de Notre-Dame. La cour avait
déployé une magnificence extraordinaire. Les
deux premiers ordres étaient vêtus avec pompe.
Princes, ducs et pairs, gentilshommes, prélats, étaient parés de pourpre, et avaient la
tête couverte de chapeaux à plumes. Les députés du tiers, vêtus de simples manteaux noirs,
venaient ensuite, et, malgré leur extérieur
modeste, semblaient forts de leur nombre et
de leur avenir. On observa que le duc d'Orléans, placé à la queue de la noblesse, aimait
à demeurer en arrière et à se confondre avec
les premiers députés du tiers.

Cette pompe nationale, militaire et religieuse, ces chants pieux, ces instruments guerriers, et surtout la grandeur de l'événement, émurent profondément les cœurs. Le discours de l'évêque de Nancy, plein de sentiments généreux, fut applaudi avec enthousiasme, malgré la sainteté du lieu et la présence du roi. Les grandes réunions élèvent l'ame, elles nous détachent de nous-mêmes, et nous rattachent aux autres; une ivresse générale se répandit, et tout-à-coup plus d'un cœur sentit défaillir ses haines, et se remplit pour un moment d'humanité et de patriotisme *.

L'ouverture des états-généraux eut lieu le lendemain, 5 mai 1789. Le roi était placé sur un trône élevé, la reine auprès de lui, la cour dans des tribunes, les deux premiers ordres sur les deux côtés, le tiers-état dans le fond de la salle et sur des siéges inférieurs. Un mouvement s'éleva à la vue du comte de Mirabeau; mais son regard, sa démarche imposèrent à l'assemblée. Le tiers-état se couvrit avec les autres ordres, malgré l'usage établi. Le roi prononça un discours dans lequel il conseillait le désintéressement aux uns, la sagesse aux autres, et parlait à tous de son amour pour le peuple. Le garde-des-sceaux Barentin prit ensuite la parole, et fut suivi de Necker, qui

* Voyez la note 1 à la fin du volume.

fut un mémoire sur l'état du royaume, où il parla longuement de finances, accusa un déficit de 56 millions, et fatigua de ses longueurs ceux qu'il n'offensa pas de ses leçons.

Dès le lendemain il fut prescrit aux députés de chaque ordre de se rendre dans le local qui leur était destiné. Outre la salle commune, assez vaste pour contenir les trois ordres réunis, deux autres salles avaient été construites pour la noblesse et le clergé. La salle commune était destinée au tiers, et il avait ainsi l'avantage, en étant dans son propre local, de se trouver dans celui des états. La première opération à faire était celle de la vérification des pouvoirs; il s'agissait de savoir si elle aurait lieu en commun ou par ordre. Les députés du tiers, prétendant qu'il importait à chaque partie des états-généraux de s'assurer de la légitimité des deux autres, demandaient la vérification en commun. La noblesse et le clergé, voulant maintenir la division des ordres, soutenaient qu'ils devaient se constituer chacun à part. Cette question n'était pas encore celle du vote par tête, car on pouvait vérifier les pouvoirs en commun et voter ensuite séparément, mais elle lui ressemblait beaucoup; et dès le premier jour, elle fit éclater une division qu'il eût été facile de prévoir, et de prévenir en terminant le différend d'avance. Mais la cour n'avait jamais la force ni de refuser ni d'accorder ce qui était juste, et d'ailleurs elle espérait régner en divisant.

Les députés du tiers-état demeurèrent assemblés dans la salle commune, s'abstenant de prendre aucune mesure, et attendant, disaient-ils, la réunion de leurs collègues. La noblesse et le clergé, retirés dans leur salle respective, se mirent à délibérer sur la vérification. Le clergé vota la vérification séparée à la majorité de 133 sur 114, et la noblesse à la majorité de 188 sur 114. Le tiers-état, persistant dans son immobilité, continua le lendemain sa conduite de la veille. Il tenait à éviter toute mesure qui pût le faire considérer comme constitué en ordre séparé. C'est pourquoi, en adressant quelques-uns de ses membres aux deux autres chambres, il eut soin de ne leur donner aucune mission expresse. Ces membres étaient envoyés à la noblesse et au clergé pour leur dire qu'on les attendait dans la salle commune. La noblesse n'était pas en séance dans le moment; le clergé était réuni, et il offrit de nommer des commissaires pour concilier les différends qui venaient de s'élever. Il les nomma en effet, et fit inviter la noblesse à en faire autant. Le clergé dans cette lutte montrait un caractère bien différent de celui de la noblesse. Entre toutes les classes privilégiées il avait le plus souffert des attaques du dix-huitième siècle; son existence politique avait été contestée; il était partagé à cause du grand nombre de ses curés; d'ailleurs son rôle obligé était celui de la modération et de l'esprit de paix; aussi, comme on vient de le voir, il offrit une espèce de médiation.

La noblesse, au contraire, s'y refusa en ne voulant pas nommer des commissaires. Moins prudente que le clergé, doutant moins de ses droits, ne se croyant point obligée à la modération, mais à la vaillance, elle se répandait en refus et en menaces. Ces hommes qui n'ont excusé aucune passion, se livraient à toutes les leurs, et ils subissaient, comme toutes les assemblées, la domination des esprits les plus violents. Casalès, d'Espréménil, récemment anoblis, faisaient adopter les motions les plus fougueuses, qu'ils préparaient d'abord dans des réunions particulières. En vain une minorité composée d'hommes ou plus sages ou plus prudemment ambitieux, s'efforçait d'éclairer cette noblesse; elle ne voulait rien entendre, elle parlait de combattre et de mourir, et, ajoutait-elle, pour les lois et la justice. Le tiers-état, immobile, dévorait avec calme tous les outrages; il s'irritait en silence, se conduisait avec la prudence et la fermeté de toutes les puissances qui commencent, et recueillait les applaudissements des tribunes, destinées d'abord à la cour et envahies bientôt par le public.

Plusieurs jours s'étaient déja écoulés. Le clergé avait tendu des piéges au tiers-état en cherchant à l'entraîner à certains actes, qui le fissent qualifier d'ordre constitué. Mais le tiers-état s'y était refusé constamment; et, ne prenant que des mesures indispensables de police intérieure, il s'était borné à choisir un doyen et des adjoints pour recueillir les avis. Il refusait d'ouvrir les lettres qui lui étaient adressées, et il déclarait former non un ordre, mais une *assemblée de citoyens réunis par une autorité légitime pour attendre d'autres citoyens*.

La noblesse, après avoir refusé de nommer des commissaires conciliateurs, consentit enfin à en envoyer pour se concerter avec les autres ordres; mais la mission qu'elle leur donnait devenait inutile, puisqu'elle les chargeait en même temps de déclarer qu'elle persistait dans sa décision du 6 mai, laquelle enjoignait la vérification séparée. Le clergé, tout au contraire, fidèle à son rôle, avait suspendu la vérification déjà commencée dans sa propre chambre, et il s'était déclaré non constitué, en attendant les conférences des commissaires conciliateurs. Les conférences étaient ouvertes : le clergé se taisait, les députés des communes faisaient valoir leurs raisons avec calme, ceux de la noblesse avec emportement. On se séparait aigri par la dispute, et le tiers-état, résolu à ne rien céder, n'était sans doute pas fâché d'apprendre que toute transaction devenait impossible. La noblesse entendait tous les jours ses commissaires assurer qu'ils avaient eu l'avantage, et son exaltation s'en augmentait encore. Par une lueur passagère de prudence, les deux premiers ordres déclarèrent qu'ils renonçaient à leurs priviléges pécuniaires. Le tiers-état accepta la concession, mais il persista dans son inaction, exigeant toujours la vérification commune. Les conférences se continuaient encore, lorsqu'on proposa enfin, comme accommodement, de faire vérifier les pouvoirs par des commissaires pris dans les trois ordres. Les envoyés de la noblesse déclarèrent en son nom qu'elle ne voulait pas de cet arrangement, et se retirèrent sans fixer de jour pour une nouvelle conférence. La transaction fut ainsi rompue. Le même jour, la noblesse prit un arrêté par lequel elle déclarait de nouveau que, pour cette session, on vérifierait séparément, en laissant aux états le soin de déterminer un autre mode pour l'avenir. Cet arrêté fut communiqué aux communes le 27 mai. On était réuni depuis le 5 ; vingt-deux jours s'étaient donc écoulés, pendant lesquels on n'avait rien fait ; il était temps de prendre une détermination. Mirabeau, qui donnait l'impulsion au parti populaire, fit observer qu'il était urgent de se décider, et de commencer le bien public trop long-temps retardé. Il proposa donc, d'après la résolution connue de la noblesse, de faire une sommation au clergé pour qu'il s'expliquât sur-le-champ, et déclarât s'il voulait ou non se réunir aux communes. La proposition fut aussitôt adoptée. Le député Target se mit en marche à la tête d'une députation nombreuse, et se rendit dans la salle du clergé : « Messieurs des communes « invitent, dit-il, messieurs du clergé, AU NOM « DU DIEU DE PAIX, et dans l'intérêt national, « à se réunir avec eux dans la salle de l'assem- « blée, pour aviser aux moyens d'opérer la « concorde, si nécessaire en ce moment au « salut de la chose publique. » Le clergé fut frappé de ces paroles solennelles ; un grand nombre de ses membres répondirent par des acclamations, et voulurent se rendre de suite à cette invitation; mais on les en empêcha, et on répondit aux députés des communes qu'il en serait délibéré. Au retour de la députation, le tiers-état, inexorable, se détermina à attendre, séance tenante, la réponse du clergé. Cette réponse n'arrivant point, on lui envoya dire qu'on l'attendait. Le clergé se plaignit d'être trop vivement pressé, et demanda qu'on lui laissât le temps nécessaire. On lui répondit avec modération qu'il en pouvait prendre, et qu'on attendrait, s'il le fallait, tout le jour et toute la nuit.

La situation était difficile; le clergé savait qu'après sa réponse les communes se mettraient à l'œuvre, et prendraient un parti décisif. Il voulait temporiser pour se concerter avec la cour; il demanda donc jusqu'au lendemain, ce qui fut accordé à regret. Le lendemain en effet, le roi, si désiré des premiers ordres, se décida à intervenir. Dans ce moment toutes les inimitiés de la cour et des premiers ordres commençaient à s'oublier, à l'aspect de cette puissance populaire qui s'élevait avec tant de rapidité. Le roi, se montrant enfin, invita les trois ordres à reprendre les conférences, en présence de son garde-des-sceaux. Le tiers-état, quoi qu'on ait dit de ses projets, qu'on a jugés d'après l'événement, ne poussait pas ses vœux au-delà de la monarchie tempérée. Connaissant les intentions de Louis XVI, il était plein de respect pour lui; d'ailleurs, ne voulant nuire à sa propre cause par aucun tort, il répondit que, par déférence pour le roi, il consentait à la reprise des conférences, quoique, d'après les déclarations de la noblesse, on pût les croire inutiles. Il joignit à cette réponse une adresse qu'il chargea son doyen de remettre au prince. Ce doyen était Bailly, homme simple et vertueux, savant illustre et modeste, qui avait été transporté subitement des études silencieuses de son cabinet au milieu des discordes civiles. Choisi pour présider une grande assemblée, il s'était effrayé de sa tâche nouvelle, s'était cru indigne de la remplir, et ne l'avait subie que par devoir. Mais élevé tout-à-coup à la liberté, il trouva en lui une présence d'esprit et une fermeté inattendues; au milieu de tant de conflits, il fit respecter la majesté de l'assemblée, et représenta pour elle avec toute la dignité de la vertu et de la raison.

Bailly eut la plus grande peine à parvenir jusqu'au roi. Comme il insistait afin d'être introduit, les courtisans répandirent qu'il n'avait pas même respecté la douleur du monarque, affligé de la mort du dauphin. Il fut enfin présenté, sut écarter tout cérémonial humiliant, et montra autant de fermeté que de respect. Le roi l'accueillit avec bonté, mais sans s'expliquer sur ses intentions.

Le gouvernement, décidé à quelques sacrifices pour avoir des fonds, voulait en opposant les ordres devenir leur arbitre, arracher à la noblesse ses privilèges pécuniaires avec le secours du tiers-état, et arrêter l'ambition du tiers-état au moyen de la noblesse. Quant à la noblesse, n'ayant point à s'inquiéter des embarras de l'administration, ne songeant qu'aux sacrifices qu'il allait lui en coûter, elle voulait amener la dissolution des états-généraux, et rendre ainsi leur convocation inutile. Les communes, que la cour et les premiers ordres ne voulaient pas reconnaître sous ce titre, et appelaient toujours du nom de tiers-état, acquéraient sans cesse des forces nouvelles, et, résolues à braver tous les dangers, ne voulaient pas laisser échapper une occasion qui pouvait ne plus s'offrir.

Les conférences demandées par le roi eurent lieu. Les commissaires de la noblesse élevèrent des difficultés de tout genre, sur le titre de communes que le tiers-état avait pris, sur la forme et la signature du procès-verbal. Enfin ils entrèrent en discussion, et ils étaient presque réduits au silence par les raisons qu'on leur opposait, lorsque Necker, au nom du roi, proposa un nouveau moyen de conciliation. Chaque ordre devait examiner séparément les pouvoirs, et en donner communication aux autres : dans le cas où des difficultés s'élèveraient, des commissaires en feraient rapport à chaque chambre, et si la décision des divers ordres n'était pas conforme, le roi devait juger en dernier ressort. Ainsi la cour vidait le différend à son profit. Les conférences furent aussitôt suspendues pour obtenir l'adhésion des ordres. Le clergé accepta le projet purement et simplement. La noblesse l'accueillit d'abord avec faveur; mais, poussée par ses instigateurs ordinaires, elle écarta l'avis des plus sages de ses membres, et modifia le projet de conciliation. De ce jour datent tous ses malheurs.

Les communes, instruites de cette résolution, attendaient, pour s'expliquer à leur tour, qu'elle leur fût communiquée; mais le clergé, avec son astuce ordinaire, voulant les mettre en demeure aux yeux de la nation, leur envoya une députation pour les engager à s'occuper avec lui de la misère du peuple, tous les jours plus grande, et à se hâter de pourvoir ensemble à la rareté et à la cherté des subsistances. Les communes, exposées à la défaveur populaire si elles paraissaient indifférentes à une telle proposition, rendirent ruse pour ruse, et répondirent que, pénétrées des mêmes devoirs, elles attendaient le clergé dans la grande salle pour s'occuper avec lui de cet objet important. Alors la noblesse arriva et communiqua solennellement son arrêté aux communes; elle adoptait, disait-elle, le plan de conciliation, mais en persistant dans la vérification séparée, et en ne déférant aux ordres réunis et à la juridiction suprême du roi, que les difficultés qui pourraient s'élever sur les députations entières de toute une province.

Cet arrêté mit fin à tous les embarras des communes. Obligées ou de céder, ou de se déclarer seules en guerre contre les premiers ordres et le trône, si le plan de conciliation avait été adopté, elles furent dispensées de s'expliquer, le plan n'étant accepté qu'avec de graves changements. Le moment était décisif. Céder sur la vérification séparée n'était pas, il est vrai, céder sur le vote par ordre; mais faiblir une fois, c'était faiblir toujours. Il fallait ou se soumettre à un rôle à peu près nul, donner de l'argent au pouvoir, et se contenter de détruire quelques abus lorsqu'on voyait la possibilité de régénérer l'état, ou prendre une résolution forte et se saisir violemment d'une portion du pouvoir législatif. C'était là le premier acte révolutionnaire, mais l'assemblée n'hésita pas. En conséquence, tous les procès-verbaux signés, les conférences finies, Mirabeau se lève: « Tout projet de conciliation « rejeté par une partie, dit-il, ne peut plus être « examiné par l'autre. Un mois s'est écoulé, il « faut prendre un parti décisif; un député de « Paris a une motion importante à faire, qu'on « l'écoute. » Mirabeau, ayant ouvert la délibération par son audace, introduit à la tribune Sieyes, esprit vaste, systématique, et rigoureux dans ses déductions. Sieyes rappelle et motive en peu de mots la conduite des communes. Elles ont attendu et se sont prêtées à toutes les conciliations proposées; leur longue condescendance est devenue inutile; elles ne peuvent différer plus long-temps sans manquer à leur mission; en conséquence elles doivent faire une dernière invitation aux deux autres ordres, afin qu'ils se réunissent à elles pour commencer la vérification. Cette proposition rigoureusement motivée [*] est accueillie avec enthousiasme; on veut même sommer les deux ordres de se réunir dans une heure [**]. Cepen-

[*] Voyez la note 2 à la fin du volume.
[**] Séance du 10 juin.

dant le terme est prorogé. Le lendemain jeudi étant un jour consacré aux solennités religieuses, on remet au vendredi. Le vendredi, la dernière invitation est communiquée; les deux ordres répondent qu'ils vont délibérer; le roi, qu'il fera connaître ses intentions. L'appel des bailliages commence : le premier jour, trois curés se rendent, et sont couverts d'applaudissements; le second, il en arrive six; le troisième et le quatrième, dix, au nombre desquels se trouvait l'abbé Grégoire.

Pendant l'appel des bailliages et la vérification des pouvoirs, une dispute grave s'éleva sur le titre que devait prendre l'assemblée. Mirabeau proposa celui de *représentants du peuple français*; Mounier celui de *la majorité délibérant en l'absence de la minorité*; le député Legrand celui d'*assemblée nationale*. Ce dernier fut adopté après une discussion assez longue, qui se prolongea jusqu'au 16 juin dans la nuit. Il était une heure du matin, et il s'agissait de savoir si on se constituerait séance tenante, ou si on remettrait au lendemain. Une partie des députés voulait qu'on ne perdît pas un instant, afin d'acquérir un caractère légal qui imposât à la cour. Un petit nombre, désirant arrêter les travaux de l'assemblée, s'emportait et poussait des cris furieux. Les deux partis, rangés des deux côtés d'une longue table, se menaçaient réciproquement; Bailly, placé au centre, était sommé par les uns de séparer l'assemblée, par les autres de mettre aux voix le projet de se constituer. Impassible au milieu des cris et des outrages, il resta pendant plus d'une heure immobile et silencieux. Le ciel était orageux, le vent soufflait avec violence au milieu de la salle, et ajoutait au tumulte. Enfin les furieux se retirèrent; alors Bailly, s'adressant à l'assemblée devenue calme par la retraite de ceux qui la troublaient, l'engagea à renvoyer au jour l'acte important qui était proposé. Elle adopta son avis, et se retira en applaudissant à sa fermeté et à sa sagesse.

Le lendemain 17 juin, la proposition fut mise en délibération, et, à la majorité de 491 voix contre 90, les communes se constituèrent en *assemblée nationale*. Sieyes, chargé encore de motiver cette décision, le fit avec sa rigueur accoutumée.

« L'assemblée, délibérant après la vérifica-
« tion des pouvoirs, reconnaît qu'elle est déjà
« composée de représentants envoyés directe-
« ment par les quatre-vingt-seize centièmes au
« moins de la nation. Une telle masse de dé-
« putations ne saurait rester inactive par l'ab-
« sence des députés de quelques bailliages ou

« de quelques classes de citoyens; car les ab-
« sents *qui ont été appelés* ne peuvent empê-
« cher les présents d'exercer la plénitude de
« leurs droits, surtout lorsque l'exercice de ces
« droits est un devoir impérieux et pressant.

« De plus, puisqu'il n'appartient qu'aux re-
« présentants vérifiés de concourir au vœu na-
« tional, et que tous les représentants vérifiés
« doivent être dans cette assemblée, il est en-
« core indispensable de conclure qu'il lui ap-
« partient et qu'il n'appartient qu'à elle d'inter-
« préter et de représenter la volonté générale
« de la nation.

« Il ne peut exister entre le trône et l'as-
« semblée aucun *veto*, aucun pouvoir né-
« gatif.

« L'assemblée déclare donc que l'œuvre com-
« mune de la restauration nationale peut et
« doit être commencée sans retard par les dé-
« putés présents, et qu'ils doivent la suivre
« sans interruption comme sans obstacle.

« La dénomination d'assemblée nationale est
« la seule qui convienne à l'assemblée dans
« l'état actuel des choses, soit parce que les
« membres qui la composent sont les seuls re-
« présentants légitimement et publiquement
« connus et vérifiés, soit parce qu'ils sont en-
« voyés par la presque totalité de la nation,

« soit enfin parce que la représentation étant
« une et indivisible, aucun des députés, dans
« quelque ordre ou classe qu'il soit choisi,
« n'a le droit d'exercer ces fonctions séparé-
« ment de cette assemblée.

« L'assemblée ne perdra jamais l'espoir de
« réunir dans son sein tous les députés aujour-
« d'hui absents; elle ne cessera de les appeler
« à remplir l'obligation qui leur est imposée
« de concourir à la tenue des états-généraux.
« A quelque moment que les députés absents
« se présentent dans la session qui va s'ouvrir,
« elle déclare d'avance qu'elle s'empressera de
« les recevoir, et de partager avec eux, après la
« vérification des pouvoirs, la suite des grands
« travaux qui doivent procurer la régénération
« de la France. »

Aussitôt après cet arrêté, l'assemblée, voulant tout à la fois faire un acte de sa puissance, et prouver qu'elle n'entendait point arrêter la marche de l'administration, légalisa la perception des impôts, quoique établis sans le consentement national; prévenant sa séparation, elle ajouta qu'ils cesseraient d'être perçus le jour où elle serait séparée; prévoyant en outre la banqueroute, moyen qui restait au pouvoir pour terminer les embarras financiers, et se passer du concours national, elle satisfit à la prudence et à l'honneur en mettant les créanciers de l'état sous la sauvegarde de la loyauté française. Enfin elle annonça qu'elle allait s'occuper incessamment des causes de la disette et de la misère publique.

Ces mesures, qui montraient autant de courage que d'habileté, produisirent une impression profonde. La cour et les premiers ordres étaient épouvantés de tant d'audace et d'énergie. Pendant ce temps le clergé délibérait en tumulte s'il fallait se réunir aux communes. La foule attendait au dehors le résultat de sa délibération ; les curés l'emportèrent enfin, et on apprit que la réunion avait été votée à la majorité de 149 voix sur 115. Ceux qui avaient voté pour la réunion furent accueillis avec des transports ; les autres furent outragés et poursuivis par le peuple.

Ce moment devait amener la réconciliation de la cour et de l'aristocratie. Le danger était égal pour toutes deux. La dernière résolution nuisait autant au roi qu'aux premiers ordres eux-mêmes dont les communes déclaraient pouvoir se passer. Aussitôt on se jeta aux pieds du roi ; le duc de Luxembourg, le cardinal de Larochefoucauld, l'archevêque de Paris, le supplièrent de réprimer l'audace du tiers-état, et de soutenir leurs droits attaqués. Le parlement lui fit offrir de se passer des états, en promettant de consentir tous les impôts. Le roi fut entouré par les princes et par la reine; c'était plus qu'il ne fallait pour sa faiblesse; enfin on l'entraîna à Marly, pour lui arracher une mesure vigoureuse.

Le ministre Necker, attaché à la cause populaire, se contentait de représentations inutiles, que le roi trouvait justes quand il avait l'esprit libre, mais dont la cour avait soin de détruire bientôt l'effet. Dès qu'il vit l'intervention de l'autorité royale nécessaire, il forma un projet qui parut très-hardi à son courage : il voulait que le monarque, dans une séance royale, ordonnât la réunion des ordres, mais seulement pour toutes les mesures d'intérêt général; qu'il s'attribuât la sanction de toutes les résolutions prises par les états-généraux; qu'il improuvât d'avance tout établissement contre la monarchie tempérée, tel que celui d'une assemblée unique; qu'il promît enfin l'abolition des priviléges, l'égale admission de tous les Français aux emplois civils et militaires, etc. Necker, qui n'avait pas eu la force de devancer le temps pour un plan pareil, n'avait pas mieux celle d'en assurer l'exécution.

Le conseil avait suivi le roi à Marly. Là, le plan de Necker, approuvé d'abord, est remis en discussion : tout-à-coup un billet est transmis au roi ; le conseil est suspendu, repris et renvoyé au lendemain, malgré le besoin d'une grande célérité. Le lendemain, de nouveaux membres sont ajoutés au conseil ; les frères du roi sont du nombre. Le projet de Necker est modifié ; le ministre résiste, fait quelques concessions, mais il se voit vaincu et retourne à Versailles. Un page vient trois fois lui remettre des billets, portant de nouvelles modifications ; son plan est tout-à-fait défiguré, et la séance royale est fixée pour le 22 juin.

On n'était encore qu'au 20, et déja on ferme la salle des états, sous le prétexte des préparatifs qu'exige la présence du roi. Ces préparatifs pouvaient se faire en une demi-journée, mais le clergé avait résolu la veille de se réunir aux communes, et on voulait empêcher cette réunion. Un ordre du roi suspend aussitôt les séances jusqu'au 22. Bailly, se croyant obligé d'obéir à l'assemblée, qui, le vendredi 19, s'était ajournée au lendemain samedi, se rend à la porte de la salle. Des gardes-françaises l'entouraient avec ordre d'en défendre l'entrée ; l'officier de service reçoit Bailly avec respect, et lui permet de pénétrer dans une cour pour y rédiger une protestation. Quelques députés jeunes et ardents veulent forcer la consigne ;

Bailly accourt, les apaise, et les emmène avec lui, pour ne pas compromettre le généreux officier qui exécutait avec tant de modération les ordres de l'autorité. On s'attroupe en tumulte, on persiste à se réunir; quelques-uns parlent de tenir séance sous les fenêtres mêmes du roi, d'autres proposent la salle du jeu de paume; on s'y rend aussitôt; le maître la cède avec joie.

Cette salle était vaste, mais les murs en étaient sombres et dépouillés; il n'y avait point de sièges. On offre un fauteuil au président, qui le refuse et veut demeurer debout avec l'assemblée; un banc sert de bureau; deux députés sont placés à la porte pour la garder, et sont bientôt relevés par la prévôté de l'hôtel, qui vient offrir ses services. Le peuple accourt en foule, et la délibération commence. On s'élève de toutes parts contre cette suspension des séances, et on propose divers moyens pour l'empêcher à l'avenir. L'agitation augmente, et les partis extrêmes commencent à s'offrir aux imaginations. On propose de se rendre à Paris : cet avis, accueilli avec chaleur, est agité vivement; déjà même on parle de s'y transporter en corps et à pied. Bailly est épouvanté des violences que pourrait essuyer l'assemblée pendant la route; redoutant d'ailleurs

une scission, il s'oppose à ce projet. Alors Mounier propose aux députés de s'engager par serment à ne pas se séparer avant l'établissement d'une constitution. Cette proposition est accueillie avec transport, et on rédige aussitôt la formule du serment. Bailly demande l'honneur de s'engager le premier, et lit la formule ainsi conçue : « Vous prêtez le serment solen-
« nel de ne jamais vous séparer, de vous ras-
« sembler partout où les circonstances l'exi-
« geront, jusqu'à ce que la constitution du
« royaume soit établie, et affermie sur des fon-
« demens solides. » Cette formule, prononcée à haute et intelligible voix, retentit jusqu'au dehors. Aussitôt toutes les bouches profèrent le serment; tous les bras sont tendus vers Bailly, qui, debout et immobile, reçoit cet engagement solennel d'assurer par des lois l'exercice des droits nationaux. La foule pousse aussitôt des cris de *vive l'assemblée! vive le roi!* comme pour prouver que, sans colère et sans haine, mais par devoir, elle recouvre ce qui lui est dû. Les députés se disposent ensuite à signer la déclaration qu'ils viennent de faire. Un seul, Martin d'Auch, ajoute à son nom le mot d'opposant. Il se forme autour de lui un grand tumulte. Bailly, pour être entendu, monte sur une table, s'adresse avec modération au député,

et lui représente qu'il a le droit de refuser sa signature, mais non celui de former opposition. Le député persiste; et l'assemblée, par respect pour sa liberté, souffre le mot, et le laisse exister sur le procès-verbal.

Ce nouvel acte d'énergie excita l'épouvante de la noblesse, qui le lendemain vint porter ses doléances aux pieds du roi, s'excuser en quelque sorte des restrictions qu'elle avait apportées au plan de conciliation, et lui demander son assistance. La minorité noble protesta contre cette démarche, soutenant avec raison qu'il n'était plus temps de demander l'intervention royale, après l'avoir si mal à propos refusée. Cette minorité, trop peu écoutée, se composait de quarante-sept membres; on y comptait des militaires, des magistrats éclairés; le duc de Liancourt, généreux ami de son roi et de la liberté; le duc de Larochefoucauld, distingué par une constante vertu et de grandes lumières; Lally-Tolendal, célèbre déjà par les malheurs de son père et ses éloquentes réclamations; Clermont-Tonnerre, remarquable par le talent de la parole; les frères Lameth, jeunes colonels, connus par leur esprit et leur bravoure; Duport, déjà cité pour sa vaste capacité et la fermeté de son caractère; enfin le marquis de Lafayette, défenseur de la liberté américaine, et unissant à la vivacité française la constance et la simplicité de Washington.

L'intrigue ralentissait toutes les opérations de la cour. La séance, fixée d'abord au lundi 22, fut remise au 23. Un billet, écrit fort tard à Bailly et à l'issue du grand conseil, lui annonçait ce renvoi, et prouvait l'agitation qui régnait dans les idées. Necker était résolu à ne pas se rendre à la séance, pour ne pas autoriser de sa présence des projets qu'il désapprouvait.

Les petits moyens, ressource ordinaire d'une autorité faible, furent employés pour empêcher la séance du lundi 22; les princes firent retenir la salle du jeu de paume pour y jouer ce jour-là. L'assemblée se rendit à l'église de Saint-Louis, où elle reçut la majorité du clergé, à la tête de laquelle se trouvait l'archevêque de Vienne. Cette réunion, opérée avec la plus grande dignité, excita la joie la plus vive. Le clergé venait s'y soumettre, disait-il, à la vérification commune.

Le lendemain 23 était le jour fixé pour la séance royale. Les députés des communes devaient entrer par une porte détournée, et différente de celle qui était réservée à la noblesse et au clergé. A défaut de la violence on ne leur épargnait pas les humiliations. Exposés à la pluie, ils attendirent long-temps : le président, réduit à frapper à cette porte, qui ne s'ouvrait pas, frappa plusieurs fois; on lui répondit qu'il n'était pas temps. Déja les députés allaient se retirer, Bailly frappa encore; la porte s'ouvrit enfin, les députés entrèrent et trouvèrent les deux premiers ordres en possession de leurs siéges, qu'ils avaient voulu s'assurer en les occupant d'avance. La séance n'était point, comme celle du 5 mai, majestueuse et touchante à la fois par une certaine effusion de sentiments et d'espérances. Une milice nombreuse, un silence morne, la distinguaient de cette première solennité. Les députés des communes avaient résolu de garder le plus profond silence. Le roi prit la parole, et trahit sa faiblesse en employant des expressions beaucoup trop énergiques pour son caractère. On lui faisait proférer des reproches, et donner des commandements. Il enjoignait la séparation par ordre, cassait les précédents arrêtés du tiers-état, en promettant de sanctionner l'abdication des priviléges pécuniaires quand les possesseurs l'auraient donnée. Il maintenait tous les droits féodaux, tant utiles qu'honorifiques, comme propriétés inviolables; il n'ordonnait pas la réunion pour les matières d'intérêt général, mais il la faisait espérer de la modération des premiers ordres. Ainsi il forçait l'obéissance des communes, et se contentait de présumer celle de l'aristocratie. Il laissait la noblesse et le clergé juges de ce qui les concernait spécialement, et finissait par dire que, s'il rencontrait de nouveaux obstacles, il ferait tout seul le bien de son peuple, et se regarderait comme son unique représentant. Ce ton, ce langage, irritèrent profondément les esprits, non contre le roi, qui venait de représenter avec faiblesse des passions qui n'étaient pas les siennes, mais contre l'aristocratie dont il était l'instrument.

Aussitôt après son discours, il ordonne à l'assemblée de se séparer sur-le-champ. La noblesse le suit, avec une partie du clergé. Le plus grand nombre des députés ecclésiastiques demeurent; les députés des communes, immobiles, gardent un profond silence. Mirabeau, qui toujours s'avançait le premier, se lève : « Messieurs, dit-il, j'avoue que ce que vous venez d'entendre pourrait être le salut de la patrie, si les présents du despotisme n'étaient pas toujours dangereux... L'appareil des armes, la violation du temple national, pour vous commander d'être heureux...! Où sont les ennemis de la nation? Catilina est-il à nos portes...? Je demande qu'en vous couvrant de votre dignité, de votre puissance législative, vous vous renfermiez dans la religion de votre serment; il ne vous permet de vous séparer qu'après avoir fait la constitution. »

Le marquis de Brézé, grand-maître des cérémonies, rentre alors et s'adresse à Bailly: « Vous avez entendu, lui dit-il, les ordres du roi; » et Bailly lui répond: « Je vais prendre ceux de l'assemblée. » Mirabeau s'avance: « Oui, monsieur, s'écrie-t-il, nous avons entendu les intentions qu'on a suggérées au roi, mais vous n'avez ici ni voix, ni place, ni droit de parler. Cependant, pour éviter tout délai, allez dire à votre maître que nous sommes ici par la puissance du peuple, et qu'on ne nous en arrachera que par la puissance des baïonnettes. » M. de Brézé se retire. Sieyes prononce ces mots: « Nous sommes aujourd'hui ce que nous étions hier; délibérons. » L'assemblée se recueille pour délibérer sur le maintien de ses précédents arrêtés. « Le premier de ces arrêtés, dit Barnave, a déclaré ce que vous êtes; le second statue sur les impôts, que vous seuls avez droit de consentir; le troisième est le serment de faire votre devoir. Aucune de ces mesures n'a besoin de sanction royale. Le roi ne peut empêcher ce qu'il n'a pas à consentir. » Dans ce moment, des ouvriers viennent pour enlever les ban-

quettes, des troupes armées traversent la salle, d'autres l'entourent au dehors; les gardes-du-corps s'avancent même jusqu'à la porte. L'assemblée, sans s'interrompre, demeure sur les bancs et recueille les voix : il y a unanimité pour le maintien de tous les arrêtés précédents. Ce n'est pas tout : au sein de la ville royale, au milieu des serviteurs de la cour, et privée du secours de ce peuple depuis si redoutable, l'assemblée pouvait être menacée. Mirabeau reparaît à la tribune et propose de décréter l'inviolabilité de chaque député. Aussitôt l'assemblée, n'opposant à la force qu'une majestueuse volonté, déclare inviolable chacun de ses membres, proclame traître, infame et coupable de crime capital, quiconque attenterait à leur personne.

Pendant ce temps la noblesse, qui croyait l'état sauvé par ce lit de justice, présentait ses félicitations au prince qui en avait donné l'idée, et les portait du prince à la reine. La reine, tenant son fils dans ses bras, le montrant à ces serviteurs si empressés, recevait leurs serments, et s'abandonnait malheureusement à une aveugle confiance. Dans ce même instant on entendit des cris : chacun accourut, et on apprit que le peuple, réuni en foule, félicitait Necker de n'avoir pas assisté à la séance royale.

L'épouvante succéda aussitôt à la joie; le roi et la reine firent appeler Necker, et ces augustes personnages furent obligés de le supplier de conserver son portefeuille. Le ministre y consentit, et rendit à la cour une partie de la popularité qu'il avait conservée, en n'assistant pas à cette funeste séance.

Ainsi venait de s'opérer la première révolution. Le tiers-état avait recouvré le pouvoir législatif, et ses adversaires l'avaient perdu pour avoir voulu le garder tout entier. En quelques jours, cette révolution législative fut entièrement consommée. On employa encore quelques petits moyens, tels que de gêner les communications intérieures dans les salles des états; mais ils furent sans succès. Le 24, la majorité du clergé se rendit à l'assemblée, et demanda la vérification en commun pour délibérer ensuite sur les propositions faites par le roi, dans la séance du 23 juin. La minorité du clergé continuait à délibérer dans sa chambre particulière. L'archevêque de Paris, Juigné, prélat vertueux, bienfaiteur du peuple, mais privilégié opiniâtre, fut poursuivi, et contraint de promettre sa réunion; il se rendit en effet à l'assemblée nationale, accompagné de l'archevêque de Bordeaux, prélat populaire et qui devait plus tard devenir ministre.

Le plus grand trouble se manifesta dans les rangs de la noblesse. Ses agitateurs ordinaires enflammaient ses passions ; d'Espréménil proposa de décréter le tiers-état, et de le faire poursuivre par le procureur-général ; la minorité proposa la réunion. Cette motion fut rejetée au milieu du tumulte. Le duc d'Orléans appuya la proposition, après avoir, la veille, promis le contraire aux Polignac*. Quarante-sept membres, résolus de se réunir à l'assemblée générale malgré la décision de la majorité, s'y rendirent en corps, et furent reçus au milieu de la joie publique. Cependant, malgré cette allégresse causée par leur présence, leurs visages étaient tristes. « Nous cédons à notre conscience, dit Clermont-Tonnerre, mais c'est avec douleur que nous nous séparons de nos frères. Nous venons concourir à la régénération publique ; chacun de nous vous fera connaître le degré d'activité que lui permet son mandat. »

Chaque jour amenait de nouvelles réunions, et l'assemblée voyait s'accroître le nombre de ses membres. Des adresses arrivaient de toutes parts, exprimant le vœu et l'approbation des villes et des provinces. Mounier suscita celles

* Voyez Ferrières.

du Dauphiné. Paris fit la sienne; et le Palais-Royal lui-même envoya une députation, que l'assemblée, entourée encore de dangers, reçut pour ne pas s'aliéner la multitude. Alors elle n'en prévoyait pas les excès; elle avait besoin au contraire de présumer son énergie et d'en espérer un appui; beaucoup d'esprits en doutaient, et le courage du peuple n'était encore qu'un rêve heureux. Ainsi les applaudissements des tribunes, importuns souvent à l'assemblée, l'avaient pourtant soutenue, et on n'osa pas les empêcher. Bailly voulut réclamer, on étouffa sa voix et sa motion par de bruyants applaudissements.

La majorité de la noblesse continuait ses séances au milieu du tumulte et du plus violent déchaînement. L'épouvante se répandit chez ceux qui la dirigeaient, et le signal de la réunion partit de ceux mêmes qui lui persuadaient naguère la résistance. Mais ses passions, déjà trop excitées, n'étaient point faciles à conduire. Le roi fut obligé d'écrire une lettre; la cour, les grands, furent réduits à supplier; « la réunion sera passagère, disait-on aux plus obstinés; des troupes s'approchent, cédez pour sauver le roi. » Le consentement fut arraché au milieu du désordre, et la majorité de la noblesse, accompagnée de la minorité du clergé, se rendit le 27 juin à l'assemblée générale. Le duc de Luxembourg, y parlant au nom de tous, dit qu'ils venaient pour donner au roi une marque de respect, et à la nation une preuve de patriotisme. « La famille est complète, » répondit Bailly. Supposant que la réunion était entière, et qu'il s'agissait non de vérifier, mais de délibérer en commun, il ajouta : « Nous pourrons nous occuper, sans relâche et sans distraction, de la régénération du royaume et du bonheur public. »

Plus d'un petit moyen fut encore employé pour paraître n'avoir pas fait ce que la nécessité avait obligé de faire. Les nouveaux arrivés se rendaient toujours après l'ouverture des séances, tous en corps, et de manière à figurer un ordre. Ils affectaient de se tenir debout derrière le président, et de manière à paraître ne pas siéger. Bailly, avec beaucoup de mesure et de fermeté, finit par vaincre toutes les résistances, et parvint à les faire asseoir. On voulut aussi lui disputer la présidence, non de vive force, mais tantôt par une négociation secrète, tantôt par une supercherie. Bailly la retint, non par ambition, mais par devoir ; et on vit un simple citoyen, connu seulement par ses vertus et ses talents, présider tous les grands du royaume et de l'église.

Il était trop évident que la révolution législative était achevée. Quoique le premier différend n'eût d'autre objet que le mode de vérification et non la manière de voter, quoique les uns eussent déclaré ne se réunir que pour la vérification commune, et les autres pour obéir aux intentions royales exprimées le 23 juin, il était certain que le vote par tête devenait inévitable; toute réclamation était donc inutile et impolitique. Pourtant le cardinal de Larochefoucauld protesta au nom de la minorité, et assura qu'il ne s'était réuni que pour délibérer sur les objets généraux, et en conservant toujours le droit de former un ordre. L'archevêque de Vienne répliqua avec vivacité que la minorité n'avait rien pu décider en l'absence de la majorité du clergé, et qu'elle n'avait pas le droit de parler au nom de l'ordre. Mirabeau s'éleva avec force contre cette prétention, dit qu'il était étrange qu'on protestât dans l'assemblée contre l'assemblée; qu'il fallait en reconnaître la souveraineté, ou se retirer.

Alors s'éleva la question des mandats impératifs. La plupart des cahiers exprimaient le vœu des électeurs à l'égard des réformes à opérer, et rendaient ce vœu obligatoire pour les députés. Avant d'agir, il fallait fixer jusqu'à quel point on le pouvait; cette question devait donc être la première. Elle fut prise et reprise plusieurs fois. Les uns voulaient qu'on retournât aux commettants; les autres pensaient qu'on ne pouvait recevoir des commettants que la mission de voter pour eux, après que les objets auraient été discutés et éclaircis par les envoyés de toute la nation, mais ils ne croyaient pas qu'on pût recevoir d'avance un avis tout fait. Si on croit en effet ne pouvoir faire la loi que dans un conseil général, soit parce qu'on trouve plus de lumières en s'élevant, soit parce qu'on ne peut avoir un avis que lorsque toutes les parties de la nation se sont réciproquement entendues, il s'ensuit qu'alors les députés doivent être libres et sans mandat obligatoire. Mirabeau, acérant la raison par l'ironie, s'écria que ceux qui croyaient les mandats impératifs avaient eu tort de venir, et n'avaient qu'à laisser leurs cahiers sur leurs bancs, et que ces cahiers siégeraient tout aussi bien qu'eux. Sieyes, avec sa sagacité ordinaire, prévoyant que, malgré la décision très-juste de l'assemblée, un grand nombre de membres se replieraient sur leurs serments, et qu'en se réfugiant dans leur conscience ils se rendraient inattaquables, proposa l'ordre du jour, sur le motif que chacun était juge de la valeur du serment qu'il avait prêté. « Ceux qui se croient obligés par leurs cahiers, dit-il, seront regardés comme absents, tout comme ceux qui avaient refusé de faire vérifier leurs pouvoirs en assemblée générale. » Cette sage opinion fut adoptée. L'assemblée, en contraignant les opposants, leur eût fourni des prétextes, tandis qu'en les laissant libres, elle était sûre de les amener à elle, car sa victoire était désormais certaine.

L'objet de la nouvelle convocation était la réforme de l'état, c'est-à-dire, l'établissement d'une constitution, dont la France manquait, malgré tout ce qu'on a pu dire. Si on appelle ainsi toute espèce de rapports entre les gouvernés et le gouvernement, sans doute la France possédait une constitution; un roi avait commandé et des sujets obéi; des ministres avaient emprisonné arbitrairement; des traitants avaient perçu jusqu'aux derniers deniers du peuple; des parlements avaient condamné des malheureux à la roue. Les peuples les plus barbares ont de ces espèces de constitution. Il y avait eu en France des états-généraux, mais sans attributions précises, sans retours assurés, et toujours sans résultats. Il y avait eu une autorité royale, tour à tour nulle ou absolue. Il y avait eu des tribunaux ou cours souveraines qui souvent joignaient au pouvoir judiciaire le pouvoir législatif; mais il n'y avait aucune loi qui assurât la responsabilité des agents du pouvoir, la liberté de la presse, la liberté individuelle, toutes les garanties enfin, qui, dans l'état social, remplacent la fiction de la liberté naturelle *.

Le besoin d'une constitution était avoué, et généralement senti; tous les cahiers l'avaient énergiquement exprimé, et s'étaient même expliqués formellement sur les principes fondamentaux de cette constitution. Ils avaient unanimement prescrit le gouvernement monarchique, l'hérédité de mâle en mâle, l'attribution exclusive du pouvoir exécutif au roi, la responsabilité de tous les agents, le concours de la nation et du roi pour la confection des lois, le vote de l'impôt, et la liberté individuelle. Mais ils étaient divisés sur la création d'une ou de deux chambres législatives; sur la permanence, la périodicité, la dissolution du corps législatif; sur l'existence politique du clergé et des parlements; sur l'étendue de la liberté de la presse. Tant de questions ou résolues ou proposées par les cahiers, annoncent assez combien l'esprit public était alors éveillé dans

* Voyez la note 3 à la fin du volume.

toutes les parties du royaume, et combien était général et prononcé le vœu de la France pour la liberté *. Mais une constitution entière à fonder au milieu des décombres d'une antique législation, malgré toutes les résistances, et avec l'élan désordonné des esprits, était une œuvre grande et difficile. Outre les dissentiments que devait produire la diversité des intérêts, il y avait encore à redouter la divergence naturelle des opinions. Une législation tout entière à donner à un grand peuple excite si fortement les esprits, leur inspire des projets si vastes, des espérances si chimériques, qu'on devait s'attendre à des mesures ou vagues ou exagérées, et souvent hostiles. Pour mettre de la suite dans les travaux, on nomma un comité chargé d'en mesurer l'étendue et d'en ordonner la distribution. Ce comité était composé des membres les plus modérés de l'assemblée. Mounier, esprit sage, quoique opiniâtre, en était le membre le plus laborieux et le plus influent; ce fut lui qui prépara l'ordre du travail.

La difficulté de donner une constitution n'était pas la seule qu'eût à vaincre cette assemblée. Entre un gouvernement mal disposé et

---

* Note 4 à la fin du volume.

un peuple affamé qui exigeait de prompts soulagements, il était difficile qu'elle ne se mêlât pas de l'administration. Se défiant de l'autorité, pressée de secourir le peuple, elle devait, même sans ambition, empiéter peu à peu sur le pouvoir exécutif. Déjà le clergé lui en avait donné l'exemple, en faisant au tiers-état la proposition insidieuse de s'occuper immédiatement des subsistances. L'assemblée à peine formée nomma un comité des subsistances, demanda au ministère des renseignements sur cette matière, proposa de favoriser la circulation des denrées de province à province, de les transporter d'office sur les lieux où elles manquaient, de faire des aumônes, et d'y pourvoir par des emprunts. Le ministère fit connaître les mesures efficaces qu'il avait prises, et que Louis XVI, administrateur soigneux, avait favorisées de tout son pouvoir. Lally-Tolendal proposa de faire des décrets sur la libre circulation; à quoi Mounier objecta que de tels décrets exigeraient la sanction royale, et que cette sanction, n'étant pas réglée, exposerait à des difficultés graves. Ainsi tous les obstacles se réunissaient. Il fallait faire des lois sans que les formes législatives fussent fixées, surveiller l'administration sans empiéter sur l'autorité exécutive, et suffire à tant d'embarras, malgré la mauvaise volonté du pouvoir, l'opposition des intérêts, la divergence des esprits, et l'exigence d'un peuple récemment éveillé, et s'agitant à quelques lieues de l'assemblée dans le sein d'une immense capitale.

Un très-petit espace sépare Paris de Versailles, et on peut le franchir plusieurs fois en un jour. Toutes les agitations de Paris se faisaient donc ressentir immédiatement à Versailles, à la cour et dans l'assemblée. Paris offrait alors un spectacle nouveau et extraordinaire. Les électeurs, réunis en soixante districts, n'avaient pas voulu se séparer après les élections, et étaient demeurés assemblés, soit pour donner des instructions à leurs députés, soit par ce besoin de se réunir, de s'agiter, qui est toujours dans le cœur des hommes, et qui éclate avec d'autant plus de violence qu'il a été plus long-temps comprimé. Ils avaient eu le même sort que l'assemblée nationale : le lieu de leur séance ayant été fermé, ils s'étaient rendus dans un autre; enfin ils avaient obtenu l'ouverture de l'Hôtel-de-Ville, et là ils continuaient de se réunir et de correspondre avec leurs députés. Il n'existait point encore de feuilles publiques, rendant compte des séances de l'assemblée nationale; on avait besoin de se rapprocher pour

s'entretenir et s'instruire des événements. Le
jardin du Palais-Royal était le lieu des plus
fréquents rassemblements. Ce magnifique jardin, entouré des plus riches magasins de l'Europe, et formant une dépendance du palais
du duc d'Orléans, était le rendez-vous des
étrangers, des débauchés, des oisifs, et surtout
des plus grands agitateurs. Les discours les
plus hardis étaient proférés dans les cafés ou
dans le jardin même. On voyait un orateur
monter sur une table, et, réunissant la foule
autour de lui, l'exciter par les paroles les plus
violentes, paroles toujours impunies, car la
multitude régnait là en souveraine. Des hommes qu'on supposait dévoués au duc d'Orléans
s'y montraient des plus ardents. Les richesses
de ce prince, ses prodigalités connues, ses emprunts énormes, son voisinage, son ambition,
quoique vague, tout a dû le faire accuser.
L'histoire, sans désigner aucun nom, peut assurer du moins que l'or a été répandu. Si la
partie saine de la nation voulait ardemment
la liberté, si la multitude inquiète et souffrante voulait s'agiter et faire son sort meilleur, il y a eu aussi des instigateurs qui ont
quelquefois excité cette multitude et dirigé
peut-être quelques-uns de ses coups. Du reste,
cette influence n'est point à compter parmi

les causes de la révolution, car ce n'est pas avec un peu d'or et des manœuvres secrètes qu'on ébranle une nation de vingt-cinq millions d'hommes.

Une occasion de troubles se présenta bientôt. Les gardes-françaises, troupes d'élite destinées à composer la garde du roi, étaient à Paris. Quatre compagnies se détachaient alternativement, et venaient faire leur service à Versailles. Outre la sévérité barbare de la nouvelle discipline, ces troupes avaient encore à se plaindre de celle de leur nouveau colonel. Dans le pillage de la maison Réveillon, elles avaient bien montré quelque acharnement contre le peuple, mais plus tard elles en avaient éprouvé du regret, et, mêlées tous les jours à lui, elles avaient cédé à ses séductions. D'ailleurs, soldats et sous-officiers sentaient que toute carrière leur était fermée; ils étaient blessés de voir leurs jeunes officiers ne faire presque aucun service, ne figurer que les jours de parade, et, après les revues, ne pas même accompagner le régiment dans les casernes. Il y avait là comme ailleurs un tiers-état qui suffisait à tout et ne profitait de rien. L'indiscipline se manifesta, et quelques soldats furent enfermés à l'Abbaye.

On se réunit au Palais-Royal en criant :

l'Abbaye! La multitude y courut aussitôt. Les portes en furent enfoncées, et on conduisit en triomphe les soldats qu'on venait d'en arracher [*]. Tandis que le peuple les gardait au Palais-Royal, une lettre fut écrite à l'assemblée pour demander leur liberté. Placée entre le peuple d'une part, et le gouvernement de l'autre, qui était suspect puisqu'il allait agir dans sa propre cause, l'assemblée ne pouvait manquer d'intervenir, et de commettre un empiétement en se mêlant de la police publique. Prenant une résolution tout à la fois adroite et sage, elle exprima aux Parisiens ses vœux pour le maintien du bon ordre, leur recommanda de ne pas le troubler, et en même temps elle envoya une députation au roi pour implorer sa clémence, comme un moyen infaillible de rétablir la concorde et la paix. Le roi, touché de la modération de l'assemblée, promit sa clémence quand l'ordre serait rétabli. Les gardes-françaises furent sur-le-champ replacés dans les prisons, et une grace du roi les en fit aussitôt sortir.

Tout allait bien jusque-là, mais la noblesse, en se réunissant aux deux ordres, avait cédé avec regret, et sur la promesse que sa réunion

---

[*] 30 juin.

serait de courte durée. Elle s'assemblait tous les jours encore, et protestait contre les travaux de l'assemblée nationale; ses réunions étaient progressivement moins nombreuses: le 3 juillet on avait compté 138 membres présents; le 10 ils n'étaient plus que 93, et le 11, 80. Cependant les plus obstinés avaient persisté, et le 11 ils avaient résolu une protestation que les événements postérieurs les empêchèrent de rédiger. La cour, de son côté, n'avait pas cédé sans regret et sans projet. Revenue de son effroi après la séance du 23 juin, elle avait voulu la réunion générale pour entraver la marche de l'assemblée au moyen des nobles, et dans l'espérance de la dissoudre bientôt de vive force. Necker n'avait été conservé que pour couvrir par sa présence les trames secrètes qu'on ourdissait. A une certaine agitation, à la réserve dont on usait envers lui, il se doutait d'une grande machination. Le roi même n'était pas instruit de tout, et on se proposait sans doute d'aller plus loin qu'il ne voulait. Necker, qui croyait que toute l'action d'un homme d'état devait se borner à raisonner, et qui avait tout juste la force nécessaire pour faire des représentations, en faisait inutilement. Uni avec Mounier, Lally-Tolendal et Clermont-Tonnerre, ils méditaient tous ensemble l'établissement de la constitution anglaise. Pendant ce temps la cour poursuivait des préparatifs secrets; et les députés nobles ayant voulu se retirer, on les retint en leur parlant d'un événement prochain.

Des troupes s'approchaient; le vieux maréchal de Broglie en avait reçu le commandement général, et le baron de Besenval avait reçu le commandement particulier de celles qui environnaient Paris. Quinze régiments, la plupart étrangers, étaient aux environs de la capitale. La jactance des courtisans révélait le danger, et ces conspirateurs, trop prompts à menacer, compromettaient ainsi leurs projets. Les députés populaires, instruits, non pas de tous les détails d'un plan qui n'était pas connu encore en entier, et que le roi lui-même n'a connu qu'en partie, mais qui certainement faisait craindre l'emploi de la violence, les députés populaires étaient irrités et songeaient aux moyens de résistance. On ignore et on ignorera probablement toujours quelle a été la part des moyens secrets dans l'insurrection du 14 juillet; mais peu importe. L'aristocratie conspirait, le parti populaire pouvait bien conspirer aussi. Les moyens employés étant les mêmes, reste la justice de la cause, et la justice n'était pas pour ceux qui voulaient revenir sur la réunion des trois ordres, dissoudre la représentation nationale, et sévir contre ses plus courageux députés.

Mirabeau pensa que le plus sûr moyen d'intimider le pouvoir, c'était de le réduire à discuter publiquement les mesures qu'on lui voyait prendre. Il fallait pour cela le dénoncer ouvertement. S'il hésitait à répondre, s'il éludait, il était jugé; la nation était avertie et soulevée.

Mirabeau fait suspendre les travaux de la constitution, et propose de demander au roi le renvoi des troupes. Il mêle dans ses paroles le respect pour le monarque aux reproches les plus sévères pour le gouvernement. Il dit que tous les jours des troupes nouvelles s'avancent; que tous les passages sont interceptés; que les ponts, les promenades sont changés en postes militaires; que des faits publics et cachés, des ordres et des contre-ordres précipités frappent tous les yeux, et annoncent la guerre. Ajoutant à ces faits des reproches amers: « On montre, dit-il, plus de soldats menaçants à la nation, qu'une invasion de l'ennemi n'en rencontrerait peut-être, et mille fois plus du moins qu'on n'en a pu réunir pour secourir des amis martyrs de leur fidélité, et surtout pour conserver cette alliance des Hol-

…ndais, si précieuse, si chèrement conquise, et si honteusement perdue. »

Son discours est aussitôt couvert d'applaudissements ; l'adresse qu'il propose est adoptée. Seulement, comme en invoquant le renvoi des troupes il avait demandé qu'on les remplaçât par des gardes bourgeoises, cet article est supprimé ; l'adresse est votée à l'unanimité moins quatre voix. Dans cette adresse, demeurée célèbre, qu'il n'a, dit-on, point écrite, mais dont il avait fourni toutes les idées à un de ses amis, Mirabeau prévoyait presque tout ce qui allait arriver : l'explosion de la multitude, et la défection des troupes par leur rapprochement avec les citoyens. Aussi adroit qu'audacieux, il osait assurer au roi que ses promesses ne seraient point vaines : « Vous nous avez appelés, lui disait-il, pour régénérer le royaume ; vos vœux seront accomplis, malgré les piéges, les difficultés, les périls..., etc. »

L'adresse fut présentée par une députation de vingt-quatre membres. Le roi, ne voulant pas s'expliquer, répondit que ce rassemblement de troupes n'avait d'autre objet que le maintien de la tranquillité publique, et la protection due à l'assemblée ; qu'au surplus, si celle-ci avait encore des craintes, il la transférerait à Soissons ou à Noyon, et que lui-même se rendrait à Compiègne.

L'assemblée ne pouvait se contenter d'une pareille réponse, surtout de l'offre de l'éloigner de la capitale pour la placer entre deux camps. Le comte de Crillon proposa de s'en fier à la parole d'un roi honnête homme. « La parole d'un roi honnête homme, reprit Mirabeau, est un mauvais garant de la conduite de son ministère ; notre confiance aveugle dans nos rois nous a perdus ; nous avons demandé la retraite des troupes et non à fuir devant elles ; il faut insister encore, et sans relâche. »

Cette opinion ne fut point appuyée. Mirabeau insistait assez sur les moyens ouverts, pour qu'on lui pardonnât les machinations secrètes, s'il est vrai qu'elles aient été employées.

C'était le 11 juillet ; Necker avait dit plusieurs fois au roi que si ses services lui déplaisaient, il se retirerait avec soumission. « Je prends votre parole, » avait répondu le roi. Le 11 au soir, Necker reçut un billet où Louis XVI le sommait de tenir sa parole, le pressait de partir, et ajoutait qu'il comptait assez sur lui pour espérer qu'il cacherait son départ à tout le monde. Necker, justifiant alors l'honorable confiance du monarque, part sans en avertir sa société, ni même sa fille, et se trouve en quelques heures fort loin de Ver-

sailles. Le lendemain 12 juillet était un dimanche. Le bruit se répandit à Paris que Necker avait été renvoyé, ainsi que MM. de Montmorin, de La Luzerne, de Puységur et de Saint-Priest. On annonçait, pour les remplacer, MM. de Breteuil, de La Vauguyon, de Broglie, Foulon et Damécort, presque tous connus par leur opposition à la cause populaire. L'alarme se répand dans Paris. On se rend au Palais-Royal. Un jeune homme, connu depuis par son exaltation républicaine, né avec une ame tendre, mais bouillante, Camille Desmoulins, monte sur une table, montre des pistolets en criant aux armes, arrache une feuille d'arbre dont il fait une cocarde, et engage tout le monde à l'imiter. Les arbres sont aussitôt dépouillés, et on se rend dans un musée renfermant des bustes en cire. On s'empare de ceux de Necker et du duc d'Orléans, menacé, disait-on, de l'exil, et on se répand ensuite dans les quartiers de Paris. Cette foule parcourait la rue Saint-Honoré, lorsqu'elle rencontre, vers la place Vendôme, un détachement de Royal-Allemand qui fond sur elle, blesse plusieurs personnes, et entre autres un soldat des gardes-françaises. Ces derniers, tout disposés pour le peuple et contre le Royal-Allemand, avec lequel ils avaient eu une rixe les jours précédents, étaient casernés près de la place Louis XV; ils font feu sur Royal-Allemand. Le prince de Lambesc, qui commandait ce régiment, se replie aussitôt sur le jardin des Tuileries, charge la foule paisible qui s'y promenait, tue un vieillard au milieu de la confusion, et fait évacuer le jardin. Pendant ce temps, les troupes qui environnaient Paris se concentrent sur le Champ-de-Mars et la place Louis XV. La terreur alors n'a plus de bornes et se change en fureur. On se répand dans la ville en criant aux armes. La multitude court à l'Hôtel-de-Ville pour en demander. Les électeurs composant l'assemblée générale y étaient réunis. Ils livrent les armes qu'ils ne pouvaient plus refuser, et qu'on pillait déjà à l'instant où ils se décidaient à les accorder. Ces électeurs composaient en ce moment la seule autorité établie. Privés de tout pouvoir actif, ils prennent ceux que la circonstance exigeait, et ordonnent la convocation des districts. Tous les citoyens s'y rendent pour aviser aux moyens de se préserver à la fois de la fureur de la multitude et de l'attaque des troupes royales. Pendant la nuit, le peuple, qui court toujours à ce qui l'intéresse, force et brûle les barrières, disperse les commis et rend toutes les entrées libres. Les boutiques des armuriers

cédents
Louis
pri

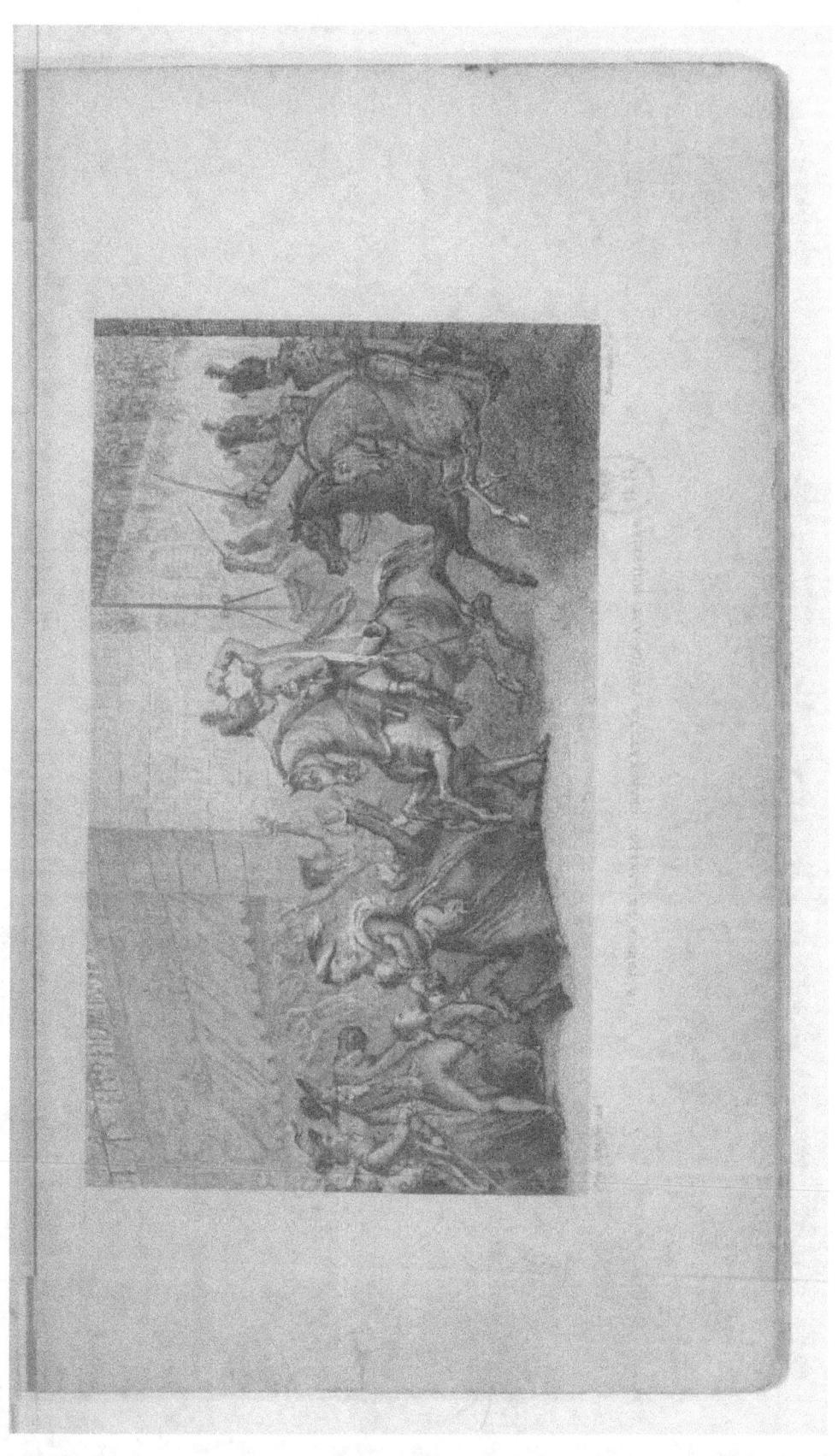

sont pillées. Ces brigands, déjà signalés chez Réveillon, et qu'on vit, dans toutes les occasions, sortir comme de dessous terre, reparaissent armés de piques et de bâtons, et répandent l'épouvante. Ces événements avaient eu lieu pendant la journée du dimanche 12 juillet, et dans la nuit du dimanche au lundi 13. Dans la matinée du lundi, les électeurs, toujours réunis à l'Hôtel-de-Ville, croient devoir donner une forme plus légale à leur autorité; ils appellent, en conséquence, le prévôt des marchands, administrateur ordinaire de la cité. Celui-ci ne consent à céder que sur une réquisition en forme. On le requiert en effet, et on lui adjoint un certain nombre d'électeurs; on compose ainsi une municipalité revêtue de tous les pouvoirs. Cette municipalité mande auprès d'elle le lieutenant de police, et rédige en quelques heures un plan d'armement pour la milice bourgeoise.

Cette milice devait être composée de quarante-huit mille hommes, fournis par les districts. Le signe distinctif devait être, au lieu de la cocarde verte, la cocarde parisienne, rouge et bleue. Tout homme surpris en armes et avec cette cocarde, sans avoir été enrôlé par son district dans la garde bourgeoise, devait être arrêté, désarmé et puni. Telle fut la première origine des gardes nationales. Ce plan fut adopté par tous les districts, qui se hâtèrent de le mettre à exécution. Dans le courant de la même matinée, le peuple avait dévasté la maison de Saint-Lazare pour y chercher des grains ; il avait forcé le Garde-Meuble pour y prendre des armes, et en avait exhumé des armures antiques dont il s'était revêtu. On voyait la foule, portant des casques et des piques, inonder la ville. Le peuple se montrait maintenant ennemi du pillage ; avec sa mobilité ordinaire, il affectait le désintéressement, il respectait l'or, ne prenait que les armes, et arrêtait lui-même les brigands. Les gardes-françaises et les milices du guet avaient offert leurs services, et on les avait enrôlés dans la garde bourgeoise.

On demandait toujours des armes à grands cris. Le prévôt Flesselles, qui d'abord avait résisté à ses concitoyens, se montrait zélé maintenant, et promettait 12,000 fusils pour le jour même, davantage pour les jours suivants. Il prétendait avoir fait un marché avec un armurier inconnu. La chose paraissait difficile en songeant au peu de temps qui s'était écoulé. Cependant le soir étant arrivé, les caisses d'artillerie annoncées par Flesselles sont conduites à l'Hôtel-de-Ville ; on les ouvre, et on les trouve pleines de vieux linge. A cette vue, la multitude s'indigne contre le prévôt, qui dit avoir été trompé. Pour l'apaiser, il la dirige vers les Chartreux, en assurant qu'elle y trouvera des armes. Les Chartreux étonnés reçoivent cette foule furieuse, l'introduisent dans leur retraite, et parviennent à la convaincre qu'ils ne possédaient rien de ce qu'avait annoncé le prévôt.

Le peuple, plus irrité que jamais, revient en criant à la trahison. Pour le satisfaire, on ordonne la fabrication de cinquante mille piques. Des poudres destinées pour Versailles descendaient la Seine sur des bateaux; on s'en empare, et un électeur en fait la distribution au milieu des plus grands dangers.

Une horrible confusion régnait à cet Hôtel-de-Ville, siége des autorités, quartier-général de la milice, et centre de toutes les opérations. Il fallait à la fois y pourvoir à la sûreté extérieure menacée par la cour, à la sûreté intérieure menacée par les brigands; il fallait à chaque instant calmer les soupçons du peuple, qui se croyait trahi, et sauver de sa fureur ceux qui excitaient sa défiance. On voyait là des voitures arrêtées, des convois interceptés, des voyageurs attendant la permission de continuer leur route. Pendant la nuit, l'Hôtel-de-Ville fut encore une fois menacé par les brigands; un électeur, le courageux Moreau de Saint-Méry, chargé d'y veiller, fit apporter des barils de poudre, et menaça de le faire sauter. Les brigands s'éloignèrent à cette vue. Pendant ce temps, les citoyens retirés chez eux se tenaient prêts à tous les genres d'attaque; ils avaient dépavé les rues, ouvert des tranchées, et pris tous les moyens de résister à un siége.

Pendant ces troubles de la capitale, la consternation régnait dans l'assemblée. Elle s'était formée le 13 au matin, alarmée des événements qui se préparaient, et ignorant encore ce qui s'était passé à Paris. Le député Mounier s'élève le premier contre le renvoi des ministres. Lally-Tolendal lui succède à la tribune, fait un magnifique éloge de Necker, et tous deux s'unissent pour proposer une adresse dans laquelle on demandera au roi le rappel des ministres disgraciés. Un député de la noblesse, M. de Virieu, propose même de confirmer les arrêtés du 17 juin par un nouveau serment. M. de Clermont-Tonnerre s'oppose à cette proposition, comme inutile; et, rappelant les engagements déjà pris par l'assemblée, s'écrie : « La constitution sera, ou nous ne « serons plus. » La discussion s'était déjà prolongée, lorsqu'on apprend les troubles de Paris

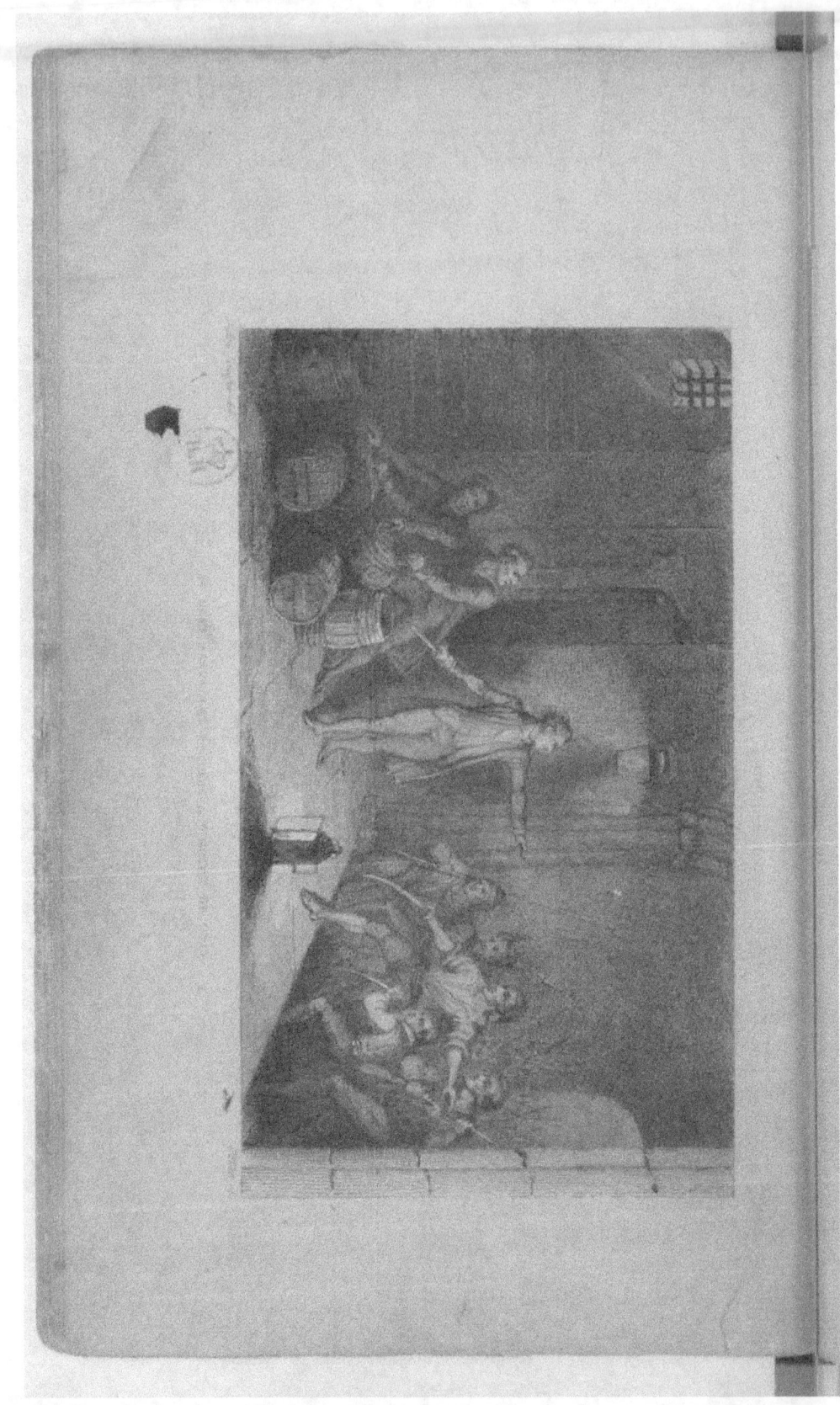

pendant la matinée du 13, et les malheurs dont la capitale était menacée, entre des Français indisciplinés qui, selon l'expression du duc de Larochefoucauld, n'étaient dans la main de personne, et des étrangers disciplinés, qui étaient dans la main du despotisme. On arrête aussitôt d'envoyer une députation au roi, pour lui peindre la désolation de la capitale, et le supplier d'ordonner le renvoi des troupes et l'établissement des gardes bourgeoises. Le roi fait une réponse froide et tranquille qui ne s'accordait pas avec son cœur, et répète que Paris ne pouvait pas se garder. L'assemblée alors, s'élevant au plus noble courage, rend un arrêté mémorable dans lequel elle insiste sur le renvoi des troupes, et sur l'établissement des gardes bourgeoises, déclare les ministres et tous les agents du pouvoir responsables, fait peser sur les conseils du roi, *de quelque rang qu'ils puissent être*, la responsabilité des malheurs qui se préparent; consolide la dette publique, défend de prononcer le nom infame de banqueroute, persiste dans ses précédents arrêtés, et ordonne au président d'exprimer ses regrets à M. Necker, ainsi qu'aux autres ministres. Après ces mesures pleines d'énergie et de prudence, l'assemblée, pour préserver ses membres de toute violence personnelle, se déclare en permanence, et nomme M. de Lafayette vice-président, pour soulager le respectable archevêque de Vienne, à qui son âge ne permettait pas de siéger jour et nuit.

La nuit du 13 au 14 s'écoula ainsi au milieu du trouble et des alarmes. A chaque instant, des nouvelles funestes étaient données et contredites; on ne connaissait pas tous les projets de la cour, mais on savait que plusieurs députés étaient menacés, que la violence allait être employée contre Paris et les membres les plus signalés de l'assemblée. Suspendue un instant, la séance fut reprise à cinq heures du matin, 14 juillet. L'assemblée, avec un calme imposant, reprit les travaux de la constitution, discuta avec beaucoup de justesse les moyens d'en accélérer l'exécution, et de la conduire avec prudence. Un comité fut nommé pour préparer les questions; il se composait de MM. l'évêque d'Autun, l'archevêque de Bordeaux, Lally, Clermont-Tonnerre, Mounier, Sieyes, Chapelier et Bergasse. La matinée s'écoula; on apprenait des nouvelles toujours plus sinistres; le roi, disait-on, devait partir dans la nuit, et l'assemblée rester livrée à plusieurs régiments étrangers. Dans ce moment, on venait de voir les princes, la duchesse de Polignac et la reine, se promenant à l'Orangerie, flattant les officiers et les soldats, et leur faisant distribuer des rafraîchissements. Il paraît qu'un grand dessein était conçu pour la nuit du 14 au 15, que Paris devait être attaqué sur sept points, le Palais-Royal enveloppé, l'assemblée dissoute, et la déclaration du 23 juin portée au parlement; qu'enfin il devait être pourvu aux besoins du trésor par la banqueroute et les billets d'état. Il est certain que les commandants des troupes avaient reçu l'ordre de s'avancer du 14 au 15, que les billets d'état avaient été fabriqués, que les casernes des Suisses étaient pleines de munitions, et que le gouverneur de la Bastille avait déménagé, ne laissant dans la place que quelques meubles indispensables. Dans l'après-midi, les terreurs de l'assemblée redoublèrent; on venait de voir passer le prince de Lambesc à toute bride; on entendait le bruit du canon, et on appliquait l'oreille à terre pour saisir les moindres bruits. Mirabeau proposa alors de suspendre toute discussion, et d'envoyer une seconde députation au roi. La députation partit aussitôt pour faire de nouvelles instances. Dans ce moment, deux membres de l'assemblée, venus de Paris en toute hâte, assurèrent qu'on s'y égorgeait; l'un d'eux attesta qu'il avait vu un cadavre décapité et revêtu de noir. La nuit commençait à se faire; on annonça l'arrivée de deux électeurs. Le plus profond silence régnait dans la salle; on entendait le bruit de leurs pas dans l'obscurité; et on apprit de leur bouche que la Bastille était attaquée, que le canon avait tiré, que le sang coulait, et qu'on était menacé des plus affreux malheurs. Aussitôt une nouvelle députation fut envoyée avant le retour de la précédente. Tandis qu'elle partait, la première arrivait et rapportait la réponse du roi. Le roi avait ordonné, disait-il, l'éloignement des troupes campées au Champ-de-Mars, et, ayant appris la formation de la garde bourgeoise, il avait nommé des officiers pour la commander.

A l'arrivée de la seconde députation, le roi, toujours plus troublé, lui dit : « Messieurs, « vous déchirez mon cœur de plus en plus par « le récit que vous me faites des malheurs de « Paris. Il n'est pas possible que les ordres « donnés aux troupes en soient la cause. » On n'avait obtenu encore que l'éloignement de l'armée. Il était deux heures après minuit. On répondit à la ville de Paris « que deux députations avaient été envoyées, et que les instances seraient renouvelées le lendemain, jusqu'à ce qu'elles eussent obtenu le succès qu'on avait droit d'attendre du cœur du roi, lorsque des impressions étrangères n'en arrêteraient plus les mouvements. » La séance fut un moment suspendue, et on apprit le soir les événements de la journée du 14.

Le peuple, dès la nuit du 13, s'était porté vers la Bastille; quelques coups de fusil avaient été tirés, et il paraît que des instigateurs avaient proféré plusieurs fois le cri: *A la Bastille!* Le vœu de sa destruction se trouvait dans quelques cahiers; ainsi, les idées avaient pris d'avance cette direction. On demandait toujours des armes. Le bruit s'était répandu que l'Hôtel des Invalides en contenait un dépôt considérable. On s'y rend aussitôt. Le commandant, M. de Sombreuil, en fait défendre l'entrée, disant qu'il doit demander des ordres à Versailles. Le peuple ne veut rien entendre, se précipite dans l'Hôtel, enlève les canons et une grande quantité de fusils. Déjà dans ce moment une foule considérable assiégeait la Bastille. Les assiégeants disaient que le canon de la place était dirigé sur la ville, et qu'il fallait empêcher qu'on ne tirât sur elle. Le député d'un district demande à être introduit dans la forteresse, et l'obtient du commandant. En faisant la visite, il trouve trente-deux Suisses et quatre-vingt-deux invalides, et reçoit la parole de la garnison de ne pas faire feu si elle n'est attaquée. Pendant ces pourparlers, le peuple, ne voyant pas paraître son député, commence à s'irriter, et celui-ci est obligé de se montrer pour apaiser la multitude. Il se retire enfin vers onze heures du matin. Une demi-heure s'était à peine écoulée, qu'une nouvelle troupe arrive en armes, en criant: « Nous voulons la Bastille! » La garnison somme les assaillants de se retirer, mais ils s'obstinent. Deux hommes montent avec intrépidité sur le toit du corps-de-garde, et brisent à coups de hache les chaînes du pont, qui retombe. La foule s'y précipite, et court à un second pont pour le franchir de même. En ce moment une décharge de mousqueterie l'arrête : elle recule, mais en faisant feu. Le combat dure quelques instants. Les électeurs réunis à l'Hôtel-de-Ville, entendant le bruit de la mousqueterie, s'alarment toujours davantage, et envoient deux députations, l'une sur l'autre, pour sommer le commandant de laisser introduire dans la place un détachement de milice parisienne, sur le motif que toute force militaire dans Paris doit être sous la main de la ville. Ces deux députations arrivent successivement. Au milieu de ce siège populaire, il était très-difficile de se faire entendre. Le bruit du tambour, la vue d'un drapeau suspendent quelque temps le

feu. Les députés s'avancent ; la garnison les at-

feu. Les députés s'avancent; la garnison les attend, mais il est impossible de s'expliquer. Des coups de fusil sont tirés, on ne sait d'où. Le peuple, persuadé qu'il est trahi, se précipite pour mettre le feu à la place; la garnison tire alors à mitraille. Les gardes-françaises arrivent avec du canon et commencent une attaque en forme.

Sur ces entrefaites, un billet adressé par le baron de Besenval à Delaunay, commandant de la Bastille, est intercepté et lu à l'Hôtel-de-Ville. Besenval engageait Delaunay à résister, lui assurant qu'il serait bientôt secouru. C'était en effet dans la soirée de ce jour que devaient s'exécuter les projets de la cour. Cependant Delaunay, n'étant point secouru, voyant l'acharnement du peuple, se saisit d'une mèche allumée et veut faire sauter la place. La garnison s'y oppose, et l'oblige à se rendre : les signaux sont donnés, un pont est baissé. Les assiégeants s'approchent en promettant de ne commettre aucun mal; mais la foule se précipite et envahit les cours. Les Suisses parviennent à se sauver. Les invalides assaillis ne sont arrachés à la fureur du peuple que par le dévouement des gardes-françaises. En ce moment, une fille, belle, jeune et tremblante, se présente : on la suppose fille de Delaunay; on la saisit, et elle allait être brûlée, lorsqu'un brave soldat se précipite, l'arrache aux furieux, court la mettre en sûreté, et retourne à la mêlée.

Il était cinq heures et demie. Les électeurs étaient dans la plus cruelle anxiété, lorsqu'ils entendent un murmure sourd et prolongé. Une foule se précipite en criant victoire. La salle est envahie; un garde-française, couvert de blessures, couronné de lauriers, est porté en triomphe par le peuple. Le règlement et les clefs de la Bastille sont au bout d'une baïonnette; une main sanglante, s'élevant au-dessus de la foule, montre une boucle de col : c'était celle du gouverneur Delaunay qui venait d'être décapité. Deux gardes-françaises, Élie et Hullin, l'avaient défendu jusqu'à la dernière extrémité. D'autres victimes avaient succombé, quoique défendues avec héroïsme contre la férocité de la populace. Une espèce de fureur commençait à éclater contre Flesselles, le prévôt des marchands, qu'on accusait de trahison. On prétendait qu'il avait trompé le peuple en lui promettant plusieurs fois des armes qu'il ne voulait pas lui donner. La salle était pleine d'hommes tout bouillants d'un long combat, et pressés par cent mille autres qui, restés au dehors, voulaient entrer à leur tour. Les électeurs s'efforçaient de justifier Flesselles aux yeux de la multitude. Il commençait à perdre son assurance, et déjà tout pâle il s'écrie : « Puisque je suis suspect, je me retirerai. » — « Non, lui dit-on, venez au Palais-Royal, pour y être jugé. » Il descend alors pour s'y rendre. La multitude s'ébranle, l'entoure, le presse. Arrivé au quai Pelletier, un inconnu le renverse d'un coup de pistolet. On prétend qu'on avait saisi une lettre sur Delaunay, dans laquelle Flesselles lui disait : « Tenez bon, tandis que j'amuse les Parisiens avec des cocardes. »

Tels avaient été les malheureux événements de cette journée. Un mouvement de terreur succéda bientôt à l'ivresse de la victoire. Les vainqueurs de la Bastille, étonnés de leur audace, et croyant retrouver le lendemain l'autorité formidable, n'osaient plus se nommer. A chaque instant on répandait que les troupes s'avançaient pour saccager Paris. Moreau de Saint-Méry, le même qui la veille avait menacé les brigands de faire sauter l'Hôtel-de-Ville, demeura inébranlable, et donna plus de trois mille ordres en quelques heures. Dès que la prise de la Bastille avait été connue à l'Hôtel-de-Ville, les électeurs en avaient fait informer l'assemblée, qui l'avait apprise vers le milieu de la nuit. La séance était suspendue, mais la nouvelle se répandit avec rapidité. La cour jusque-là, ne croyant point à l'énergie du peuple, se riant des efforts d'une multitude aveugle qui voulait prendre une place vainement assiégée autrefois par le grand Condé, la cour était paisible et se répandait en railleries. Cependant le roi commençait à être inquiet; ses dernières réponses avaient même décelé sa douleur. Il s'était couché. Le duc de Liancourt, si connu par ses sentiments généreux, était l'ami particulier de Louis XVI, et, en sa qualité de grand-maître de la garde-robe, il avait toujours accès auprès de lui. Instruit des événements de Paris, il se rendit en toute hâte auprès du monarque, l'éveilla malgré les ministres, et lui apprit ce qui s'était passé. — Quelle révolte! s'écria le prince. — Sire, reprit le duc de Liancourt, dites révolution. Le roi, éclairé par ses représentations, consentit à se rendre dès le matin à l'assemblée. La cour céda aussi, et cet acte de confiance fut résolu. Dans cet intervalle, l'assemblée avait repris séance. On ignorait les nouvelles dispositions inspirées au roi, et il s'agissait de lui envoyer une dernière députation, pour essayer de le toucher, et obtenir de lui tout ce qui restait encore à accorder. Cette députation était la cinquième depuis ces funestes événements. Elle se composait de vingt-quatre membres, et allait se

mettre en marche, lorsque Mirabeau, plus véhément que jamais, l'arrête : « Dites au roi,
« s'écrie-t-il, dites-lui bien que les hordes étran-
« gères dont nous sommes investis ont reçu
« hier la visite des princes, des princesses, des
« favoris, des favorites, et leurs caresses, et
« leurs exhortations, et leurs présents. Dites-lui
« que toute la nuit ces satellites étrangers,
« gorgés d'or et de vin, ont prédit, dans leurs
« chants impies, l'asservissement de la France,
« et que leurs vœux brutaux invoquaient la
« destruction de l'assemblée nationale. Dites-
« lui que dans son palais même, les courtisans
« ont mêlé leurs danses au son de cette mu-
« sique barbare, et que telle fut l'avant-scène
« de la Saint-Barthélemi !

« Dites-lui que ce Henri dont l'univers bénit
« la mémoire, celui de ses aïeux qu'il voulait
« prendre pour modèle, faisait passer des vi-
« vres dans Paris révolté, qu'il assiégeait en
« personne ; et que ses conseillers féroces font
« rebrousser les farines que le commerce ap-
« porte dans Paris fidèle et affamé. »

La députation allait se rendre auprès du roi,
lorsqu'on apprend qu'il arrive de son propre
mouvement, sans gardes et sans escorte. Des
applaudissements retentissent : « Attendez, re-
« prend Mirabeau avec gravité, que le roi

« nous ait fait connaître ses bonnes disposi-
« tions. Qu'un morne respect soit le premier
« accueil fait au monarque dans ce moment de
« douleur. Le silence des peuples est la leçon
« des rois ! »

Louis XVI se présente alors accompagné de
ses deux frères. Son discours simple et touchant excite le plus vif enthousiasme. Il rassure
l'assemblée, qu'il nomme pour la première fois
assemblée nationale ; se plaint avec douceur
des méfiances qu'on a conçues : « Vous avez
craint, leur dit-il, eh bien ! c'est moi qui me
fie à vous. » Ces mots sont couverts d'applaudissements. Aussitôt les députés se lèvent, entourent le monarque, et le reconduisent à
pied jusqu'au château. La foule se presse autour
de lui, les larmes coulent de tous les yeux, et
il peut à peine s'ouvrir un passage à travers
ce nombreux cortège. La reine, en ce moment,
placée avec la cour sur un balcon, contem-
plait de loin cette scène touchante. Son fils
était dans ses bras ; sa fille, debout à ses côtés,
jouait naïvement avec les cheveux de son frère.
La princesse, vivement émue, semblait se
complaire dans cet amour des Français. Hélas !
combien de fois un attendrissement réciproque
n'a-t-il pas réconcilié les cœurs pendant ces
funestes discordes ! Pour un instant tout sem-

blait oublié; mais le lendemain, le jour même, la cour était rendue à son orgueil, le peuple à ses méfiances, et l'implacable haine recommençait son cours.

La paix était faite avec l'assemblée, mais il restait à la faire avec Paris. L'assemblée envoya d'abord une députation à l'Hôtel-de-Ville, pour porter la nouvelle de l'heureuse réconciliation opérée avec le roi. Bailly, Lafayette, Lally-Tolendal, étaient du nombre des envoyés. Leur présence répandit la plus vive allégresse. Le discours de Lally fit naître des transports si vifs, qu'on le porta en triomphe à une fenêtre de l'Hôtel-de-Ville pour le montrer au peuple. Une couronne de fleurs fut placée sur sa tête, et il reçut ces hommages vis-à-vis la place même où avait expiré son père avec un bâillon sur la bouche. La mort de l'infortuné Flesselles, chef de la municipalité, et le refus du duc d'Aumont d'accepter le commandement de la milice bourgeoise, laissaient un prévôt et un commandant-général à nommer. Bailly fut désigné, et au milieu des plus vives acclamations, il fut nommé successeur de Flesselles, sous le titre de maire de Paris. La couronne qui avait été sur la tête de Lally passa sur celle du nouveau maire; il voulut l'en arracher, mais l'archevêque de Paris l'y retint malgré lui. Le vertueux vieillard laissa alors échapper des larmes, et il se résigna à ses nouvelles fonctions. Digne représentant d'une grande assemblée en présence de la majesté du trône, il était moins capable de résister aux orages d'une commune, où la multitude luttait tumultueusement contre ses magistrats. Faisant néanmoins abnégation de lui-même, il allait se livrer au soin si difficile des subsistances, et nourrir un peuple qui devait l'en payer par tant d'ingratitude. Il restait à nommer un commandant de la milice. Il y avait dans la salle un buste envoyé par l'Amérique affranchie à la ville de Paris. Moreau de Saint-Méry le montra de la main, tous les yeux s'y portèrent, c'était celui du marquis de Lafayette. Un cri général le proclama commandant. On vota aussitôt un *Te Deum*, et on se transporta en foule à Notre-Dame. Les nouveaux magistrats, l'archevêque de Paris, les électeurs, mêlés à des gardes-françaises, à des soldats de la milice, marchant sous le bras les uns des autres, se rendirent à l'antique cathédrale, dans une espèce d'ivresse. Sur la route, des enfants-trouvés tombèrent aux pieds de Bailly, qui avait beaucoup travaillé pour les hôpitaux ; ils l'appelèrent leur père. Bailly les serra dans ses bras, en les nommant ses enfants. On arriva à l'église, on

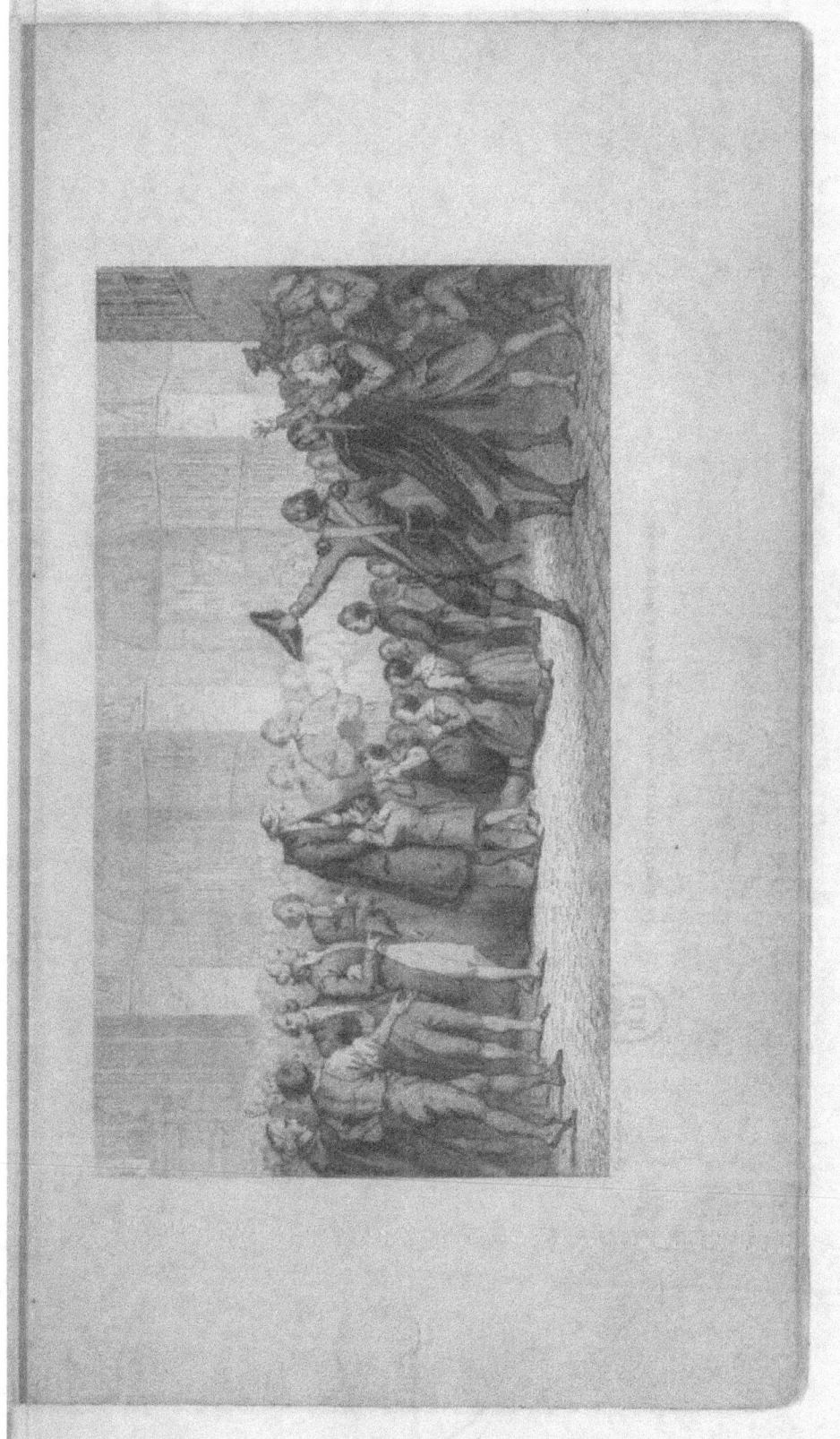

célébra la cérémonie, et chacun se répandit ensuite dans la Cité, où une joie délirante avait succédé à la terreur de la veille. Dans ce moment, le peuple venait visiter l'antre, si longtemps redouté, dont l'entrée était maintenant ouverte. On parcourait la Bastille avec une avide curiosité et une sorte de terreur. On y cherchait des instruments de supplice, des cachots profonds. On y venait voir surtout une énorme pierre placée au milieu d'une prison obscure et marécageuse, et au centre de laquelle était fixée une pesante chaîne.

La cour, aussi aveugle dans ses craintes qu'elle l'avait été dans sa confiance, redoutait si fort le peuple, qu'à chaque instant elle s'imaginait qu'une armée parisienne marchait sur Versailles. Le comte d'Artois, la famille de Polignac, si chère à la reine, quittèrent alors la France, et furent les premiers émigrés. Bailly vint rassurer le roi, et l'engagea au voyage de Paris, qui fut résolu malgré la résistance de la reine et de la cour.

Le roi se disposa à partir. Deux cents députés furent chargés de l'accompagner. La reine lui fit ses adieux avec une profonde douleur. Les gardes-du-corps l'escortèrent jusqu'à Sèvres, où ils s'arrêtèrent pour l'attendre. Bailly, à la tête de la municipalité, le reçut aux portes de

Paris, et lui présenta les clefs, offertes jadis à Henri IV. « Ce bon roi, lui dit Bailly, avait conquis son peuple, c'est aujourd'hui le peuple qui a reconquis son roi. » La nation, législatrice à Versailles, était armée à Paris. Louis XVI, en entrant, se vit entouré d'une multitude silencieuse et enrégimentée. Il arriva à l'Hôtel-de-Ville*, en passant sous une voûte d'épées croisées sur sa tête, en signe d'honneur. Son discours fut simple et touchant. Le peuple, qui ne pouvait plus se contenir, éclata enfin, et prodigua au roi ses applaudissements accoutumés. Ces acclamations soulagèrent un peu le cœur du prince; il ne put néanmoins dissimuler un mouvement de joie en apercevant les gardes-du-corps placés sur les hauteurs de Sèvres; et à son retour la reine, se jetant à son cou, l'embrassa comme si elle avait craint de ne plus le revoir.

Louis XVI, pour satisfaire en entier le vœu public, ordonna le retour de Necker et le renvoi des nouveaux ministres. M. de Liancourt, ami du roi, et son conseiller si utile, fut élu président par l'assemblée. Les députés nobles, qui, tout en assistant aux délibérations, refusaient encore d'y prendre part, cédèrent enfin,

---

* 17 juillet

Paris, et lui présenta les clefs, offertes jadis à

et donnèrent leur vote. Ainsi s'acheva la confusion des ordres. Dès cet instant on pouvait considérer la révolution comme accomplie. La nation, maîtresse du pouvoir législatif par l'assemblée, de la force publique par elle-même, pouvait désormais réaliser tout ce qui était utile à ses intérêts. C'est en refusant l'égalité de l'impôt, qu'on avait rendu les états-généraux nécessaires; c'est en refusant un juste partage d'autorité dans ces états, qu'on y avait perdu toute influence; c'est enfin en voulant recouvrer cette influence, qu'on avait soulevé Paris, et provoqué la nation tout entière à s'emparer de la force publique.

CHAPITRE III.

Travaux de la municipalité de Paris. — Lafayette commandant de la garde nationale; son caractère et son rôle dans la révolution. — Massacres de Foulon et de Berthier. — Retour de Necker. — Situation et division des partis et de leurs chefs. — Mirabeau; son caractère, ses projets et son génie. — Les brigands. — Troubles dans les provinces et les campagnes. — Nuit du 4 août. — Abolition des droits féodaux et de tous les priviléges. — Déclaration des droits de l'homme. — Discussions sur la constitution et sur le *veto*. — Agitation à Paris. Rassemblement tumultueux au Palais-Royal.

Cependant tout s'agitait dans le sein de la capitale, où une nouvelle autorité venait de s'établir. Le même mouvement qui avait porté les électeurs à se mettre en action, poussait toutes les classes à en faire autant. L'assemblée avait été imitée par l'Hôtel-de-Ville, l'Hôtel-de-Ville par les districts, et les districts par toutes les corporations. Tailleurs, cordonniers, boulangers, domestiques, réunis au Louvre, à la place Louis XV, aux Champs-Élysées, délibéraient en forme, malgré les défenses réitérées de la municipalité. Au milieu de ces mouvements contraires, l'Hôtel-de-Ville, combattu par les districts, inquiété par le Palais-Royal, était entouré d'obstacles, et pouvait à peine suffire aux soins de son immense administration. Il réunissait à lui seul l'autorité civile, judiciaire et militaire. Le quartier-général de la milice y était fixé. Les juges, dans le premier moment, incertains sur leurs attributions, lui adressaient les accusés. Il avait même la puissance législative, car il était chargé de se faire une constitution. Bailly avait pour cet objet demandé à chaque district deux commissaires qui, sous le nom de représentants de la commune, devaient en régler la constitution. Pour suffire à tant de soins, les électeurs s'étaient partagés en divers comités : l'un, nommé comité des recherches, s'occupait de la police; l'autre, nommé comité des subsistances, s'occupait des approvisionnements, tâche la plus difficile et la plus dangereuse de toutes. Bailly fut obligé de s'en occuper jour et nuit. Il fallait opérer des achats continuels de blé, le faire moudre ensuite, et puis le porter à Paris à travers les campagnes affamées. Les convois étaient souvent arrêtés, et on avait besoin de détachements nombreux pour empêcher les pillages sur la route et dans les marchés. Quoique l'état vendît les blés à perte, afin que les boulangers pussent rabaisser le prix du pain, la multitude n'était pas satisfaite : il fallait toujours diminuer ce prix, et la disette de Paris augmentait par cette diminution même, parce que les campagnes couraient s'y approvisionner. La crainte du lendemain portait chacun à se pourvoir abondamment, et ce qui s'accumulait dans les mains des uns manquait aux autres. C'est la confiance qui hâte les travaux du commerce, qui fait arriver les denrées, et qui rend leur distribution égale et facile ; mais quand la confiance disparaît, l'activité commerciale cesse ; les objets n'arrivant plus au-devant des besoins, ces besoins s'irritent, ajoutent la confusion à la disette, et empêchent la bonne distribution du peu qui reste. Le soin des subsistances était donc le plus pénible de tous. De cruels soucis dévoraient Bailly et le comité. Tout le travail du jour suffisait à peine au besoin du jour, et il fallait recommencer le lendemain avec les mêmes inquiétudes.

Lafayette, commandant de la milice bourgeoise [*], n'avait pas moins de peines. Il avait

[*] Il avait été nommé à ce poste le 15 juillet, à l'Hôtel-de-Ville.

incorporé dans cette milice les gardes-françaises dévoués à la révolution, un certain nombre de Suisses, et une grande quantité de soldats qui désertaient les régiments dans l'espoir d'une solde plus forte. Le roi en avait lui-même donné l'autorisation. Ces troupes réunies composèrent ce qu'on appela les compagnies du centre. La milice prit le nom de *garde nationale*, revêtit l'uniforme, et ajouta aux deux couleurs rouge et bleue de la cocarde parisienne la couleur blanche qui était celle du roi. C'est là cette cocarde tricolore dont Lafayette prédit les destinées, en annonçant qu'elle ferait le tour du monde.

C'est à la tête de cette troupe que Lafayette s'efforça pendant deux années consécutives de maintenir la tranquillité publique, et de faire exécuter les lois que l'assemblée décrétait chaque jour. Lafayette, issu d'une famille ancienne et demeurée pure au milieu de la corruption des grands, doué d'un esprit droit, d'une âme ferme, amoureux de la vraie gloire, s'était ennuyé des frivolités de la cour et de la discipline pédantesque de nos armées. Sa patrie ne lui offrant rien de noble à tenter, il se décida pour l'entreprise la plus généreuse du siècle, et il partit pour l'Amérique le lendemain du jour où l'on répandait en Europe

qu'elle était soumise. Il y combattit à côté de
Washington, et décida l'affranchissement du
Nouveau-Monde par l'alliance de la France.
Revenu dans son pays avec un nom européen,
accueilli à la cour comme une nouveauté, il
s'y montra simple et libre comme un Américain. Lorsque la philosophie, qui n'avait été
pour des nobles oisifs qu'un jeu d'esprit, exigea de leur part des sacrifices, Lafayette presque seul persista dans ses opinions, demanda
les états-généraux, contribua puissamment à
la réunion des ordres, et fut nommé, en récompense, commandant-général de la garde
nationale. Lafayette n'avait pas les passions et
le génie qui font souvent abuser de la puissance : avec une ame égale, un esprit fin, un
système de désintéressement invariable, il était
surtout propre au rôle que les circonstances
lui avaient assigné, celui de faire exécuter les
lois. Adoré de ses troupes sans les avoir capti-
vées par la victoire, plein de calme et de ressources au milieu des fureurs de la multitude,
il maintenait l'ordre avec une vigilance infati-
gable. Les partis, qui l'avaient trouvé incor-
ruptible, accusaient son habileté, parce qu'ils
ne pouvaient accuser son caractère. Cependant
il ne se trompait pas sur les événements et sur
les hommes, n'appréciait la cour et les chefs

de parti que ce qu'ils valaient, les protégeait au péril de sa vie sans les estimer, et luttait souvent sans espoir contre les factions, mais avec la constance d'un homme qui ne doit jamais abandonner la chose publique, alors même qu'il n'espère plus pour elle.

Lafayette, malgré toute sa vigilance, ne réussit pas toujours à arrêter les fureurs populaires. Car quelque active que soit la force, elle ne peut se montrer partout, contre un peuple partout soulevé, qui voit dans chaque homme un ennemi. A chaque instant les bruits les plus ridicules étaient répandus et accrédités. Tantôt on disait que les soldats des gardes-françaises avaient été empoisonnés, tantôt que les farines avaient été volontairement avariées, ou qu'on détournait leur arrivée; et ceux qui se donnaient les plus grandes peines pour les amener dans la capitale, étaient obligés de comparaître devant un peuple aveugle qui les accablait d'outrages ou les couvrait d'applaudissements, selon les dispositions du moment. Cependant il est certain que la fureur du peuple, qui, en général, ne sait ni choisir ni chercher long-temps ses victimes, paraissait souvent dirigée soit par des misérables payés, comme on l'a dit, pour rendre les troubles plus graves en les ensanglantant, soit seulement par des hommes plus profondément haineux. Foulon et Berthier furent poursuivis et arrêtés loin de Paris, avec une intention évidente. Il n'y eut de spontané à leur égard que la fureur de la multitude qui les égorgea. Foulon, ancien intendant, homme dur et avide, avait commis d'horribles exactions, et avait été un des ministres désignés pour succéder à Necker et à ses collègues. Il fut arrêté à Viry, quoiqu'il eût répandu le bruit de sa mort. On le conduisit à Paris, en lui reprochant d'avoir dit qu'il fallait faire manger du foin au peuple. On lui mit des orties au cou, un bouquet de chardons à la main, et une botte de foin derrière le dos. C'est en cet état qu'il fut traîné à l'Hôtel-de-Ville. Au même instant, Berthier de Sauvigny, son gendre, était arrêté à Compiègne, sur de prétendus ordres de la commune de Paris, qui n'avaient pas été donnés. La commune écrivit aussitôt pour le faire relâcher, ce qui ne fut pas exécuté. On l'achemina vers Paris, dans le moment où Foulon était à l'Hôtel-de-Ville, exposé à la rage des furieux. La populace voulait l'égorger; les représentations de Lafayette l'avaient un peu calmée, et elle consentait à ce que Foulon fût jugé; mais elle demandait que le jugement fût rendu à l'instant même, pour jouir sur-le-champ de l'exécution. Quelques électeurs avaient été choisis pour servir de juges; mais, sous divers prétextes, ils avaient refusé cette terrible magistrature. Enfin, on avait désigné Bailly et Lafayette, qui se trouvaient réduits à la cruelle extrémité de se dévouer à la rage de la populace, ou de sacrifier une victime. Cependant Lafayette, avec beaucoup d'art et de fermeté, temporisait encore; il avait plusieurs fois adressé la parole à la multitude avec succès. Le malheureux Foulon, placé sur un siége à ses côtés, eut l'imprudence d'applaudir à ses dernières paroles. « Voyez-vous, dit un témoin, ils s'entendent! » A ce mot, la foule s'ébranle et se précipite sur Foulon. Lafayette fait des efforts incroyables pour le soustraire aux assassins; on le lui arrache de nouveau, et l'infortuné vieillard est pendu à un réverbère. Sa tête est coupée, mise au bout d'une pique, et promenée dans Paris. Dans ce moment, Berthier arrivait dans un cabriolet conduit par des gardes, et poursuivi par la multitude. On lui montre la tête sanglante, sans qu'il se doute que c'est la tête de son beau-père. On le conduit à l'Hôtel-de-Ville, où il prononce quelques mots pleins de courage et d'indignation. Saisi de nouveau par la multitude, il se dégage un moment, s'empare d'une arme, se défend avec

cution. Quelques électeurs avaient été choisis

fureur, et succombe bientôt comme le malheureux Foulon*. Ces meurtres avaient été conduits par des ennemis ou de Foulon, ou de la chose publique; car, si la fureur du peuple à leur aspect avait été spontanée, comme la plupart de ses mouvements, leur arrestation avait été combinée. Lafayette, rempli de douleur et d'indignation, résolut de donner sa démission. Bailly et la municipalité, effrayés de ce projet, s'empressèrent de l'en détourner. Il fut alors convenu qu'il la donnerait pour faire sentir son mécontentement au peuple, mais qu'il se laisserait gagner par les instances qu'on ne manquerait pas de lui faire. En effet, le peuple et la milice l'entourèrent, et lui promirent la plus grande obéissance. Il reprit le commandement à ces conditions; et depuis, il eut la satisfaction d'empêcher la plupart des troubles, grace à son énergie et au dévouement de sa troupe.

Pendant ce temps, Necker avait reçu à Bâle les ordres du roi et les instances de l'assemblée. Ce furent les Polignac qu'il avait laissés triomphants à Versailles, et qu'il rencontra fugitifs à Bâle, qui, les premiers, lui apprirent les malheurs du trône, et le retour subit de fa-

---

* Ces scènes eurent lieu le 22 juillet.

veur qui l'attendait. Il se mit en route, et traversa la France, traîné en triomphe par le peuple, auquel, selon son usage, il recommanda la paix et le bon ordre. Le roi le reçut avec embarras, l'assemblée avec empressement; et il résolut de se rendre à Paris, où il devait aussi avoir son jour de triomphe. Le projet de Necker était de demander aux électeurs la grace et l'élargissement du baron de Besenval, quoiqu'il fût son ennemi. En vain Bailly, non moins ennemi que lui des mesures de rigueur, mais plus juste appréciateur des circonstances, lui représenta le danger d'une telle mesure, et lui fit sentir que cette faveur, obtenue par l'entraînement, serait révoquée le lendemain comme illégale, parce qu'un corps administratif ne pouvait ni condamner ni faire grace; Necker s'obstina, et fit l'essai de son influence sur la capitale. Il se rendit à l'Hôtel-de-Ville le 30 juillet. Ses espérances furent outre-passées, et il dut se croire tout-puissant, en voyant les transports de la multitude. Tout ému, les yeux pleins de larmes, il demanda une amnistie générale, qui fut aussitôt accordée par acclamation. Les deux assemblées des électeurs et des représentants se montrèrent également empressées : les électeurs décrétèrent l'amnistie générale, les représentants de la commune ordonnèrent la liberté de Besenval. Necker se retira enivré, prenant pour lui les applaudissements qui s'adressaient à sa disgrâce. Mais, dès ce jour, il allait être détrompé : Mirabeau lui préparait un cruel réveil. Dans l'assemblée, dans les districts, un cri général s'éleva contre la sensibilité du ministre, excusable, disait-on, mais égarée. Le district de l'Oratoire, excité, à ce qu'on assure, par Mirabeau, fut le premier à réclamer. On soutint de toutes parts qu'un corps administratif ne pouvait ni condamner ni absoudre. La mesure illégale de l'Hôtel-de-Ville fut révoquée, et la détention du baron de Besenval maintenue. Ainsi se vérifiait l'avis du sage Bailly, que Necker n'avait pas voulu suivre.

Dans ce moment, les partis commençaient à se prononcer davantage. Les parlements, la noblesse, le clergé, la cour, menacés tous de la même ruine, avaient confondu leurs intérêts et agissaient de concert. Il n'y avait plus à la cour ni le comte d'Artois ni les Polignac. Une sorte de consternation, mêlée de désespoir, régnait dans l'aristocratie. N'ayant pu empêcher ce qu'elle appelait le mal, elle désirait maintenant que le peuple en commît le plus possible, pour amener le bien par l'excès même de ce mal. Ce système mêlé de dépit et de perfidie, qu'on appelle le pessimisme politique, commence chez les partis dès qu'ils ont fait assez de pertes pour renoncer à ce qui leur reste, dans l'espoir de tout recouvrer. L'aristocratie se mit dès lors à l'employer, et souvent on la vit voter avec les membres les plus violents du parti populaire.

Les circonstances font surgir les hommes. Le péril de la noblesse avait fait naître un défenseur pour elle. Le jeune Cazalès, capitaine dans les dragons de la reine, avait trouvé en lui une force d'esprit et une facilité d'expression inattendues. Précis et simple, il disait promptement et convenablement ce qu'il fallait dire; et on doit regretter que son esprit si juste ait été consacré à une cause qui n'a eu quelques raisons à faire valoir qu'après avoir été persécutée. Le clergé avait trouvé son défenseur dans l'abbé Maury. Cet abbé, sophiste exercé et inépuisable, avait des saillies heureuses et beaucoup de sang-froid; il savait résister courageusement au tumulte, et audacieusement à l'évidence. Tels étaient les moyens et les dispositions de l'aristocratie.

Le ministère était sans vues et sans projets. Necker, haï de la cour qui le souffrait par obligation, Necker seul avait non un plan, mais un vœu. Il avait toujours désiré la constitu-

tion anglaise, la meilleure sans doute qu'on
pût adopter, comme accommodement entre
le trône, l'aristocratie et le peuple; mais cette
constitution, proposée par l'évêque de Langres avant l'établissement d'une seule assemblée, et refusée par les premiers ordres, était
devenue impossible. La haute noblesse ne voulait pas des deux chambres, parce que c'était
une transaction; la petite noblesse, parce
qu'elle ne pouvait entrer dans la chambre
haute; le parti populaire, parce que, tout effrayé encore de l'aristocratie, il ne voulait lui
laisser aucune influence. Quelques députés
seulement, les uns par modération, les autres
parce que cette idée leur était propre, désiraient les institutions anglaises, et formaient
tout le parti du ministre, parti faible, parce
qu'il n'offrait que des vues conciliatoires à des
passions irritées, et qu'il n'opposait à ses adversaires que des raisonnements et aucun moyen
d'action.

Le parti populaire commençait à se diviser,
parce qu'il commençait à vaincre. Lally-Tolendal, Mounier, Mallouet et les autres partisans
de Necker approuvaient tout ce qui s'était fait
jusque-là, parce que tout ce qui s'était fait
avait amené le gouvernement à leurs idées,
c'est-à-dire à la constitution anglaise. Mainte-

nant ils jugeaient que c'était assez; réconciliés avec le pouvoir, ils voulaient s'arrêter. Le parti populaire ne croyait pas au contraire devoir s'arrêter encore. C'était dans le club Breton* qu'il s'agitait avec le plus de véhémence. Une conviction sincère était le mobile du plus grand nombre de ses membres; des prétentions personnelles commençaient néanmoins à s'y montrer, et déjà les mouvements de l'intérêt individuel succédaient aux premiers élans du patriotisme. Barnave, jeune avocat de Grenoble, doué d'un esprit clair, facile, et possédant au plus haut degré le talent de bien dire, formait avec les deux Lameth un triumvirat qui intéressait par sa jeunesse, et qui bientôt influa par son activité et ses talents. Duport, ce jeune conseiller au parlement, qu'on a déjà vu figurer, faisait partie de leur association. On disait alors que Duport pensait tout ce qu'il fallait faire, que Barnave le disait, et que les Lameth l'exécutaient. Cependant ces jeunes députés étaient amis entre eux, sans être encore ennemis prononcés de personne.

Le plus audacieux des chefs populaires, celui qui, toujours en avant, ouvrait les déli-

* Ce club s'était formé dans les derniers jours de juin. Il s'appela plus tard *Société des amis de la Constitution*.

bérations les plus hardies, était Mirabeau. Les absurdes institutions de la vieille monarchie avaient blessé des esprits justes et indigné des cœurs droits ; mais il n'était pas possible qu'elles n'eussent froissé quelque ame ardente et irrité de grandes passions. Cette ame fut celle de Mirabeau, qui, rencontrant dès sa naissance tous les despotismes, celui de son père, du gouvernement et des tribunaux, employa sa jeunesse à les combattre et à les haïr. Il était né sous le soleil de la Provence, et issu d'une famille noble. De bonne heure il s'était fait connaître par ses désordres, ses querelles et une éloquence emportée. Ses voyages, ses observations, ses immenses lectures lui avaient tout appris, et il avait tout retenu. Mais outré, bizarre, sophiste même quand il n'était pas soutenu par la passion, il devenait tout autre par elle. Promptement excité par la tribune et la présence de ses contradicteurs, son esprit s'enflammait : d'abord ses premières vues étaient confuses, ses paroles entrecoupées, ses chairs palpitantes, mais bientôt venait la lumière ; alors son esprit faisait en un instant le travail des années ; et à la tribune même, tout était pour lui découverte, expression vive et soudaine. Contrarié de nouveau, il revenait plus pressant et plus clair, et présentait la vérité en images frappantes ou terribles. Les circonstances étaient-elles difficiles, les esprits fatigués d'une longue discussion, ou intimidés par le danger, un cri, un mot décisif s'échappait de sa bouche, sa tête se montrait effrayante de laideur et de génie, et l'assemblée éclairée ou raffermie rendait des lois, ou prenait des résolutions magnanimes.

Fier de ses hautes qualités, s'égayant de ses vices, tour à tour altier ou souple, il séduisait les uns par ses flatteries, intimidait les autres par ses sarcasmes, et les conduisait tous à sa suite par une singulière puissance d'entraînement. Son parti était partout, dans le peuple, dans l'assemblée, dans la cour même, dans tous ceux enfin auxquels il s'adressait dans le moment. Se mêlant familièrement avec les hommes, juste quand il fallait l'être, il avait applaudi au talent naissant de Barnave, quoiqu'il n'aimât pas ses jeunes amis; il appréciait l'esprit profond de Sieyes, et caressait son humeur sauvage; il redoutait dans Lafayette une vie trop pure; il détestait dans Necker un rigorisme extrême, une raison orgueilleuse, et la prétention de gouverner une révolution qu'il savait lui appartenir. Il aimait peu le duc d'Orléans et son ambition incertaine; et, comme on le verra bientôt, il n'eut jamais avec lui aucun intérêt commun. Seul ainsi avec son génie, il attaquait le despotisme qu'il avait juré de détruire. Cependant, s'il ne voulait pas les vanités de la monarchie, il voulait encore moins de l'ostracisme des républiques; mais n'étant pas assez vengé des grands et du pouvoir, il continuait de détruire. D'ailleurs, dévoré de besoins, mécontent du présent, il s'avançait vers un avenir inconnu, faisant tout supposer de ses talents, de son ambition, de ses vices, du mauvais état de sa fortune, et autorisant, par le cynisme de ses propos, tous les soupçons et toutes les calomnies.

Ainsi se divisaient la France et les partis. Les premiers différends entre les députés populaires eurent lieu à l'occasion des excès de la multitude. Mounier et Lally-Tolendal voulaient une proclamation solennelle au peuple, pour improuver ses excès. L'assemblée, sentant l'inutilité de ce moyen et la nécessité de ne pas indisposer la multitude qui l'avait soutenue, s'y refusa d'abord; mais, cédant ensuite aux instances de quelques-uns de ses membres, elle finit par faire une proclamation qui, comme elle l'avait prévu, fut tout-à-fait inutile, car on ne calme pas avec des paroles un peuple soulevé.

L'agitation était universelle. Une terreur

subite s'était répandue. Le nom de ces brigands qu'on avait vus apparaître dans les diverses émeutes était dans toutes les bouches, leur image dans tous les esprits. La cour reprochait leurs ravages au parti populaire, le parti populaire à la cour. Tout-à-coup des courriers se répandent, et, traversant la France en tous sens, annoncent que les brigands arrivent et qu'ils coupent les moissons avant leur maturité. On se réunit de toutes parts, et en quelques jours la France entière est en armes, attendant les brigands qui n'arrivent pas. Ce stratagème, qui rendit universelle la révolution du 14 juillet, en provoquant l'armement de la nation, fut attribué alors à tous les partis, et depuis il a été surtout imputé au parti populaire qui en a recueilli les résultats. Il est étonnant qu'on se soit ainsi rejeté la responsabilité d'un stratagème plus ingénieux que coupable. On l'a mis sur le compte de Mirabeau, qui se fût applaudi d'en être l'auteur, et qui l'a pourtant désavoué. Il était assez dans le caractère de l'esprit de Sieyes, et quelques-uns ont cru que ce dernier l'avait suggéré au duc d'Orléans. D'autres enfin en ont accusé la cour. Ils ont pensé que ces courriers eussent été arrêtés à chaque pas, sans l'aveu du gouvernement; que la cour, n'ayant jamais cru la révolution générale, et la regardant comme une simple émeute des Parisiens, avait voulu armer les provinces pour les opposer à Paris. Quoi qu'il en soit, ce moyen tourna au profit de la nation, qu'il mit en armes et en état de veiller à sa sûreté et à ses droits.

Le peuple des villes avait secoué ses entraves, le peuple des campagnes voulait aussi secouer les siennes. Il refusait de payer les droits féodaux; il poursuivit ceux des seigneurs qui l'avaient opprimé; il incendiait les châteaux, brûlait les titres de propriété, et se livrait dans quelques pays à des vengeances atroces. Un accident déplorable avait surtout excité cette effervescence universelle. Un sieur de Mesmai, seigneur de Quincey, donnait une fête autour de son château. Tout le peuple des campagnes y était rassemblé, et se livrait à la joie, lorsqu'un baril de poudre s'enflammant tout-à-coup produisit une explosion meurtrière. Cet accident, reconnu depuis pour un effet de l'imprudence, et non de la trahison, fut imputé à crime au sieur de Mesmai. Le bruit s'en répandit bientôt, et provoqua partout les cruautés de ces paysans, endurcis par une vie misérable, et rendus féroces par de longues souffrances. Les ministres vinrent en corps faire à l'assemblée un tableau de l'état déplorable de la France, et lui demander les moyens de rétablir l'ordre. Ces désastres de tout genre s'étaient manifestés depuis le 14 juillet. Le mois d'août commençait, et il devenait indispensable de rétablir l'action du gouvernement et des lois. Mais pour le tenter avec succès, il fallait commencer la régénération de l'état par la réforme des institutions qui blessaient le plus vivement le peuple, et le disposaient davantage à se soulever. Une partie de la nation, soumise à l'autre, supportait une foule de droits appelés féodaux. Les uns, qualifiés utiles, obligeaient les paysans à des redevances ruineuses; les autres, qualifiés honorifiques, les soumettaient envers leurs seigneurs à des respects et à des services humiliants. C'étaient là des restes de la barbarie féodale, dont l'abolition était due à l'humanité. Ces privilèges, regardés comme des propriétés, appelés même de ce nom par le roi, dans la déclaration du 23 juin, ne pouvaient être abolis par une discussion. Il fallait, par un mouvement subit et inspiré, exciter les possesseurs à s'en dépouiller eux-mêmes.

L'assemblée discutait alors la fameuse déclaration des droits de l'homme. On avait d'abord agité s'il en serait fait une, et on avait décidé, le 4 août au matin, qu'elle serait faite et placée en tête de la constitution. Dans la soirée du même jour, le comité fit son rapport sur les troubles et les moyens de les faire cesser. Le vicomte de Noailles et le duc d'Aiguillon, tous deux membres de la noblesse, montent alors à la tribune, et représentent que c'est peu d'employer la force pour ramener le peuple, qu'il faut détruire la cause de ses maux, et que l'agitation qui en est la suite sera aussitôt calmée. S'expliquant enfin plus clairement, ils proposent d'abolir tous les droits vexatoires qui, sous le titre de droits féodaux, écrasent les campagnes. M. Leguen de Kerengal, propriétaire dans la Bretagne, se présente à la tribune, en habit de cultivateur, et fait un tableau effrayant du régime féodal. Aussitôt la générosité excitée chez les uns, l'orgueil engagé chez les autres, amènent un désintéressement subit; chacun s'élance à la tribune pour abdiquer ses priviléges. La noblesse donne le premier exemple; le clergé, non moins empressé, se hâte de le suivre. Une espèce d'ivresse s'empare de l'assemblée; mettant de côté une discussion superflue, et qui n'était certainement pas nécessaire pour démontrer la justice de pareils sacrifices, tous les ordres, toutes les classes, tous les possesseurs de prérogatives quelconques, se hâtent de faire aussi leurs renonciations. Après les députés des premiers ordres, ceux des communes viennent à leur tour faire leurs offrandes. Ne pouvant immoler des priviléges personnels, ils offrent ceux des provinces et des villes. L'égalité des droits, rétablie entre les individus, l'est ainsi entre toutes les parties du territoire. Quelques-uns apportent des pensions, et un membre du parlement, n'ayant rien à donner, promet son dévouement à la chose publique. Les marches du bureau sont couvertes de députés qui viennent déposer l'acte de leur renonciation; on se contente pour le moment d'énumérer les sacrifices, et on remet au jour suivant la rédaction des articles. L'entraînement était général; mais au milieu de cet enthousiasme il était facile d'apercevoir que certains privilégiés peu sincères voulaient pousser les choses au pire. Tout était à craindre de l'effet de la nuit et de l'impulsion donnée, lorsque Lally-Tolendal, apercevant le danger, fait passer un billet au président. « Il faut tout redouter, lui dit-il, de l'entraînement de l'assemblée : levez la séance. » Au même instant, un député s'élance vers lui, et, lui serrant la main avec émotion, lui dit : « Livrez-nous la sanction royale, et nous sommes amis. » Lally-Tolendal, sentant alors le besoin de rattacher la révolution au roi, pro-

pose de le proclamer restaurateur de la liberté
française. La proposition est accueillie avec
enthousiasme; un *Te Deum* est décrété, et on
se sépare enfin vers le milieu de la nuit.

On avait arrêté pendant cette nuit mémorable :

L'abolition de la qualité de serf;

La faculté de rembourser les droits seigneuriaux;

L'abolition des juridictions seigneuriales;

La suppression des droits exclusifs de chasse, de colombiers, de garenne, etc.;

Le rachat de la dîme;

L'égalité des impôts;

L'admission de tous les citoyens aux emplois civils et militaires;

L'abolition de la vénalité des offices;

La destruction de tous les priviléges de villes et de provinces;

La réformation des jurandes;

Et la suppression des pensions obtenues sans titres.

Ces résolutions avaient été arrêtées sous forme générale, mais il restait à les rédiger en décrets; et c'est alors que, le premier élan de générosité étant passé, chacun étant rendu à ses penchants, les uns devaient chercher à étendre les autres à resserrer les concessions obtenues. La discussion devint vive, et une résistance tardive et mal entendue fit évanouir toute reconnaissance.

L'abolition des droits féodaux avait été convenue, mais il fallait distinguer, entre ces droits, lesquels seraient abolis ou rachetés. En abordant jadis le territoire, les conquérants, premiers auteurs de la noblesse, avaient imposé aux hommes des services, et aux terres des tributs. Ils avaient même occupé une partie du sol, et ne l'avaient que successivement restitué aux cultivateurs, moyennant des rentes perpétuelles. Une longue possession, suivie de transmissions nombreuses, constituant la propriété, toutes les charges imposées aux hommes et aux terres en avaient acquis le caractère. L'assemblée constituante était donc réduite à attaquer les propriétés. Dans cette situation, ce n'était pas comme plus ou moins bien acquises, mais comme plus ou moins onéreuses à la société, qu'elle avait à les juger. Elle abolit les services personnels ; et plusieurs de ces services ayant été changés en redevances, elle abolit ces redevances. Parmi les tributs imposés aux terres, elle supprima ceux qui étaient évidemment le reste de la servitude, comme le droit imposé sur les transmissions ; et elle déclara rachetables toutes les rentes perpétuelles, qui étaient le prix auquel la noblesse avait jadis cédé aux cultivateurs une partie du territoire. Rien n'est donc plus absurde que d'accuser l'assemblée constituante d'avoir violé les propriétés, puisque tout l'était devenu; et il est étrange que la noblesse, les ayant si long-temps violées, soit en exigeant des tributs, soit en ne payant pas les impôts, se montrât tout-à-coup si rigoureuse sur les principes, quand il s'agissait de ses prérogatives. Les justices seigneuriales furent aussi appelées propriétés, puisque depuis des siècles elles étaient transmises en héritage; mais l'assemblée ne s'en laissa pas imposer par ce titre, et les abolit, en ordonnant cependant qu'elles fussent maintenues jusqu'à ce qu'on eût pourvu à leur remplacement.

Le droit exclusif de chasse fut aussi un objet de vives disputes. Malgré la vaine objection que bientôt toute la population serait en armes, si le droit de chasse était accordé, il fut rendu à chacun dans l'étendue de ses champs. Les colombiers privilégiés furent également défendus. L'assemblée décida que chacun pourrait en avoir, mais qu'à l'époque des moissons les pigeons pourraient être tués, comme le gibier ordinaire, sur le territoire qu'ils iraient parcourir. Toutes les capitaineries furent abolies, et on ajouta cependant qu'il serait pourvu aux plaisirs personnels du roi, par des moyens compatibles avec la liberté et la propriété.

Un article excita surtout de violents débats, à cause des questions plus importantes dont il était le prélude, et des intérêts qu'il attaquait : c'est celui des dîmes. Dans la nuit du 4 août, l'assemblée avait déclaré les dîmes rachetables. Au moment de la rédaction, elle voulut les abolir sans rachat, en ayant soin d'ajouter qu'il serait pourvu par l'état à l'entretien du clergé. Sans doute il y avait un défaut de forme dans cette décision, car c'était revenir sur une résolution déja prise. Mais Garat répondit à cette objection, que c'était là un véritable rachat, puisqu'au lieu du contribuable c'était l'état qui rachetait la dîme, en se chargeant de pourvoir aux besoins du clergé. L'abbé Sieyes, qu'on fut étonné de voir parmi les défenseurs de la dîme, et qu'on ne jugea pas défenseur désintéressé de cet impôt, convint, en effet, que l'état rachetait véritablement la dîme, mais qu'il faisait un vol à la masse de la nation, en lui faisant supporter une dette qui ne devait peser que sur les propriétaires fonciers. Cette objection, présentée d'une manière tranchante, fut accompagnée de ce mot si amer et depuis souvent répété : « Vous voulez être libres, et vous ne savez pas être justes. » Quoique Sieyes ne crût pas qu'il fût possible de répondre à cette objection, la réponse était facile. La dette du culte est celle de tous; convient-il de la faire supporter aux propriétaires fonciers, plutôt qu'à l'universalité des contribuables? C'est à l'état à en juger. Il ne vole personne en faisant de l'impôt la répartition qu'il juge la plus convenable. La dîme, en écrasant les petits propriétaires, détruisait l'agriculture; l'état devait donc déplacer cet impôt; c'est ce que Mirabeau prouva avec la dernière évidence. Le clergé, qui préférait la dîme, parce qu'il prévoyait bien que le salaire adjugé par l'état serait mesuré sur ses vrais besoins, se prétendit propriétaire de la dîme par des concessions immémoriales; il renouvela cette raison si répétée de la longue possession qui ne prouve rien, car tout, jusqu'à la tyrannie, serait légitimé par la possession. On lui répondit que la dîme n'était qu'un usufruit; qu'elle n'était point transmissible, et n'avait pas les principaux caractères de la propriété; qu'elle était évidemment un impôt établi en sa faveur, et que cet impôt, l'état se chargeait de le changer en un autre. L'orgueil du clergé fut révolté de l'idée de recevoir un salaire, il s'en plaignit avec violence; et Mirabeau, qui excellait à lancer des traits décisifs de raison et d'ironie, répondit aux interrupteurs qu'il ne connaissait que trois moyens d'exister dans la société : être ou voleur, ou mendiant, ou salarié. Le clergé sentit qu'il lui convenait d'abandonner ce qu'il ne pouvait plus défendre. Les curés surtout, sachant qu'ils avaient tout à gagner de l'esprit de justice qui régnait dans l'assemblée, et que c'était l'opulence des prélats qu'on voulait particulièrement attaquer, furent les premiers à se désister. L'abolition entière des dîmes fut donc décrétée, sous la condition que l'état se chargerait des frais du culte, mais qu'en attendant la dîme continuerait d'être perçue. Cette dernière clause pleine d'égards devint, il est vrai, inutile. Le peuple ne voulut plus payer, mais il ne le voulait déjà plus, même avant le décret, et quand l'assemblée abolit le régime féodal, il était déjà renversé de fait. Le 13 août, tous les articles furent présentés au monarque, qui accepta le titre de restaurateur de la liberté française, et assista au *Te Deum*, ayant à sa droite le président, et à sa suite tous les députés.

Ainsi fut consommée la plus importante réforme de la révolution. L'assemblée avait montré autant de force que de mesure. Malheureu-

sement un peuple ne sait jamais rentrer avec
modération dans l'exercice de ses droits. Des
violences atroces furent commises dans tout le
royaume. Les châteaux continuèrent d'être in-
cendiés, les campagnes furent inondées par
des chasseurs, qui s'empressaient d'exercer des
droits si nouveaux pour eux. Ils se répandirent
dans les champs naguère réservés aux plaisirs
de leurs seuls oppresseurs, et commirent d'affreuses dévastations. Toute usurpation a un
cruel retour, et celui qui usurpe devrait y songer, du moins pour ses enfants, qui presque
toujours portent sa peine. De nombreux accidents eurent lieu. Dès le 7 du mois d'août, les
ministres s'étaient de nouveau présentés à l'assemblée pour lui faire un rapport sur l'état du
royaume. Le garde-des-sceaux avait dénoncé
les désordres alarmants qui avaient éclaté; Necker avait révélé le déplorable état des finances.
L'assemblée reçut ce double message avec tris-
tesse, mais sans découragement. Le 10, elle
rendit un décret sur la tranquillité publique,
par lequel les municipalités étaient chargées
de veiller au maintien de l'ordre, en dissipant
tous les attroupements séditieux. Elles devaient livrer les simples perturbateurs aux tribunaux, mais emprisonner ceux qui avaient
répandu des alarmes, allégué de faux ordres,

ou excité des violences, et envoyer la procédure à l'assemblée nationale, pour qu'on pût remonter à la cause des troubles. Les milices nationales et les troupes réglées étaient mises à la disposition des municipalités, et elles devaient prêter serment d'être fidèles à la nation, au roi et à la loi, etc. C'est ce serment qui fut appelé depuis le serment civique.

Le rapport de Necker sur les finances fut extrêmement alarmant. C'était le besoin des subsides qui avait fait recourir à une assemblée nationale; cette assemblée à peine réunie était entrée en lutte avec le pouvoir; et, ne songeant qu'au besoin pressant d'établir des garanties, elle avait négligé celui d'assurer les revenus de l'état. Necker seul avait tout le souci des finances. Tandis que Bailly, chargé des subsistances de la capitale, était dans les plus cruelles angoisses, Necker, tourmenté de besoins moins pressants, mais bien plus étendus, Necker, enfermé dans ses pénibles calculs, dévoré de mille peines, s'efforçait de pourvoir à la détresse publique; et, tandis qu'il ne songeait qu'à des questions financières, il ne comprenait pas que l'assemblée ne songeât qu'à des questions politiques. Necker et l'assemblée, préoccupés chacun de leur objet, n'en voyaient pas d'autres. Cependant, si les alarmes de Necker étaient justifiées par la détresse actuelle, la confiance de l'assemblée l'était par l'élévation de ses vues. Cette assemblée, embrassant la France et son avenir, ne pouvait pas croire que ce beau royaume, obéré un instant, fût à jamais frappé d'indigence.

Necker, en entrant au ministère, en août 1788, ne trouva que 400 mille francs au trésor. Il avait, à force de soins, pourvu au plus pressant ; et depuis, les circonstances avaient accru les besoins en diminuant les ressources. Il avait fallu acheter des blés, les revendre au-dessous du prix coûtant, faire des aumônes considérables, établir des travaux publics pour occuper des ouvriers. Il était sorti du trésor pour ce dernier objet, jusqu'à douze mille francs par jour. En même temps que les dépenses s'étaient augmentées, les recettes avaient baissé. La réduction du prix du sel, le retard des paiements, et souvent le refus absolu d'acquitter des impôts, la contrebande à force armée, la destruction des barrières, le pillage même des registres et le meurtre des commis, avaient anéanti une partie des revenus. En conséquence, Necker demanda un emprunt de trente millions. La première impression fut si vive, qu'on voulut voter l'emprunt par acclamation ; mais ce premier mouvement se calma bientôt. On témoigna de la répugnance pour de nouveaux emprunts, et on commit une espèce de contradiction en invoquant les cahiers auxquels on avait déjà renoncé, et qui défendaient de consentir l'impôt avant d'avoir fait la constitution; on alla même jusqu'à faire le calcul des sommes reçues depuis l'année précédente, comme si on s'était défié du ministre. Cependant la nécessité de pourvoir aux besoins de l'état fit adopter l'emprunt; mais on changea le plan du ministre, et on réduisit l'intérêt à quatre et demi pour cent, par la fausse espérance d'un patriotisme qui était dans la nation, mais qui ne pouvait se trouver chez les prêteurs de profession, les seuls qui se livrent ordinairement à ces sortes de spéculations financières. Cette première faute fut une de celles que commettent ordinairement les assemblées, quand elles remplacent les vues immédiates du ministre qui agit, par les vues générales de douze cents esprits qui spéculent. Il fut facile d'apercevoir aussi que l'esprit de la nation commençait déjà à ne plus s'accommoder de la timidité du ministre.

Après ces soins indispensables donnés à la tranquillité publique et aux finances, on s'occupa de la déclaration des droits. La première idée en avait été fournie par Lafayette, qui lui-même l'avait empruntée aux Américains. Cette discussion, interrompue par la révolution du 14 juillet, renouvelée au 1ᵉʳ août, interrompue de nouveau par l'abolition du régime féodal, fut reprise et définitivement arrêtée le 12 août. Cette idée avait quelque chose d'imposant qui saisit l'assemblée. L'élan des esprits les portait à tout ce qui avait de la grandeur; cet élan produisait leur bonne foi, leur courage, leurs bonnes et leurs mauvaises résolutions. Ils saisirent donc cette idée, et voulurent la mettre à exécution. S'il ne s'était agi que d'énoncer quelques principes particulièrement méconnus par l'autorité dont on venait de secouer le joug, comme le vote de l'impôt, la liberté religieuse, la liberté de la presse, la responsabilité ministérielle, rien n'eût été plus facile. Ainsi avaient fait jadis l'Amérique et l'Angleterre. La France aurait pu exprimer en quelques maximes nettes et positives les nouveaux principes qu'elle imposait à son gouvernement; mais la France, rompant avec le passé, et voulant remonter à l'état de nature, dut aspirer à donner une déclaration complète de tous les droits de l'homme et du citoyen. On parla d'abord de la nécessité et du danger d'une pareille déclaration. On discuta beaucoup et inutilement sur ce sujet, car il n'y avait ni utilité ni danger à faire une déclaration composée de formules auxquelles le peuple ne comprenait rien; elle n'était quelque chose que pour un certain nombre d'esprits philosophiques, qui ne prennent pas une grande part aux séditions populaires. Il fut enfin décidé qu'elle serait faite et placée en tête de l'acte constitutionnel. Mais il fallait la rédiger, et c'était là le plus difficile. Qu'est-ce qu'un droit? c'est ce qui est dû aux hommes. Or, tout le bien qu'on peut leur faire leur est dû; toute mesure sage de gouvernement est donc un droit. Aussi tous les projets proposés renfermaient la définition de la loi, la manière dont elle doit se faire, le principe de la souveraineté, etc. On objectait que ce n'était pas là des droits, mais des maximes générales. Cependant il importait d'exprimer ces maximes. Mirabeau, impatienté, s'écria enfin: « N'employez pas le mot de droits, mais dites: Dans l'intérêt de tous, il a été déclaré...» Néanmoins on préféra le titre plus imposant de déclaration des droits, sous lequel on confondit des maximes, des principes, des définitions. Du tout on composa la déclaration célèbre placée en tête de la constitution de 91. Au reste il n'y avait là qu'un mal, celui de perdre quelques séances à un lieu commun philosophique. Mais qui peut reprocher aux esprits de s'enivrer de leur objet? Qui a le droit de mépriser l'inévitable préoccupation des premiers instants?

Il était temps de commencer enfin les travaux de la constitution. La fatigue des préliminaires était générale, et déjà on agitait hors de l'assemblée les questions fondamentales. La constitution anglaise était le modèle qui s'offrait naturellement à beaucoup d'esprits, puisqu'elle était la transaction intervenue en Angleterre, à la suite d'un débat semblable, entre le roi, l'aristocratie et le peuple. Cette constitution consistait essentiellement dans l'établissement de deux chambres et dans la sanction royale. Les esprits dans leur premier élan vont aux idées les plus simples : un peuple qui déclare sa volonté, un roi qui l'exécute, leur paraissait la seule forme légitime de gouvernement. Donner à l'aristocratie une part égale à celle de la nation, au moyen d'une chambre-haute ; conférer au roi le droit d'annuler la volonté nationale, au moyen de la sanction, leur semblait une absurdité. *La nation veut, le roi fait*: les esprits ne sortaient pas de ces éléments simples, et ils croyaient vouloir la monarchie, parce qu'ils laissaient un roi comme exécuteur des volontés nationales. La monarchie réelle, telle qu'elle existe même dans les états réputés libres, est la domination d'un seul, à laquelle on met des bornes au moyen du concours national. La volonté du prince y fait réellement presque tout, et celle de la nation est réduite à empêcher le mal, soit en disputant sur l'impôt, soit en concourant pour un tiers à la loi. Mais dès l'instant que la nation peut ordonner tout ce qu'elle veut, sans que le roi puisse s'y opposer par le *veto*, le roi n'est plus qu'un magistrat. C'est alors la république avec un seul consul au lieu de plusieurs. Le gouvernement de Pologne, quoiqu'il y eût un roi, ne fut jamais nommé une monarchie, mais une république; il y avait aussi un roi à Lacédémone.

La monarchie bien entendue exige donc de grandes concessions de la part des esprits. Mais ce n'est pas après une longue nullité, et dans leur premier enthousiasme qu'ils sont disposés à les faire. Aussi la république était dans les opinions sans y être nommée, et on était républicain sans le croire.

On ne s'expliqua point nettement dans la discussion : aussi, malgré le génie et le savoir répandus dans l'assemblée, la question fut mal traitée et peu entendue. Les partisans de la constitution anglaise, Necker, Mounier, Lally, ne surent pas voir en quoi devait consister la monarchie; et quand ils l'auraient vu, ils n'auraient pas osé dire nettement à l'assemblée que la volonté nationale ne devait point être toute-puissante, et qu'elle devait empêcher plutôt qu'agir. Ils s'épuisèrent à dire qu'il fallait que le roi pût arrêter les usurpations d'une assemblée; que pour bien exécuter la loi, et l'exécuter volontiers, il fallait qu'il y eût coopéré; et qu'enfin il devait exister des rapports entre les pouvoirs exécutif et législatif. Ces raisons étaient mauvaises ou tout au moins faibles. Il était ridicule en effet, en reconnaissant la souveraineté nationale, de vouloir lui opposer la volonté unique du roi*.

Ils défendaient mieux les deux chambres, parce qu'en effet, même dans une république, il y a de hautes classes qui doivent s'opposer au mouvement trop rapide des classes qui s'élèvent, en défendant les institutions anciennes contre les institutions nouvelles. Mais cette chambre-haute, plus indispensable encore que la prérogative royale, puisqu'il n'y a pas d'exemple de république sans un sénat, était plus repoussée que la sanction, parce qu'on était plus irrité contre l'aristocratie que contre

---

* Voyez la note 5 à la fin du volume.

la royauté. La chambre-haute était impossible alors, parce que personne n'en voulait : la petite noblesse s'y opposait, parce qu'elle n'y pouvait trouver place; les privilégiés désespérés, parce qu'ils désiraient le pire en toutes choses; le parti populaire, parce qu'il ne voulait pas laisser à l'aristocratie un poste d'où elle dominerait la volonté nationale. Mounier, Lally, Necker étaient presque seuls à désirer cette chambre-haute. Sieyes, par l'erreur d'un esprit absolu, ne voulait ni des deux chambres ni de la sanction royale. Il concevait la société tout unie : selon lui la masse, sans distinction de classes, devait être chargée de vouloir, et le roi, comme magistrat unique, chargé d'exécuter. Aussi était-il de bonne foi quand il disait que la monarchie ou la république étaient la même chose, puisque la différence n'était pour lui que dans le nombre des magistrats chargés de l'exécution. Le caractère d'esprit de Sieyes était l'enchaînement, c'est-à-dire, la liaison rigoureuse de ses propres idées. Il s'entendait avec lui-même, mais ne s'entendait ni avec la nature des choses ni avec les esprits différents du sien. Il les subjuguait par l'empire de ses maximes absolues, mais les persuadait rarement; aussi, ne pouvant ni morceler ses systèmes, ni les faire ad...ter en entier, il devait bientôt concevoir de l...umeur. Mirabeau, esprit juste, prompt, soupl..., n'était pas plus avancé en fait de science politique que l'assemblée elle-même; il repoussait les deux chambres, non point par conviction, mais par la connaissance de leur impossibilité actuelle, et par haine de l'aristocratie. Il défendait la sanction par un penchant monarchique; et il s'y était engagé dès l'ouverture des états, en disant que, sans la sanction, il aimerait mieux vivre à Constantinople qu'à Paris. Barnave, Duport et Lameth ne pouvaient vouloir la même chose que Mirabeau. Ils n'admettaient ni la chambre-haute, ni la sanction royale; mais ils n'étaient pas aussi obstinés que Sieyes, et consentaient à modifier leur opinion, en accordant au roi et à la chambre-haute un simple *veto* suspensif, c'est-à-dire, le pouvoir de s'opposer temporairement à la volonté nationale, exprimée dans la chambre-basse.

Les premières discussions s'engagèrent le 28 et le 29 août. Le parti Barnave voulut traiter avec Mounier, que son opiniâtreté faisait chef du parti de la constitution anglaise. C'était le plus inflexible qu'il fallait gagner, et c'est à lui qu'on s'adressa. Des conférences eurent lieu. Quand on vit qu'il était impossible de changer une opinion devenue en lui une habitude d'esprit, on consentit alors à ces formes anglaises qu'il chérissait tant, mais à condition qu'en opposant à la chambre populaire une chambre-haute et le roi, on ne donnerait aux deux qu'un *veto* suspensif, et qu'en outre le roi ne pourrait pas dissoudre l'assemblée. Mounier fit la réponse d'un homme convaincu : il dit que la vérité ne lui appartenait pas, et qu'il ne pouvait en sacrifier une partie pour sauver l'autre. Il perdit ainsi les deux institutions, en ne voulant pas les modifier. Et s'il était vrai, ce qu'on verra n'être pas, que la constitution de 91, par la suppression de la chambre-haute, ruina le trône, Mounier aurait de grands reproches à se faire. Mounier n'était pas passionné, mais obstiné; il était aussi absolu dans son système que Sieyes dans le sien, et préférait tout perdre plutôt que de céder quelque chose. Les négociations furent rompues avec humeur. On avait menacé Mounier de Paris, de l'opinion publique, et on partit, dit-il, pour aller exercer l'influence dont on l'avait menacé[*].

Ces questions divisaient le peuple comme les représentants, et, sans les comprendre, il ne se passionnait pas moins pour elles. On les

---

[*] Voyez la note 6 à la fin du volume.

avait toutes résumées sous le mot si court et si expéditif de *veto*. On voulait, ou on ne voulait pas le *veto*, et cela signifiait qu'on voulait ou qu'on ne voulait pas la tyrannie. Le peuple, sans même entendre cela, prenait le *veto* pour un impôt qu'il fallait abolir, ou pour un ennemi qu'il fallait pendre, et il voulait le mettre à la lanterne*.

Le Palais-Royal était surtout dans la plus grande fermentation. Là se réunissaient des hommes ardents, qui, ne pouvant pas même supporter les formes imposées dans les districts, montaient sur une chaise, prenaient la parole sans la demander, étaient sifflés ou portés en triomphe par un peuple immense, qui allait exécuter ce qu'ils avaient proposé. Camille Desmoulins, déjà nommé dans cette histoire, s'y distinguait par la verve, l'originalité et le cynisme de son esprit; et, sans être cruel, il demandait des cruautés. On y voyait encore Saint-Hurugue, ancien marquis, détenu longtemps à la Bastille pour des différends de famille, et irrité contre l'autorité jusqu'à l'aliénation. Là, chaque jour, ils répétaient tous

---

* Deux habitants de la campagne parlaient du *veto*. « — Sais-tu ce que c'est que le *veto*? dit l'un. — Non. — Eh bien, tu as ton écuelle remplie de soupe; le roi te dit : Répands ta soupe, et il faut que tu la répandes. »

qu'il fallait aller à Versailles, pour y demander compte au roi et à l'assemblée de leur hésitation à faire le bien du peuple. Lafayette avait la plus grande peine à les contenir par des patrouilles continuelles. La garde nationale était déjà accusée d'aristocratie. « Il n'y avait pas, disait Desmoulins, de patrouille au Céramique. » Déjà même le nom de Cromwell avait été prononcé à côté de celui de Lafayette. Un jour, le dimanche 30 août, une motion est faite au Palais-Royal; Mounier y est accusé, Mirabeau y est présenté comme en danger, et l'on propose d'aller à Versailles veiller sur les jours de ce dernier. Mirabeau cependant défendait la sanction, mais sans cesser son rôle de tribun populaire, sans le paraître moins aux yeux de la multitude. Saint-Hurugue, à la tête de quelques exaltés, se porte sur la route de Versailles. Ils veulent, disent-ils, engager l'assemblée à casser ses infidèles représentants pour en nommer d'autres, et supplier le roi et le dauphin de venir à Paris se mettre en sûreté au milieu du peuple. Lafayette accourt, les arrête et les oblige de rebrousser chemin. Le lendemain lundi 31, ils se réunissent de nouveau. Ils font une adresse à la commune, dans laquelle ils demandent la convocation des districts pour improuver le *veto* et les députés qui le soutiennent, pour les révoquer et en nommer d'autres à leur place. La commune les repousse deux fois avec la plus grande fermeté.

Pendant ce temps l'agitation régnait dans l'assemblée. Les mécontents avaient écrit aux principaux députés des lettres pleines de menaces et d'invectives; l'une d'elles était signée du nom de Saint-Hurugue. Le lundi 31, à l'ouverture de la séance, Lally dénonça une députation qu'il avait reçue du Palais-Royal. Cette députation l'avait engagé à se séparer des mauvais citoyens qui défendaient le *veto*, et elle avait ajouté qu'une armée de vingt mille hommes était prête à marcher. Mounier lut aussi des lettres qu'il avait reçues de son côté, proposa de poursuivre les auteurs secrets de ces machinations, et pressa l'assemblée d'offrir cinq cent mille francs à celui qui les dénoncerait. La lutte fut tumultueuse. Duport soutint qu'il n'était pas de la dignité de l'assemblée de s'occuper de pareils détails. Mirabeau lut des lettres qui lui étaient aussi adressées, et dans lesquelles les ennemis de la cause populaire ne le traitaient pas mieux que Mounier. L'assemblée passa à l'ordre du jour, et Saint-Hurugue, signataire de l'une des lettres dénoncées, fut enfermé par ordre de la commune.

On discutait à la fois les trois questions de la permanence des assemblées, des deux chambres, et du *veto*. La permanence fut votée à la presque unanimité. On avait trop souffert de la longue interruption des assemblées nationales, pour ne pas les rendre permanentes. On passa ensuite à la grande question de l'unité du corps législatif. Les tribunes étaient occupées par un public nombreux et bruyant. Beaucoup de députés se retiraient. Le président, qui était alors l'évêque de Langres, s'efforce en vain de les retenir; ils sortent en grand nombre. De toutes parts on demande à grands cris d'aller aux voix. Lally réclame encore une fois la parole : on la lui refuse, en accusant le président de l'avoir envoyé à la tribune; un membre va même jusqu'à demander au président s'il n'est pas las de fatiguer l'assemblée. Offensé de ces paroles, le président quitte le fauteuil, et la discussion est encore remise. Le lendemain 10 septembre, on lit une adresse de la ville de Rennes, déclarant le *veto* inadmissible, et traîtres à la patrie ceux qui le voteraient. Mounier et les siens s'irritent, et proposent de gourmander la municipalité. Mirabeau répond que l'assemblée n'est pas chargée de donner des leçons à des officiers municipaux, et qu'il faut passer à l'ordre du jour. La question des deux chambres est enfin mise aux voix, et, au bruit des applaudissements, l'unité de l'assemblée est décrétée. Quatre cent quatre-vingt-dix-neuf voix se déclarent pour une chambre, quatre-vingt-neuf pour deux; cent vingt-deux voix sont perdues, par l'effet de la crainte inspirée à beaucoup de députés.

Enfin arrive la question du *veto*. On avait trouvé un terme moyen, celui du *veto* suspensif, qui n'arrêtait que temporairement la loi, pendant une ou plusieurs législatures. On considérait cela comme un appel au peuple, parce que le roi, recourant à de nouvelles assemblées, et leur cédant si elles persistaient, semblait en appeler réellement à l'autorité nationale. Mounier et les siens s'y opposèrent; ils avaient raison dans le système de la monarchie anglaise, où le roi consulte la représentation nationale et n'obéit jamais; mais ils avaient tort dans la situation où ils s'étaient placés. Ils n'avaient voulu, disaient-ils, qu'empêcher une résolution précipitée. Or le *veto* suspensif produisait cet effet aussi bien que le *veto* absolu. Si la représentation persistait, la volonté nationale devenait manifeste; et, en admettant sa souveraineté, il était ridicule de lui résister indéfiniment.

Le ministère sentit en effet que le *veto* suspensif produisait matériellement l'effet du *veto* absolu, et Necker conseilla au roi de se donner les avantages d'un sacrifice volontaire, en adressant un mémoire à l'assemblée, dans lequel il demandait le *veto* suspensif. Le bruit s'en répandit, et on connut d'avance le but et l'esprit du mémoire. Il fut présenté le 11 septembre; chacun en connaissait le contenu. Il semble que Mounier, soutenant l'intérêt du trône, aurait dû n'avoir pas d'autres vues que le trône lui-même; mais les partis ont bientôt un intérêt distinct de ceux qu'ils servent. Mounier repoussa cette communication, en disant que, si le roi renonçait à une prérogative utile à la nation, on devait la lui donner malgré lui et dans l'intérêt public. Les rôles furent renversés, et les adversaires du roi soutinrent ici son intervention; mais leur effort fut inutile, et le mémoire fut durement repoussé. On s'expliqua de nouveau sur le mot sanction, on agita la question de savoir si elle serait nécessaire pour la constitution. Après avoir spécifié que le pouvoir constituant était supérieur aux pouvoirs constitués, il fut établi que la sanction ne pourrait s'exercer que sur les actes législatifs, mais point du tout sur les actes constitutifs, et que les derniers ne seraient que promulgués. Six cent soixante-treize voix se déclarèrent pour le *veto* suspensif, trois cent vingt-cinq pour le *veto* absolu. Ainsi furent résolus les articles fondamentaux de la nouvelle constitution. Mounier et Lally-Tolendal donnèrent aussitôt leur démission de membres du comité de constitution.

On avait porté jusqu'ici une foule de décrets sans jamais en offrir aucun à l'acceptation royale. Il fut résolu de présenter au roi les articles du 4 août. La question était de savoir si on demanderait la sanction ou la simple promulgation, en les considérant comme législatifs ou constitutifs. Maury et même Lally-Tolendal eurent la maladresse de soutenir qu'ils étaient législatifs, et de requérir la sanction, comme s'ils eussent attendu quelque obstacle de la puissance royale. Mirabeau, avec une rare justesse, soutint que les uns abolissaient le régime féodal et étaient éminemment constitutifs; que les autres étaient une pure munificence de la noblesse et du clergé, et que sans doute le clergé et la noblesse ne voulaient pas que le roi pût révoquer leurs libéralités. Chapelier ajouta qu'il ne fallait pas même supposer le consentement du roi nécessaire, puisqu'il les avait approuvés déjà, en acceptant le titre de restaurateur de la liberté française, et en assistant au *Te Deum*. En conséquence on pria le roi de faire une simple promulgation *.

Un membre proposa tout-à-coup l'hérédité de la couronne et l'inviolabilité de la personne royale. L'assemblée, qui voulait sincèrement du roi comme son premier magistrat héréditaire, vota ces deux articles par acclamation. On proposa l'inviolabilité de l'héritier présomptif; mais le duc de Mortemart remarqua aussitôt que les fils avaient quelquefois essayé de détrôner leur père, et qu'il fallait se laisser le moyen de les frapper. Sur ce motif, la proposition fut rejetée. Le député Arnoult, à propos de l'article sur l'hérédité de mâle en mâle et de branche en branche, proposa de confirmer les renonciations de la branche d'Espagne, faites dans le traité d'Utrecht. On soutint qu'il n'y avait pas lieu à délibérer, parce qu'il ne fallait pas s'aliéner un allié fidèle; Mirabeau se rangea de cet avis, et l'assemblée passa à l'ordre du jour. Tout-à-coup Mirabeau, pour faire une expérience qui a été mal jugée, voulut ramener la question qu'il avait contribué lui-même à éloigner. La maison d'Orléans se trouvait en concurrence

---

* Ces articles lui furent présentés le 10 septembre.

avec la maison d'Espagne, dans le cas d'extinction de la branche régnante. Mirabeau avait vu un grand acharnement à passer à l'ordre du jour. Étranger au duc d'Orléans quoique familier avec lui, comme il savait l'être avec tout le monde, il voulait néanmoins connaître l'état des partis, et voir quels étaient les amis et les ennemis du duc. La question de la régence se présentait : en cas de minorité, les frères du roi ne pouvaient pas être tuteurs de leur neveu, puisqu'ils étaient héritiers du pupille royal, et par conséquent peu intéressés à sa conservation. La régence appartenait donc au plus proche parent ; c'était ou la reine, ou le duc d'Orléans, ou la famille d'Espagne. Mirabeau propose donc de ne donner la régence qu'à un homme né en France. « La connaissance, dit-il, que j'ai de la géographie de l'assemblée, le point d'où sont partis les cris d'ordre du jour, me prouvent qu'il ne s'agit de rien moins ici que d'une domination étrangère, et que la proposition de ne pas délibérer, en apparence espagnole, est peut-être une proposition autrichienne. » Des cris s'élèvent à ces mots ; la discussion recommence avec une violence extraordinaire ; tous les opposants demandent encore l'ordre du jour. En vain Mirabeau leur répète-t-il a chaque instant qu'ils ne peuvent avoir qu'un motif, celui d'amener en France une domination étrangère; ils ne répondent point, parce qu'en effet ils préféreraient l'étranger au duc d'Orléans. Enfin, après une discussion de deux jours, on déclara de nouveau qu'il n'y avait pas lieu à délibérer. Mais Mirabeau avait obtenu ce qu'il voulait, en voyant se dessiner les partis. Cette tentative ne pouvait manquer de le faire accuser, et il passa dès lors pour un agent du parti d'Orléans*.

Tout agitée encore de cette discussion, l'assemblée reçut la réponse du roi aux articles du 4 août. Le roi en approuvait l'esprit, ne donnait à quelques-uns qu'une adhésion conditionnelle, dans l'espoir qu'on les modifierait en les faisant exécuter; il renouvelait sur la plupart les objections faites dans la discussion, et repoussées par l'assemblée. Mirabeau reparut encore à la tribune : « Nous n'avons pas, dit-il, examiné la supériorité du pouvoir constituant sur le pouvoir exécutif; nous avons en quelque sorte jeté un voile sur ces questions (l'assemblée en effet avait expliqué en sa faveur la manière dont elles devaient être entendues, sans rien décréter à cet

* Voyez la note 7 à la fin du volume.

égard); mais si l'on combat notre puissance constituante, on nous obligera à la déclarer. Qu'on en agisse franchement et sans mauvaise foi. Nous convenons des difficultés de l'exécution, mais nous ne l'exigeons pas. Ainsi nous demandons l'abolition des offices, mais en indiquant pour l'avenir le remboursement et l'hypothèque du remboursement; nous déclarons l'impôt qui sert de salaire au clergé destructif de l'agriculture, mais en attendant son remplacement nous ordonnons la perception de la dîme; nous abolissons les justices seigneuriales, mais en les laissant exister jusqu'à ce que d'autres tribunaux soient établis. Il en est de même des autres articles; ils ne renferment tous que des principes qu'il faut rendre irrévocables en les promulguant. D'ailleurs, fussent-ils mauvais, les imaginations sont en possession de ces arrêtés, on ne peut plus les leur refuser. Répétons ingénument au roi ce que le fou de Philippe II disait à ce prince si absolu : « Que ferais-tu, Philippe, si tout le monde disait oui quand tu dis non ? »

L'assemblée ordonna de nouveau à son président de retourner vers le roi, pour lui demander sa promulgation. Le roi l'accorda. De son côté, l'assemblée délibérant sur la durée du *veto* suspensif, l'étendit à deux législatures;

mais elle eut le tort de laisser voir que c'était en quelque sorte une récompense donnée à Louis XVI, pour les concessions qu'il venait de faire à l'opinion.

Tandis qu'au milieu des obstacles suscités par la mauvaise volonté des privilégiés et par les emportements populaires, l'assemblée poursuivait son but, d'autres embarras s'accumulaient devant elle, et ses ennemis en triomphaient. Ils espéraient qu'elle serait arrêtée par la détresse des finances, comme l'avait été la cour elle-même. Le premier emprunt de trente millions n'avait pas réussi : un second de quatre-vingts, ordonné sur une nouvelle proposition de Necker *, n'avait pas eu un résultat plus heureux. — Discutez, dit un jour M. Degouy d'Arcy, laissez s'écouler les délais, et à l'expiration des délais, nous ne serons plus.... Je vais vous apprendre des vérités terribles. — A l'ordre! à l'ordre! s'écrient les uns. — Non, non, parlez! répondent les autres. — Un député se lève : Continuez, dit-il à M. Degouy, répandez l'alarme et la terreur! Eh bien! qu'en arrivera-t-il? nous donnerons une partie de notre fortune, et tout sera fini. — M. Degouy continue : Les emprunts que

* Décret du 27 août.

ASSEMBLÉE CONSTITUANTE (1789). 171

vous avez votés n'ont rien fourni ; il n'y a pas dix millions au trésor. — A ces mots, on l'entoure de nouveau, on le blâme, on lui impose silence. Le duc d'Aiguillon, président du comité des finances, le dément en prouvant qu'il devait y avoir vingt-deux millions dans les caisses de l'état. Cependant on décrète que les samedis et vendredis seront spécialement consacrés aux finances.

Necker arrive enfin. Tout souffrant de ces efforts continuels, il renouvelle ses éternelles plaintes; il reproche à l'assemblée de n'avoir rien fait pour les finances, après cinq mois de travail. Les deux emprunts n'avaient pas réussi, parce que les troubles avaient détruit le crédit. Les capitaux se cachaient; ceux de l'étranger n'avaient point paru dans les emprunts proposés. L'émigration, l'éloignement des voyageurs, avaient encore diminué le numéraire; et il n'en restait pas même assez pour les besoins journaliers. Le roi et la reine avaient été obligés d'envoyer leur vaisselle à la monnaie. En conséquence Necker demande une contribution du quart du revenu, assurant que ces moyens lui paraissent suffisants. Un comité emploie trois jours à examiner ce plan, et l'approuve entièrement. Mirabeau, ennemi connu du ministre, prend le premier la parole, pour engager l'assemblée à consentir ce plan sans le discuter. « N'ayant pas, dit-il, le temps de l'apprécier, elle ne doit pas se charger de la responsabilité de l'événement, en approuvant ou en improuvant les moyens proposés. » D'après ce motif il conseille de voter de suite et de confiance. L'assemblée entraînée adhère à cette proposition, et ordonne à Mirabeau de se retirer pour rédiger le décret. Cependant l'enthousiasme se calme, les ennemis du ministre prétendent trouver des ressources où il n'en a pas vu. Ses amis au contraire attaquent Mirabeau, et se plaignent de ce qu'il a voulu l'écraser de la responsabilité des événements. Mirabeau rentre et lit son décret.—Vous poignardez le plan du ministre! s'écrie M. de Virieu. —Mirabeau, qui ne savait jamais reculer sans répondre, avoue franchement ses motifs; il convient qu'on le devine quand on a dit qu'il voulait faire peser sur M. Necker seul la responsabilité des événements; il dit qu'il n'a point l'honneur d'être son ami; mais que fût-il son ami le plus tendre, citoyen avant tout, il n'hésiterait pas à le compromettre lui plutôt que l'assemblée; qu'il ne croit pas que le royaume fût en péril quand M. Necker se serait trompé, et qu'au contraire le salut public serait très-compromis, si l'assemblée avait perdu son crédit et manqué une opération décisive. Il propose ensuite une adresse pour exciter le patriotisme national et appuyer le projet du ministre.

On l'applaudit, mais on discute encore. On fait mille propositions, et le temps s'écoule en vaines subtilités. Fatigué de tant de contradictions, frappé de l'urgence des besoins, il remonte une dernière fois à la tribune, s'en empare, fixe de nouveau la question avec une admirable netteté, et montre l'impossibilité de se soustraire à la nécessité du moment. Son génie s'enflammant alors, il peint les horreurs de la banqueroute; il la présente comme un impôt désastreux qui, au lieu de peser légèrement sur tous, ne pèse que sur quelques-uns qu'elle écrase; il la montre comme un gouffre où l'on précipite des victimes vivantes, et qui ne se referme pas même après les avoir dévorées, car on n'en doit pas moins, même après avoir refusé de payer. Remplissant enfin l'assemblée de terreur : « L'autre jour, dit-il, à propos d'une ridicule motion du Palais-Royal, on s'est écrié : Catilina est aux portes de Rome, et vous délibérez! et certes, il n'y avait ni Catilina, ni péril, ni Rome; et aujourd'hui la hideuse banqueroute est là, elle menace de consumer, vous, votre honneur, vos fortunes, et vous délibérez *! »

* Séances des 24 et 26 septembre.

A ces mots, l'assemblée transportée se lève en poussant des cris d'enthousiasme. Un député veut répondre; il s'avance, mais, effrayé de sa tâche, il demeure immobile et sans voix. Alors l'assemblée déclare que, ouï le rapport du comité, elle adopte de confiance le plan du ministre des finances. C'était là un bonheur d'éloquence; mais il ne pouvait arriver qu'à celui qui avait tout à la fois la raison et les passions de Mirabeau.

CHAPITRE IV.

Intrigues de la cour. — Repas des gardes-du-corps et des officiers du régiment de Flandre à Versailles. — Journées des 4, 5 et 6 octobre; scènes tumultueuses et sanglantes. Attaque du château de Versailles par la multitude. — Le roi vient demeurer à Paris. — État des partis. — Le duc d'Orléans quitte la France. — Négociations de Mirabeau avec la cour. — L'assemblée se transporte à Paris. — Loi sur les biens du clergé. — Serment civique. — Traité de Mirabeau avec la cour — Bouillé. — Affaire Favras. — Plans contre-révolutionnaires. — Clubs des Jacobins et des Feuillants.

Tandis que l'assemblée portait ainsi les mains sur toutes les parties de l'édifice, de grands événements se préparaient. Par la réunion des ordres, la nation avait recouvré la toute-puissance législative et constituante. Par le 14 juillet, elle s'était armée pour soutenir ses représentants. Ainsi le roi et l'aristocratie restaient isolés et désarmés, n'ayant plus pour eux que le sentiment de leurs droits, que personne ne partageait, et placés en présence d'une nation prête à tout concevoir et à tout exécuter. La cour cependant, retirée dans une petite ville uniquement peuplée de ses serviteurs, était en quelque sorte hors de l'influence populaire, et pouvait même tenter un coup de main sur l'assemblée. Il était naturel que Paris, situé à quelques lieues de Versailles, Paris, capitale du royaume, et séjour d'une immense multitude, tendît à ramener le roi dans son sein, pour le soustraire à toute influence aristocratique, et pour recouvrer les avantages que la présence de la cour et du gouvernement procure à une ville. Après avoir réduit l'autorité du roi, il ne restait plus qu'à s'assurer de sa personne. Ainsi le voulait le cours des événements, et de toutes parts on entendait ce cri : *Le roi à Paris!* L'aristocratie ne songeait plus à se défendre contre de nouvelles pertes. Elle dédaignait trop ce qui lui restait pour s'occuper de le conserver; elle désirait donc un violent changement, tout comme le parti populaire. Une révolution est infaillible, quand deux partis se réunissent pour la vouloir. Tous deux contribuent à l'événement, et le plus fort profite du résultat. Tandis que les patriotes désiraient conduire le roi à Paris, la cour méditait de le conduire à Metz. Là, dans une place forte, il eût ordonné ce qu'il eût voulu, ou pour mieux dire, tout ce qu'on aurait voulu pour lui. Les courtisans formaient des plans, faisaient courir des projets, cherchaient à enrôler du monde, et, se livrant à de vaines espérances, se trahissaient par d'imprudentes menaces. D'Estaing, naguère si célèbre à la tête de nos escadres, commandait la garde nationale de Versailles. Il voulait être fidèle à la nation et à la cour, rôle difficile, toujours calomnié, et qu'une grande fermeté peut seule rendre honorable. Il apprit les menées des courtisans. Les plus grands personnages étaient au nombre des machinateurs; les témoins les plus dignes de foi lui avaient été cités, et il écrivit à la reine une lettre très-connue, où il lui parlait avec une fermeté respectueuse de l'inconvenance et du danger de telles menées. Il ne déguisa rien et nomma tout le monde[*]. La lettre fut sans effet. En essayant de pareilles entreprises, la reine devait s'attendre à des remontrances, et ne pas s'en étonner.

A la même époque, une foule d'hommes nouveaux parurent à Versailles; on y vit même

[*] Voyez la note 8 à la fin du volume.

des uniformes inconnus. On retint la compagnie des gardes-du-corps, dont le service venait d'être achevé; quelques dragons et chasseurs des Trois-Évêchés furent appelés. Les gardes-françaises, qui avaient quitté le service du roi, irrités qu'on le confiât à d'autres, voulurent se rendre à Versailles pour le reprendre. Sans doute ils n'avaient aucune raison de se plaindre, puisqu'ils avaient eux-mêmes abandonné ce service; mais ils furent, dit-on, excités à ce projet. On a prétendu, dans le temps, que c'était la cour qui avait voulu par ce moyen effrayer le roi, et l'entraîner à Metz. Un fait prouve assez cette intention : depuis les émeutes du Palais-Royal, Lafayette, pour défendre le passage de Paris à Versailles, avait placé un poste à Sèvres. Il fut obligé de l'en retirer, sur la demande des députés de la droite. Lafayette parvint à arrêter les gardes-françaises, et à les détourner de leur projet. Il écrivit confidentiellement au ministre Saint-Priest, pour lui apprendre ce qui s'était passé, et le rassurer entièrement. Saint-Priest, abusant de la lettre, la montra à d'Estaing; celui-ci la communiqua aux officiers de la garde nationale de Versailles et à la municipalité, pour les instruire des dangers qui avaient menacé la ville, et de ceux qui pourraient la menacer encore. On proposa d'appeler le régiment de

Flandre; grand nombre de bataillons de la garde de Versailles s'y opposèrent, mais la municipalité n'en fit pas moins sa réquisition, et le régiment fut appelé. C'était peu qu'un régiment contre l'assemblée, mais c'était assez pour enlever le roi et protéger son évasion. D'Estaing instruisit l'assemblée nationale des mesures qui avaient été prises, et obtint son approbation. Le régiment arriva : l'appareil militaire qui le suivait, quoique peu considérable, ne laissa pas que d'exciter des murmures. Les gardes-du-corps, les courtisans s'emparèrent des officiers, les comblèrent de caresses, et, comme avant le 14 juillet, on parut se coaliser, s'entendre et concevoir de grandes espérances.

La confiance de la cour augmentait la méfiance de Paris, et bientôt des fêtes irritèrent la misère du peuple. Le 2 octobre, les gardes-du-corps imaginent de donner un repas aux officiers de la garnison. Ce repas est servi dans la salle du théâtre. Les loges sont remplies de spectateurs de la cour. Les officiers de la garde nationale sont au nombre des convives; une gaieté très-vive règne pendant le festin, et bientôt les vins la changent en exaltation. On introduit alors les soldats des régiments. Les convives, l'épée nue, portent la santé de la famille royale; celle de la nation est refusée, ou du moins omise; les trompettes sonnent la charge, on escalade les loges en poussant des cris; on entonne ce chant si expressif et si connu : *O Richard! ô mon roi! l'univers t'abandonne!* on se promet de mourir pour le roi, comme s'il eût été dans le plus grand danger; enfin le délire n'a plus de bornes. Des cocardes blanches ou noires, mais toutes d'une seule couleur, sont partout distribuées. Les jeunes femmes, les jeunes hommes, s'animent de souvenirs chevaleresques. C'est dans ce moment que la cocarde nationale est, dit-on, foulée aux pieds. Ce fait a été nié depuis, mais le vin ne rend-il pas tout croyable et tout excusable? Et d'ailleurs, pourquoi ces réunions qui ne produisent d'une part qu'un dévouement trompeur, et qui excitent de l'autre une irritation réelle et terrible? Dans ce moment on court chez la reine; elle consent à venir au repas. On entoure le roi qui revenait de la chasse, et il est entraîné aussi; on se précipite aux pieds de tous deux, et on les reconduit comme en triomphe jusqu'à leur appartement. Sans doute, il est doux, quand on se croit dépouillé, menacé, de retrouver des amis; mais pourquoi faut-il qu'on se trompe ainsi sur ses droits, sur sa force et sur ses moyens?

Le bruit de cette fête se répandit bientôt, et sans doute l'imagination populaire, en rapportant les faits, ajouta sa propre exagération à celle qu'avait produite le festin. Les promesses faites au roi furent prises pour des menaces faites à la nation, cette prodigalité fut regardée comme une insulte à la misère publique, et les cris *à Versailles!* recommencèrent plus violents que jamais. Ainsi les petites causes se réunissaient pour aider l'effet des causes générales. Des jeunes gens se montrèrent à Paris avec des cocardes noires, ils furent poursuivis; l'un d'eux fut traîné par le peuple, et la commune se vit obligée de défendre les cocardes d'une seule couleur.

Le lendemain du funeste repas, une nouvelle scène à peu près pareille eut lieu dans un déjeuner donné par les gardes-du-corps, dans la salle du manège. On se présenta de nouveau à la reine, qui dit qu'elle avait été satisfaite de la journée du jeudi; on l'écoutait volontiers, parce que, moins réservée que le roi, on attendait de sa bouche l'aveu des sentiments de la cour; et toutes ses paroles étaient répétées. L'irritation fut au comble, et on dut s'attendre aux plus sinistres événements. Un mouvement convenait au peuple et à la cour: au peuple, pour s'emparer du roi; à la cour, pour que l'effroi l'entraînât à Metz. Il convenait aussi au duc d'Orléans, qui espérait obtenir la lieutenance du royaume, si le roi venait à s'éloigner; on a même dit que ce prince allait jusqu'à espérer la couronne, ce qui n'est guère croyable, car il n'avait pas assez d'audace d'esprit pour une si grande ambition. Les avantages qu'il avait lieu d'attendre de cette nouvelle insurrection l'ont fait accuser d'y avoir participé; cependant il n'en est rien. Il ne peut avoir déterminé l'impulsion, car elle résultait de la force des choses; il paraît tout au plus l'avoir secondée; et, même à cet égard, une procédure immense, et le temps qui apprend tout, n'ont manifesté aucune trace d'un plan concerté. Sans doute le duc d'Orléans n'a été là, comme pendant toute la révolution, qu'à la suite du mouvement populaire, répandant peut-être un peu d'or, donnant lieu à des propos, et n'ayant que de vagues espérances.

Le peuple, ému par les discussions sur le *veto*, irrité par les cocardes noires, vexé par des patrouilles continuelles, et souffrant de la faim, était soulevé. Bailly et Necker n'avaient rien oublié pour faire abonder les subsistances; mais, soit la difficulté des transports, soit les pillages qui avaient lieu sur la route, soit surtout l'impossibilité de suppléer au mouvement spontané du commerce, les farines manquaient. Le 4 octobre, l'agitation fut plus grande que jamais. On parlait du départ du roi pour Metz, et de la nécessité d'aller le chercher à Versailles; on épiait les cocardes noires, on demandait du pain. De nombreuses patrouilles réussirent à contenir le peuple. La nuit fut assez calme. Le lendemain 5, les attroupements recommencèrent dès le matin. Les femmes se portèrent chez les boulangers; le pain manquait, et elles coururent à l'Hôtel-de-Ville pour s'en plaindre aux représentants de la commune. Ceux-ci n'étaient pas encore en séance, et un bataillon de la garde nationale était rangé sur la place. Des hommes se joignirent à ces femmes, mais elles n'en voulurent pas, disant que les hommes ne savaient pas agir. Elles se précipitèrent alors sur le bataillon, et le firent reculer à coups de pierres. Dans ce moment, une porte ayant été enfoncée, l'Hôtel-de-Ville fut envahi, les brigands à piques s'y précipitèrent avec les femmes, et voulurent y mettre le feu. On parvint à les écarter, mais ils s'emparèrent de la porte qui conduisait à la grande cloche, et sonnèrent le tocsin. Les faubourgs alors se mirent en mouvement. Un citoyen nommé Maillard, l'un de ceux qui s'étaient signalés à la prise de la Bastille, consulta l'officier qui commandait le bataillon de la garde nationale, pour chercher un moyen de délivrer l'Hôtel-de-Ville de ces femmes furieuses. L'officier n'osa approuver le moyen qu'il proposait; c'était de les réunir, sous prétexte d'aller à Versailles, mais sans cependant les y conduire. Néanmoins Maillard se décida, prit un tambour, et les entraîna bientôt à sa suite. Elles portaient des bâtons, des manches à balai, des fusils et des coutelas. Avec cette singulière armée, il descendit le quai, traversa le Louvre, fut forcé malgré lui de conduire ces femmes à travers les Tuileries, et arriva aux Champs-Élysées. Là, il parvint à les désarmer, en leur faisant entendre qu'il valait mieux se présenter à l'assemblée comme des suppliantes que comme des furies en armes. Elles y consentirent, et Maillard fut obligé de les conduire à Versailles, car il n'était plus possible de les en détourner. Tout en ce moment tendait vers ce but. Des hordes partaient en traînant des canons; d'autres entouraient la garde nationale, qui elle-même entourait son chef pour l'entraîner à Versailles, but de tous les vœux.

Pendant ce temps, la cour était tranquille; mais l'assemblée recevait en tumulte un message du roi. Elle avait présenté à son accepta-

tion les articles constitutionnels et la déclaration des droits. La réponse devait être une acceptation pure et simple, avec la promesse de promulguer. Pour la seconde fois, le roi, sans trop s'expliquer, adressait des observations à l'assemblée; il donnait son *accession* aux articles constitutionnels, sans cependant les approuver; il trouvait de bonnes maximes dans la déclaration des droits, mais elles avaient besoin d'explications; le tout enfin ne pouvait être jugé, disait-il, que lorsque l'ensemble de la constitution serait achevé. C'était là sans doute une opinion soutenable; beaucoup de publicistes la partageaient; mais convenait-il de l'exprimer dans le moment? A peine cette réponse est-elle lue, que des plaintes s'élèvent. Robespierre dit que le roi n'a pas à critiquer l'assemblée; Duport, que cette réponse devait être contre-signée d'un ministre responsable. Pétion en prend occasion de rappeler le repas des gardes-du-corps, et il dénonce les imprécations proférées contre l'assemblée. Grégoire parle de la disette, et demande pourquoi une lettre a été adressée à un meunier avec promesse de deux cents livres par semaine, s'il ne voulait pas moudre. La lettre ne prouvait rien, car tous les partis pouvaient l'avoir écrite; cependant elle excite un grand tumulte, et M. de

Monspey somme Pétion de signer sa dénonciation. Alors Mirabeau, qui avait désapprouvé à la tribune même la démarche de Pétion et de Grégoire, se présente pour répondre à M. de Monspey. « J'ai désapprouvé tout le premier, dit-il, ces dénonciations impolitiques; mais, puisqu'on insiste, je dénoncerai moi-même, et je signerai, quand on aura déclaré qu'il n'y a d'inviolable en France que le roi. » A cette terrible apostrophe, on se tait, et on revient à la réponse du roi. Il était onze heures du matin; on apprend les mouvements de Paris. Mirabeau s'avance vers le président Mounier, qui, récemment élu malgré le Palais-Royal, et menacé d'une chute glorieuse, allait déployer dans cette triste journée une indomptable fermeté; Mirabeau s'approche de lui : — Paris, lui dit-il, marche sur nous; trouvez-vous mal, allez au château dire au roi d'accepter purement et simplement. — Paris marche, tant mieux, répond Mounier; qu'on nous tue tous, mais tous; l'état y gagnera. — Le mot est vraiment joli, reprend Mirabeau, et il retourne à sa place. La discussion continue jusqu'à trois heures, et on décide que le président se rendra auprès du roi, pour lui demander son acceptation pure et simple. Dans le moment où Mounier allait sortir pour aller au château, on annonce une députation; c'était Maillard et les femmes qui l'avaient suivi. Maillard demande à entrer et à parler; il est introduit, les femmes se précipitent à sa suite et pénètrent dans la salle. Il expose alors ce qui s'est passé, le défaut de pain et le désespoir du peuple; il parle de la lettre adressée au meunier, et prétend qu'une personne rencontrée en route leur a dit qu'un curé était chargé de la dénoncer. Ce curé était Grégoire, et, comme on vient de le voir, il avait fait la dénonciation. Une voix accuse alors l'évêque de Paris, Juigné, d'être l'auteur de la lettre. Des cris d'indignation s'élèvent pour repousser l'imputation faite au vertueux prélat. On rappelle à l'ordre Maillard et sa députation. On lui dit que des moyens ont été pris pour approvisionner Paris, que le roi n'a rien oublié, qu'on va le supplier de prendre de nouvelles mesures, qu'il faut se retirer, et que le trouble n'est pas le moyen de faire cesser la disette. Mounier sort alors pour se rendre au château; mais les femmes l'entourent, et veulent l'accompagner; il s'y refuse d'abord, mais il est obligé d'en admettre six. Il traverse les hordes arrivées de Paris, qui étaient armées de piques, de haches, de bâtons ferrés. Il pleuvait abondamment. Un détachement de gardes-du-corps fond sur l'attroupement qui entourait le président, et le disperse; mais les femmes rejoignent bientôt Mounier, et il arrive au château, où le régiment de Flandre, les dragons, les Suisses et la milice nationale de Versailles étaient rangés en bataille. Au lieu de six femmes, il est obligé d'en introduire douze; le roi les accueille avec bonté, et déplore leur détresse; elles sont émues. L'une d'elles, jeune et belle, est interdite à la vue du monarque, et peut à peine prononcer ce mot: *Du pain.* Le roi, touché, l'embrasse, et les femmes s'en retournent attendries par cet accueil. Leurs compagnes les reçoivent à la porte du château; elles ne veulent pas croire leur rapport, disent qu'elles se sont laissé séduire, et se préparent à les déchirer. Les gardes-du-corps, commandés par le comte de Guiche, accourent pour les dégager; des coups de fusil partent de divers côtés, deux gardes tombent, et plusieurs femmes sont blessées. Non loin de là, un homme du peuple à la tête de quelques femmes, pénètre à travers les rangs des bataillons, et s'avance jusqu'à la grille du château. M. de Savonnières le poursuit, mais il reçoit un coup de feu qui lui casse le bras. Ces escarmouches produisent de part et d'autre une plus grande irritation. Le roi, instruit du danger, fait ordonner à ses gardes de ne pas faire feu, et de

se retirer dans leur hôtel. Tandis qu'ils se retirent, quelques coups de fusil sont échangés entre eux et la garde nationale de Versailles, sans qu'on puisse savoir de quelle part ont été tirés les premiers coups.

Pendant ce désordre, le roi tenait conseil, et Mounier attendait impatiemment sa réponse. Ce dernier lui faisait répéter à chaque instant que ses fonctions l'appelaient à l'assemblée, que la nouvelle de la sanction calmerait tous les esprits, et qu'il allait se retirer, si on ne lui répondait point, car il ne voulait pas s'absenter plus long-temps de son poste. On agitait au conseil si le roi partirait; le conseil dura de six à dix heures du soir, et le roi, dit-on, ne voulut pas laisser la place vacante au duc d'Orléans. On voulait faire partir la reine et les enfants, mais la foule arrêta les voitures à l'instant où elles parurent, et d'ailleurs la reine était courageusement résolue à ne pas se séparer de son époux. Enfin, vers les dix heures, Mounier reçut l'acceptation pure et simple, et retourna à l'assemblée. Les députés s'étaient séparés, et les femmes occupaient la salle. Il leur annonça l'acceptation du roi, ce qu'elles reçurent à merveille, en lui demandant si leur sort en serait meilleur, et surtout si elles auraient du pain. Mounier leur répondit le mieux qu'il put, et leur fit distribuer tout le pain qu'il fut possible de se procurer. Dans cette nuit, où les torts sont si difficiles à fixer, la municipalité eut celui de ne pas pourvoir aux besoins de cette foule affamée, que le défaut de pain avait fait sortir de Paris, et qui depuis n'avait pas dû en trouver sur les routes.

Dans ce moment, on apprit l'arrivée de Lafayette. Il avait lutté pendant huit heures contre la milice nationale de Paris, qui voulait se porter à Versailles. Un de ses grenadiers lui avait dit : « Général, vous ne nous trompez pas, mais on vous trompe. Au lieu de tourner nos armes contre les femmes, allons à Versailles chercher le roi, et nous assurer de ses dispositions en le plaçant au milieu de nous. » Lafayette avait résisté aux instances de son armée et aux flots de la multitude. Ses soldats n'étaient point à lui par la victoire, mais par l'opinion ; et, leur opinion l'abandonnant, il ne pouvait plus les conduire. Malgré cela, il était parvenu à les arrêter jusqu'au soir ; mais sa voix ne s'étendait qu'à une petite distance, et au-delà rien n'arrêtait la fureur populaire. Sa tête avait été plusieurs fois menacée, et néanmoins il résistait encore. Cependant il savait que des hordes partaient continuellement de

Paris; l'insurrection se transportant à Versailles, son devoir était de l'y suivre. La commune lui ordonna de s'y rendre, et il partit. Sur la route, il arrêta son armée, lui fit prêter serment d'être fidèle au roi, et arriva à Versailles vers minuit. Il annonça à Mounier que l'armée avait promis de remplir son devoir, et que rien ne serait fait de contraire à la loi. Il courut au château, il y parut plein de respect et de douleur, fit connaître au roi les précautions qui avaient été prises, et l'assura de son dévouement et de celui de l'armée. Le roi parut tranquillisé, et se retira pour se livrer au repos. La garde du château avait été refusée à Lafayette, on ne lui avait donné que les postes extérieurs. Les autres postes étaient destinés au régiment de Flandre, dont les dispositions n'étaient pas sûres, aux Suisses et aux gardes-du-corps. Ceux-ci d'abord avaient reçu ordre de se retirer. Ils avaient été rappelés ensuite, et n'ayant pu se réunir, ils ne se trouvaient qu'en petit nombre à leur poste. Dans le trouble qui régnait, tous les points accessibles n'avaient pas été défendus; une grille même était demeurée ouverte. Lafayette fit occuper les postes extérieurs qui lui avaient été confiés, et aucun d'eux ne fut forcé ni même attaqué.

L'assemblée, malgré le tumulte, avait repris

sa séance, et elle poursuivait une discussion sur les lois pénales avec l'attitude la plus imposante. De temps en temps, le peuple interrompait la discussion en demandant du pain. Mirabeau, fatigué, s'écria d'une voix forte que l'assemblée n'avait à recevoir la loi de personne, et qu'elle ferait vider les tribunes. Le peuple couvrit son apostrophe d'applaudissements; néanmoins il ne convenait pas à l'assemblée de résister davantage. Lafayette, ayant fait dire à Mounier que tout lui paraissait tranquille, et qu'il pouvait renvoyer les députés, l'assemblée se sépara vers le milieu de la nuit, en s'ajournant au lendemain 6, à onze heures.

Le peuple s'était répandu çà et là, et paraissait calmé. Lafayette avait lieu d'être rassuré par le dévouement de son armée, qui en effet ne se démentit point, et par le calme qui semblait régner partout. Il avait assuré l'hôtel des gardes-du-corps, et répandu de nombreuses patrouilles. A cinq heures du matin il était encore debout. Croyant alors tout apaisé, il prit un breuvage, et se jeta sur un lit, pour prendre un repos dont il était privé depuis vingt-quatre heures *.

Dans cet instant, le peuple commençait à

* Voir la note 9 à la fin du volume.

se réveiller, et parcourait déjà les environs du château. Une rixe s'engage avec un garde-du-corps qui fait feu des fenêtres ; les brigands s'élancent aussitôt, traversent la grille qui était restée ouverte, montent un escalier qu'ils trouvent libre, et sont enfin arrêtés par deux gardes-du-corps qui se défendent héroïquement, et ne cèdent le terrain que pied à pied, en se retirant de porte en porte. L'un de ces généreux serviteurs était Miomandre. « Sauvez la reine ! » s'écrie-t-il. Ce cri est entendu, et la reine se sauve tremblante auprès du roi. Tandis qu'elle s'enfuit, les brigands se précipitent, trouvent la couche royale abandonnée, et veulent pénétrer au-delà ; mais ils sont arrêtés de nouveau par les gardes-du-corps retranchés en grand nombre sur ce point. Dans ce moment, les gardes-françaises appartenant à Lafayette, et postés près du château, entendent le tumulte, accourent, et dispersent les brigands. Ils se présentent à la porte derrière laquelle étaient retranchés les gardes-du-corps : « Ouvrez, leur crient-ils, les gardes-françaises n'ont pas oublié qu'à Fontenoi vous avez sauvé leur régiment ! » On ouvre et on s'embrasse.

Le tumulte régnait au dehors. Lafayette, qui reposait à peine depuis quelques instants, et qui ne s'était pas même endormi, entend du bruit, s'élance sur le premier cheval, se précipite au milieu de la mêlée, et y trouve plusieurs gardes-du-corps qui allaient être égorgés. Tandis qu'il les dégage, il ordonne à sa troupe de courir au château, et demeure presque seul au milieu des brigands. L'un d'eux le couche en joue; Lafayette, sans se troubler, commande au peuple de le lui amener; le peuple saisit aussitôt le coupable, et, sous les yeux de Lafayette, brise sa tête contre les pavés. Lafayette, après avoir sauvé les gardes-du-corps, vole au château avec eux, et y trouve ses grenadiers qui s'y étaient déja rendus. Tous l'entourent et lui promettent de mourir pour le roi. En ce moment, les gardes-du-corps arrachés à la mort criaient *vive Lafayette!* La cour entière, qui se voyait sauvée par lui et sa troupe, reconnaissait lui devoir la vie; les témoignages de reconnaissance étaient universels. Madame Adélaïde, tante du roi, accourt, le serre dans ses bras en lui disant: Général, vous nous avez sauvés!

Le peuple en ce moment demandait à grands cris que Louis XVI se rendît à Paris. On tient conseil. Lafayette, invité à y prendre part, s'y refuse pour n'en pas gêner la liberté. Il est enfin décidé que la cour se rendra au vœu du peuple. Des billets portant cette nouvelle sont

bruit, s'élance sur le premier cheval, se pré-

jetés par les fenêtres. Louis XVI se présente alors au balcon, accompagné du général, et les cris de *vive le roi* l'accueillent. Mais il n'en est pas ainsi pour la reine ; des voix menaçantes s'élèvent contre elle. Lafayette l'aborde : Madame, lui dit-il, que voulez-vous faire? — Accompagner le roi, répond la reine avec courage. — Suivez-moi donc, reprend le général, et il la conduit tout étonnée sur le balcon. Quelques menaces sont faites par des hommes du peuple. Un coup funeste pouvait partir : les paroles ne pouvaient être entendues, il fallait frapper les yeux. S'inclinant alors, et prenant la main de la reine, le général la baise respectueusement. Ce peuple de Français est transporté à cette vue, et il confirme la réconciliation par les cris de *vive la reine! vive Lafayette!* La paix n'était pas encore faite avec les gardes-du-corps. Ne ferez-vous rien pour mes gardes? dit le roi à Lafayette. Celui-ci en prend un, le conduit sur le balcon, et l'embrasse en lui mettant sa bandoulière. Le peuple approuve de nouveau, et ratifie par ses applaudissements cette nouvelle réconciliation.

L'assemblée n'avait pas cru de sa dignité de se rendre auprès du monarque, quoiqu'il l'eût demandé. Elle s'était contentée d'envoyer auprès de lui une députation de trente-six membres. Dès qu'elle apprit son départ, elle fit un décret portant qu'elle était inséparable de la personne du monarque, et désigna cent députés pour l'accompagner à Paris. Le roi reçut le décret et se mit en route.

Les principales bandes étaient déjà parties. Lafayette les avait fait suivre par un détachement de l'armée pour les empêcher de revenir sur leurs pas. Il avait donné ordre qu'on désarmât les brigands qui portaient au bout de leurs piques les têtes de deux gardes-du-corps. Cet horrible trophée leur fut arraché, et il n'est point vrai qu'il ait précédé la voiture du roi.

Louis XVI revint enfin au milieu d'une affluence considérable, et fut reçu par Bailly à l'Hôtel-de-Ville.—Je reviens avec confiance, dit le roi, au milieu de mon peuple de Paris.—Bailly rapporte ces paroles à ceux qui ne pouvaient les entendre, mais il oublie le mot *confiance*. —Ajoutez *avec confiance*, dit la reine.—Vous êtes plus heureux, reprend Bailly, que si je l'avais prononcé moi-même.

La famille royale se rendit au palais des Tuileries, qui n'avait pas été habité depuis un siècle, et dans lequel on n'avait eu le temps de faire aucun des préparatifs nécessaires. La garde en fut confiée aux milices parisiennes, et Lafayette se trouva ainsi chargé de répondre envers la nation de la personne du roi, que tous les partis se disputaient. Les nobles voulaient le conduire dans une place forte pour user en son nom du despotisme; le parti populaire, qui ne songeait point encore à s'en passer, voulait le garder pour compléter la constitution, et ôter un chef à la guerre civile. Aussi la malveillance des privilégiés appela-t-elle Lafayette un geôlier; et pourtant sa vigilance ne prouvait qu'une chose, le désir sincère d'avoir un roi.

Dès ce moment la marche des partis se prononce d'une manière nouvelle. L'aristocratie, éloignée de Louis XVI, et ne pouvant exécuter aucune entreprise à ses côtés, se répand à l'étranger et dans les provinces. C'est depuis lors que l'émigration commence à devenir considérable. Un grand nombre de nobles s'enfuient à Turin, auprès du comte d'Artois, qui avait trouvé un asile chez son beau-père. Là, leur politique consiste à exciter les départements du Midi et à supposer que le roi n'est pas libre. La reine, qui est autrichienne, et de plus ennemie de la nouvelle cour formée à Turin, tourne ses espérances vers l'Autriche. Le roi, au milieu de ces menées, voit tout, n'empêche rien, et attend son salut de quelque part qu'il vienne. Par intervalle, il fait les désaveux exigés par l'assemblée, et n'est réellement pas libre, pas plus qu'il ne l'eût été à Turin ou à Coblentz, pas plus qu'il ne l'avait été sous Maurepas, car le sort de la faiblesse est d'être partout dépendante.

Le parti populaire triomphant désormais, se trouve partagé entre le duc d'Orléans, Lafayette, Mirabeau, Barnave et les Lameth. La voix publique accusait le duc d'Orléans et Mirabeau d'être auteurs de la dernière insurrection. Des témoins, qui n'étaient pas indignes de confiance, assuraient avoir vu le duc et Mirabeau sur le déplorable champ de bataille du 6 octobre. Ces faits furent démentis plus tard; mais, dans le moment, on y croyait. Les conjurés avaient voulu éloigner le roi, et même le tuer, disaient les plus hardis calomniateurs. Le duc d'Orléans, ajoutait-on, avait voulu être lieutenant du royaume, et Mirabeau ministre. Aucun de ces projets n'ayant réussi, Lafayette paraissant les avoir déjoués par sa présence, passait pour sauveur du roi et pour vainqueur du duc d'Orléans et de Mirabeau. La cour, qui n'avait pas encore eu le temps de devenir ingrate, avouait Lafayette comme son sauveur, et dans cet instant la puissance du général semblait immense. Les patriotes exaltés en étaient effarouchés, et murmuraient déjà le nom de Cromwell. Mirabeau, qui, comme on le verra bientôt, n'avait rien de commun avec le duc d'Orléans, était jaloux de Lafayette, et l'appelait Cromwell-Grandisson. L'aristocratie secondait ces méfiances, et y ajoutait ses propres calomnies. Mais Lafayette était déterminé, malgré tous les obstacles, à soutenir le roi et la constitution. Pour cela, il résolut d'abord d'écarter le duc d'Orléans, dont la présence donnait lieu à beaucoup de bruits, et pouvait fournir, sinon les moyens, du moins le prétexte des troubles. Il eut une entrevue avec le prince, l'intimida par sa fermeté, et l'obligea à s'éloigner. Le roi, qui était dans ce projet, feignit, avec sa faiblesse ordinaire, d'être contraint à cette mesure; et en écrivant au duc d'Orléans, il lui dit qu'il fallait que lui ou M. de Lafayette se retirassent; que dans l'état des opinions le choix n'était pas douteux, et qu'en conséquence il lui donnait une commission pour l'Angleterre. On a su depuis que M. de Montmorin, ministre des affaires étrangères, pour se délivrer de l'ambition du duc d'Orléans, l'avait dirigée sur les Pays-Bas, alors insurgés contre l'Autriche, et qu'il lui avait fait espérer le titre de duc de Brabant*. Ses

* Voyez les Mémoires de Dumouriez.

amis, en apprenant cette résolution, s'irritèrent de sa faiblesse. Plus ambitieux que lui, ils ne voulaient pas qu'il cédât; ils se portèrent chez Mirabeau, et l'engagèrent à dénoncer à la tribune les violences que Lafayette exerçait envers le prince. Mirabeau, jaloux déjà de la popularité du général, fit dire au duc et à lui qu'il allait les dénoncer tous deux à la tribune, si le départ pour l'Angleterre avait lieu. Le duc d'Orléans fut ébranlé; une nouvelle sommation de Lafayette le décida; et Mirabeau, recevant à l'assemblée un billet qui lui annonçait la retraite du prince, s'écria avec dépit : *Il ne mérite pas la peine qu'on se donne pour lui**. Ce mot et beaucoup d'autres aussi inconsidérés l'ont fait accuser souvent d'être un des agents du duc d'Orléans; cependant il ne le fut jamais. Sa détresse, l'imprudence de ses propos, sa familiarité avec le duc d'Orléans, qui était d'ailleurs la même avec tout le monde, sa proposition pour la succession d'Espagne, enfin son opposition au départ du duc, devaient exciter les soupçons; mais il n'en est pas moins vrai que Mirabeau était sans parti, sans même aucun autre but que de détruire l'aristocratie et le pouvoir arbitraire.

* Voyez la note 10 à la fin du volume.

Les auteurs de ces suppositions auraient dû savoir que Mirabeau était réduit alors à emprunter les sommes les plus modiques, ce qui n'aurait pas eu lieu s'il eût été l'agent d'un prince immensément riche, et qu'on disait presque ruiné par ses partisans. Mirabeau avait déjà pressenti la dissolution prochaine de l'état. Une conversation avec un ami intime, qui dura une nuit tout entière, dans le parc de Versailles, détermina chez lui un plan tout nouveau; et il se promit pour sa gloire, pour le salut de l'état, pour sa propre fortune enfin (car Mirabeau était homme à conduire tous ces intérêts ensemble), de demeurer inébranlable entre les désorganisateurs et le trône, et de consolider la monarchie en s'y faisant une place. La cour avait tenté de le gagner, mais on s'y était pris gauchement et sans les ménagements convenables avec un homme d'une grande fierté, et qui voulait conserver sa popularité, à défaut de l'estime qu'il n'avait pas encore. Malouet, ami de Necker et lié avec Mirabeau, voulait les mettre tous deux en communication. Mirabeau s'y était souvent refusé*, persuadé qu'il ne pourrait jamais s'accorder

* MM. Malouet et Bertrand de Molleville n'ont pas craint d'écrire le contraire, mais le fait que nous avançons est attesté par les témoins les plus dignes de foi.

avec le ministre. Il y consentit cependant. Mâlouet l'introduisit, et l'incompatibilité des deux caractères fut mieux sentie encore après cet entretien, où, de l'aveu de tous ceux qui étaient présents, Mirabeau déploya la supériorité qu'il avait dans la vie privée aussi bien qu'à la tribune. On répandit qu'il avait voulu se faire acheter, et que, Necker ne lui ayant fait aucune ouverture, il avait dit en sortant : *Le ministre aura de mes nouvelles*. C'est encore là une interprétation des partis, mais elle est fausse. Malouet avait proposé à Mirabeau, qu'on savait satisfait de la liberté acquise, de s'entendre avec le ministre, et rien de plus. D'ailleurs, c'est à cette même époque qu'une négociation directe s'entamait avec la cour. Un prince étranger, lié avec les hommes de tous les partis, fit les premières ouvertures. Un ami, qui servit d'intermédiaire, fit sentir qu'on n'obtiendrait de Mirabeau aucun sacrifice de ses principes; mais que si on voulait s'en tenir à la constitution, on trouverait en lui un appui inébranlable; que quant aux conditions elles étaient dictées par sa situation; qu'il fallait, dans l'intérêt même de ceux qui voulaient l'employer, rendre cette situation honorable et indépendante, c'est-à-dire acquitter ses dettes; qu'enfin on devait l'attacher au nouvel ordre social, et, sans lui donner actuellement le ministère, le lui faire espérer dans l'avenir*. Les négociations ne furent entièrement terminées que deux ou trois mois après, c'est-à-dire dans les premiers mois de 1790. Les historiens, peu instruits de ces détails, et trompés par la persévérance de Mirabeau à combattre le pouvoir, ont placé l'instant de ce traité plus tard. Cependant il fut à peu près conclu dès le commencement de 1790. Nous le ferons connaître en son lieu.

Barnave et les Lameth ne pouvaient rivaliser avec Mirabeau que par un plus grand rigorisme patriotique. Instruits des négociations qui avaient lieu, ils accréditèrent le bruit déjà répandu qu'on allait lui donner le ministère, pour lui ôter par là la faculté de l'accepter. Une occasion de l'en empêcher se présenta bientôt. Les ministres n'avaient pas le droit de parler dans l'assemblée. Mirabeau ne voulait pas, en arrivant au ministère, perdre la parole, qui était son plus grand moyen d'influence; il désirait d'ailleurs amener Necker à la tribune pour l'y écraser. Il proposa donc de donner voix consultative aux ministres. Le parti populaire alarmé s'y opposa sans motif

* Voyez la note 11 à la fin du volume.

plausible, et parut redouter les séductions ministérielles. Mais ses craintes n'étaient pas raisonnables, car ce n'est point par leurs communications publiques avec les chambres que les ministres corrompent ordinairement la représentation nationale. La proposition de Mirabeau fut rejetée, et Lanjuinais, poussant le rigorisme encore plus loin, proposa d'interdire aux députés actuels d'accepter le ministère. La discussion fut violente. Quoique le motif de ces propositions fût connu, il n'était pas avoué; et Mirabeau, à qui la dissimulation n'était pas possible, s'écria enfin qu'il ne fallait pas pour un seul homme prendre une mesure funeste à l'état; qu'il adhérerait au décret, à condition qu'on interdirait le ministère, non à tous les députés actuels, mais seulement à M. de Mirabeau, député de la sénéchaussée d'Aix. Tant de franchise et d'audace restèrent sans effet, et le décret fut adopté à l'unanimité.

On voit comment se divisait l'état entre les émigrés, la reine, le roi, et les divers chefs populaires, tels que Lafayette, Mirabeau, Barnave et Lameth. Aucun événement décisif comme celui du 14 juillet ou du 5 octobre, n'était plus possible de long-temps. Il fallait que de nouvelles contrariétés irritassent la cour et le peuple, et amenassent une rupture éclatante.

L'assemblée s'était transportée à Paris*, après avoir reçu des assurances réitérées de tranquillité de la part de la commune, et la promesse d'une entière liberté dans les suffrages. Mounier et Lally-Tolendal, indignés des événements des 5 et 6 octobre, avaient donné leur démission, disant qu'ils ne voulaient être ni spectateurs ni complices des crimes des factieux. Ils durent regretter cette désertion du bien public, surtout en voyant Maury et Cazalès, qui s'étaient éloignés de l'assemblée, y rentrer bientôt pour soutenir courageusement et jusqu'au bout la cause qu'ils avaient embrassée. Mounier, retiré en Dauphiné, assembla les états de la province, mais bientôt un décret les fit dissoudre, sans aucune résistance. Ainsi Mounier et Lally, qui à l'époque de la réunion des ordres et du serment du Jeu de Paume étaient les héros du peuple, ne valaient maintenant plus rien à ses yeux. Les parlements avaient été dépassés les premiers par la puissance populaire; Mounier, Lally et Necker l'avaient été après eux, et beaucoup d'autres allaient bientôt l'être.

* Elle tint sa première séance à l'Archevêché, le 19 octobre.

La disette, cause exagérée, mais pourtant réelle des agitations, donna encore lieu à un crime. Le boulanger François fut égorgé par quelques brigands*. Lafayette parvint à saisir les coupables, et les livra au Châtelet, tribunal investi d'une juridiction extraordinaire sur tous les délits relatifs à la révolution. Là étaient en jugement Besenval, et tous ceux qui étaient accusés d'avoir pris part à la conspiration aristocratique déjouée le 14 juillet. Le Châtelet devait juger suivant des formes nouvelles. En attendant l'emploi du jury qui n'était pas encore institué, l'assemblée avait ordonné la publicité, la défense contradictoire, et toutes les mesures préservatrices de l'innocence. Les assassins de François furent condamnés, et la tranquillité rétablie. Lafayette et Bailly proposèrent à cette occasion la loi martiale. Vivement combattue par Robespierre, qui dès lors se montrait chaud partisan du peuple et des pauvres, elle fut cependant adoptée par la majorité (décret du 21 octobre). En vertu de cette loi, les municipalités répondaient de la tranquillité publique ; en cas de troubles, elles étaient chargées de requérir les troupes ou les milices ; et, après trois sommations, elles de-

* 20 octobre

vaient ordonner l'emploi de la force contre les rassemblements séditieux. Un comité des recherches fut établi à la commune de Paris, et dans l'assemblée nationale, pour surveiller les nombreux ennemis dont les menées se croisaient en tout sens. Ce n'était pas trop de tous ces moyens pour déjouer les projets de tant d'adversaires conjurés contre la nouvelle révolution.

Les travaux constitutionnels se poursuivaient avec activité. On avait aboli la féodalité, mais il restait encore à prendre une dernière mesure pour détruire ces grands corps, qui avaient été des ennemis constitués dans l'état contre l'état. Le clergé possédait d'immenses propriétés. Il les avait reçues des princes à titre de gratifications féodales, ou des fidèles à titre de legs. Si les propriétés des individus, fruit et but du travail, devaient être respectées, celles qui avaient été données à des corps pour un certain objet, pouvaient recevoir de la loi une autre destination. C'était pour le service de la religion qu'elles avaient été données, ou du moins sous ce prétexte ; or la religion étant un service public, la loi pouvait régler le moyen d'y subvenir d'une manière toute différente. L'abbé Maury déploya ici sa faconde imperturbable ; il sonna l'alarme chez les propriétaires, les menaça d'un envahissement prochain, et prétendit qu'on sacrifiait les provinces aux agioteurs de la capitale. Son sophisme est assez singulier pour être rapporté. C'était pour payer la dette qu'on disposait des biens du clergé; les créanciers de cette dette étaient les grands capitalistes de Paris; les biens qu'on leur sacrifiait se trouvaient dans les provinces: de là, l'intrépide raisonneur concluait que c'était immoler la province à la capitale; comme si la province ne gagnait pas au contraire à une nouvelle division de ces immenses terres, réservées jusqu'alors au luxe de quelques ecclésiastiques oisifs. Tous ces efforts furent inutiles. L'évêque d'Autun, auteur de la proposition, et le député Thouret, détruisirent ces vains sophismes. Déja on allait décréter que les biens du clergé appartenaient à l'état; néanmoins les opposants insistaient encore sur la question de propriété. On leur répondait que, fussent-ils propriétaires, on pouvait se servir de leurs biens, puisque souvent ces biens avaient été employés dans des cas urgents au service de l'état. Ils ne le niaient point. Profitant alors de leur aveu, Mirabeau proposa de changer ce mot *appartiennent* en cet autre: sont *à la disposition de l'état*, et la discussion fut terminée sur-le-champ à une grande majorité (loi du 2 novembre). L'assemblée détruisit ainsi la redoutable puissance du clergé, le luxe des grands de l'ordre, et se ménagea ces immenses ressources financières qui firent si long-temps subsister la révolution. En même temps elle assurait l'existence des curés, en décrétant que leurs appointements ne pourraient pas être moindres de douze cents francs, et elle y ajoutait en outre la jouissance d'une maison curiale et d'un jardin. Elle déclarait ne plus reconnaître les vœux religieux, et rendait la liberté à tous les cloîtrés, en laissant toutefois à ceux qui le voudraient la faculté de continuer la vie monastique; et comme leurs biens étaient supprimés, elle y suppléait par des pensions. Poussant même la prévoyance plus loin encore, elle établissait une différence entre les ordres riches et les ordres mendiants, et proportionnait le traitement des uns et des autres à leur ancien état. Elle fit de même pour les pensions; et, lorsque le janséniste Camus, voulant revenir à la simplicité évangélique, proposa de réduire toutes les pensions à un même taux infiniment modique, l'assemblée, sur l'avis de Mirabeau, les réduisit proportionnellement à leur valeur actuelle, et convenablement à l'ancien état des pensionnaires. On ne pouvait donc pousser plus loin le ménagement des habitudes, et c'est en cela que consiste le *véritable respect* de la propriété. De même, quand les protestants expatriés depuis la révocation de l'édit de Nantes réclamèrent leurs biens, l'assemblée ne leur rendit que ceux qui n'étaient pas vendus.

Prudente et pleine de ménagements pour les personnes, elle traitait audacieusement les choses, et se montrait beaucoup plus hardie dans les matières de constitution. On avait fixé les prérogatives des grands pouvoirs : il s'agissait de diviser le territoire du royaume. Il avait toujours été partagé en provinces, successivement unies à l'ancienne France. Ces provinces, différant entre elles de lois, de priviléges, de mœurs, formaient l'ensemble le plus hétérogène. Sieyes eut l'idée de les confondre par une nouvelle division qui anéantît les démarcations anciennes, et ramenât toutes les parties du royaume aux mêmes lois et au même esprit. C'est ce qui fut fait par la division en départements. Les départements furent divisés en districts, et les districts en municipalités. A tous ces degrés, le principe de la représentation fut admis. L'administration départementale, celle de district et celle des communes étaient confiées à un conseil délibérant et à un conseil exécutif, également électifs... Ces diverses autorités relevaient les unes des autres, et avaient dans l'étendue de leur ressort les mêmes attributions. Le département faisait la répartition de l'impôt entre les districts, le district entre les communes, et la commune entre les individus.

L'assemblée fixa ensuite la qualité de citoyen jouissant des droits politiques. Elle exigea vingt-cinq ans et la contribution du marc d'argent. Chaque individu réunissant ces conditions avait le titre de citoyen actif, et ceux qui ne l'avaient pas se nommaient citoyens passifs. Ces dénominations assez simples furent tournées en ridicule, parce que c'est aux dénominations qu'on s'attache quand on veut déprécier les choses; mais elles étaient naturelles et exprimaient bien leur objet. Le citoyen actif concourait aux élections pour la formation des administrations et de l'assemblée. Les élections des députés avaient deux degrés. Aucune condition n'était exigée pour être éligible; car, comme on l'avait dit à l'assemblée, on est électeur par son existence dans la société, et on doit être éligible par la seule confiance des électeurs.

Ces travaux, interrompus par mille discussions de circonstance, étaient cependant poussés avec une grande ardeur. Le côté droit n'y contribuait que par son obstination à les empêcher, dès qu'il s'agissait de disputer quelque portion d'influence à la nation. Les députés populaires, au contraire, quoique formant divers partis, se confondaient ou se séparaient sans choc, suivant leur opinion personnelle. Il était facile d'apercevoir que chez eux la conviction dominait les alliances. On voyait Thouret, Mirabeau, Duport, Sieyes, Camus, Chapelier, tour à tour se réunir ou se diviser, suivant leur opinion dans chaque discussion. Quant aux membres de la noblesse et du clergé, ils ne se montraient que dans les discussions de parti. Les parlements avaient-ils rendu des arrêtés contre l'assemblée, des députés ou des écrivains l'avaient-ils offensée, ils se montraient prêts à les appuyer. Ils soutenaient les commandants militaires contre le peuple, les marchands négriers contre les nègres; ils opinaient contre l'admission des juifs et des protestants à la jouissance des droits communs. Enfin, quand Gênes s'éleva contre la France, à cause de l'affranchissement de la Corse et de la réunion de cette île au royaume, ils furent pour Gênes contre la France. En un mot, étrangers, indifférents dans toutes les discussions utiles, n'écoutant pas, s'entretenant entre eux, ils ne se levaient que lorsqu'il y avait des droits ou de la liberté à refuser*.

Nous l'avons déjà dit, il n'était plus possible de tenter une grande conspiration à côté du roi, puisque l'aristocratie était mise en fuite, et que la cour était environnée de l'assemblée, du peuple et de la milice nationale. Des mouvements partiels étaient donc tout ce que les mécontents pouvaient essayer. Ils fomentaient les mauvaises dispositions des officiers qui tenaient à l'ancien ordre de choses, tandis que les soldats, ayant tout à gagner, penchaient pour le nouveau. Des rixes violentes avaient lieu entre l'armée et la populace : souvent les soldats livraient leurs chefs à la multitude, qui les égorgeait; d'autres fois, les méfiances étaient heureusement calmées, et tout rentrait en paix quand les commandants des villes avaient su se conduire avec un peu d'adresse, et avaient prêté serment de fidélité à la nouvelle constitution. Le clergé avait inondé la Bretagne de protestations contre l'aliénation de ses biens. On tâchait d'exciter un reste de fanatisme religieux dans les provinces où l'ancienne superstition régnait encore. Les parlements furent

* Sur la manière d'être des députés de la droite, voyez un extrait des Mémoires de Ferrière, note 12, à la fin du volume.

aussi employés, et on tenta un dernier essai de leur autorité. Leurs vacances avaient été prorogées par l'assemblée, parce qu'en attendant de les dissoudre, elle ne voulait pas avoir à discuter avec eux. Les chambres des vacations rendaient la justice en leur absence. A Rouen, à Nantes, à Rennes, elles prirent des arrêtés, où elles déploraient la ruine de l'ancienne monarchie, la violation de ses lois; et, sans nommer l'assemblée, semblaient l'indiquer comme la cause de tous les maux. Elles furent appelées à la barre et censurées avec ménagement. Celle de Rennes, comme plus coupable, fut déclarée incapable de remplir ses fonctions. Celle de Metz avait insinué que le roi n'était pas libre; et c'était là, comme nous l'avons dit, la politique des mécontents. Ne pouvant se servir du roi, ils cherchaient à le représenter comme en état d'oppression, et voulaient annuler ainsi toutes les lois qu'il paraissait consentir. Lui-même semblait seconder cette politique. Il n'avait pas voulu rappeler ses gardes-du-corps renvoyés aux 5 et 6 octobre, et se faisait garder par la milice nationale, au milieu de laquelle il se savait en sûreté. Son intention était de paraître captif. La commune de Paris déjoua cette trop petite ruse, en priant le roi de rappeler ses gardes, ce qu'il refusa sous de vains prétextes, et par l'intermédiaire de la reine*.

L'année 1790 venait de commencer, et une agitation générale se faisait sentir. Trois mois assez calmes s'étaient écoulés depuis les 5 et 6 octobre, et l'inquiétude semblait se renouveler. Les grandes agitations sont suivies de repos, et ces repos de petites crises, jusqu'à des crises plus grandes. On accusait de ces troubles le clergé, la noblesse, la cour, l'Angleterre même, qui chargea son ambassadeur de la justifier. Les compagnies soldées de la garde nationale furent elles-mêmes atteintes de cette inquiétude générale. Quelques soldats réunis aux Champs-Élysées demandèrent une augmentation de paie. Lafayette, présent partout, accourut, les dispersa, les punit, et rétablit le calme dans sa troupe toujours fidèle, malgré ces légères interruptions de discipline.

On parlait surtout d'un complot contre l'assemblée et la municipalité, dont le chef supposé était le marquis de Favras. Il fut arrêté avec éclat, et livré au Châtelet. On répandit aussitôt que Bailly et Lafayette avaient dû être assassinés; que douze cents chevaux étaient prêts à Versailles pour enlever le roi; qu'une

---

* Voyez la note 13 à la fin du volume.

armée, composée de Suisses et de Piémontais, devait le recevoir, et marcher sur Paris. L'alarme se répandit; on ajouta que Favras était l'agent secret des personnages les plus élevés. Les soupçons se dirigèrent sur Monsieur, frère du roi. Favras avait été dans ses gardes, et avait de plus négocié un emprunt pour son compte. Monsieur, effrayé de l'agitation des esprits, se présenta à l'Hôtel-de-Ville, protesta contre les insinuations dont il était l'objet, expliqua ses rapports avec Favras, rappela ses dispositions populaires, manifestées autrefois dans l'assemblée des notables, et demanda à être jugé, non sur les bruits publics, mais sur son patriotisme connu et point démenti *. Des applaudissements universels couvrirent son discours, et il fut reconduit par la foule jusqu'à sa demeure.

Le procès de Favras fut continué. Ce Favras avait couru l'Europe, épousé une princesse étrangère, et faisait des projets pour rétablir sa fortune. Il en avait fait au 14 juillet, aux 5 et 6 octobre, et dans les premiers mois de 1790. Les témoins qui l'accusaient précisaient son dernier plan. L'assassinat de Bailly et de Lafayette, l'enlèvement du roi paraissaient faire

* Voyez la note 14 à la fin du volume.

partie de ce plan; mais on n'avait aucune preuve que les douze cents chevaux fussent préparés, ni que l'armée suisse ou piémontaise fût en mouvement. Les circonstances étaient peu favorables à Favras. Le Châtelet venait d'élargir Besenval et autres impliqués dans le complot du 14 juillet; l'opinion était mécontente. Néanmoins Lafayette rassura les messieurs du Châtelet, leur demanda d'être justes, et leur promit que leur jugement, quel qu'il fût, serait exécuté.

Ce procès fit renaître les soupçons contre la cour. Ces nouveaux projets la faisaient paraître incorrigible; car, au milieu même de Paris, on la voyait conspirer encore. On conseilla donc au roi une démarche éclatante qui pût satisfaire l'opinion publique.

Le 4 février 1790, l'assemblée fut étonnée de voir quelques changements dans la disposition de la salle. Un tapis à fleurs de lis recouvrait les marches du bureau. Le fauteuil des secrétaires était rabaissé; le président était debout à côté du siége où il était ordinairement assis. « Voici le roi, » s'écrient tout-à-coup les huissiers; et Louis XVI entre aussitôt dans la salle. L'assemblée se lève à son aspect, et il est reçu au milieu des applaudissements. Une foule de spectateurs rapidement accourus occupent les tribunes, envahissent toutes les parties de la salle, et attendent avec la plus grande impatience les paroles royales. Louis XVI parle debout à l'assemblée assise : il rappelle d'abord les troubles auxquels la France s'est trouvée en proie, les efforts qu'il a faits pour les calmer, et pour assurer la subsistance du peuple; il récapitule les travaux des représentants, en déclarant qu'il avait tenté les mêmes choses dans les assemblées provinciales; il montre enfin qu'il avait jadis manifesté lui-même les vœux qui viennent d'être réalisés. Il ajoute qu'il croit devoir plus spécialement s'unir aux représentants de la nation, dans un moment où on lui a soumis les décrets destinés à établir dans le royaume une organisation nouvelle. Il favorisera, dit-il, de tout son pouvoir le succès de cette vaste organisation; toute tentative contraire serait coupable et poursuivie par tous les moyens. A ces mots, des applaudissements retentissent. Le roi poursuit; et, rappelant ses propres sacrifices, il engage tous ceux qui ont perdu quelque chose à imiter sa résignation, et à se dédommager de leurs pertes par les biens que la constitution nouvelle promet à la France. Mais, lorsqu'après avoir promis de défendre cette constitution, il ajoute qu'il fera davantage encore, et que, de concert avec la reine, il préparera de bonne heure l'esprit et le cœur de son fils au nouvel ordre de choses, et l'habituera à être heureux du bonheur des Français, des cris d'amour s'échappent de toutes parts, toutes les mains sont tendues vers le monarque, tous les yeux cherchent la mère et l'enfant, toutes les voix les demandent; les transports sont universels. Enfin le roi termine son discours en recommandant la concorde et la paix à *ce bon peuple dont on l'assure qu'il est aimé, quand on veut le consoler de ses peines**. A ces derniers mots, tous les assistants éclatent en témoignages de reconnaissance. Le président fait une courte réponse où il exprime le désordre de sentiment qui règne dans tous les cœurs. Le prince est reconduit aux Tuileries par la multitude. L'assemblée lui vote des remercîments à lui et à la reine. Une nouvelle idée se présente : Louis XVI venait de s'engager à maintenir la constitution; c'était le cas pour les députés de prendre cet engagement à leur tour. On propose donc le serment civique, et chaque député vient jurer d'être fidèle *à la nation, à la loi et au roi; et de maintenir de tout son pouvoir la consti-*

---

* Voyez la note 15 à la fin du volume.

tution décrétée par l'assemblée nationale et acceptée par le roi. Les suppléants, les députés du commerce, demandent à prêter le serment à leur tour; les tribunes, les amphithéâtres les imitent, et de toutes parts on n'entend plus que ces mots : *Je le jure*.

Le serment fut répété à l'Hôtel-de-Ville, et de communes en communes par toute la France. Des réjouissances furent ordonnées; l'effusion parut générale et sincère. C'était le cas sans doute de recommencer une nouvelle conduite, et de ne pas rendre cette réconciliation inutile comme toutes les autres; mais le soir même, tandis que Paris brillait des feux allumés pour célébrer cet heureux événement, la cour était déja revenue à son humeur, et les députés populaires y recevaient un accueil tout différent de celui qui était réservé aux députés nobles. En vain Lafayette, dont les avis pleins de sens et de zèle n'étaient pas suivis, répétait à la cour, que le roi ne pouvait plus balancer, et qu'il devait s'attacher entièrement au parti populaire, et s'efforcer de gagner sa confiance; que pour cela il fallait que ses intentions ne fussent pas seulement proclamées à l'assemblée, mais qu'elles fussent manifestées par ses moindres actions; qu'il devait s'offenser du moindre propos équivoque tenu devant lui, et repousser le moindre doute exprimé sur sa volonté réelle; qu'il ne devait montrer ni contrainte, ni mécontentement, ne laisser aucune espérance secrète aux aristocrates; et enfin que les ministres devaient être unis, ne se permettre aucune rivalité avec l'assemblée, et ne pas l'obliger à recourir sans cesse à l'opinion publique. En vain Lafayette répétait-il ces sages conseils avec des instances respectueuses; le roi recevait ses lettres, le trouvait honnête homme; la reine les repoussait avec humeur, et semblait même s'irriter des respects du général. Elle accueillait bien mieux Mirabeau, plus influent, mais certainement moins irréprochable que Lafayette.

Les communications de Mirabeau avec la cour avaient continué. Il avait même entretenu des rapports avec Monsieur, que ses opinions rendaient plus accessible au parti populaire, et il lui avait répété ce qu'il ne cessait d'exprimer à la reine et à M. de Montmorin, c'est que la monarchie ne pouvait être sauvée que par la liberté. Mirabeau fit enfin des conventions avec la cour, par le secours d'un intermédiaire. Il énonça ses principes dans une espèce de profession de foi, il s'engagea à ne pas s'en écarter, et à soutenir la cour tant qu'elle demeurerait sur la même ligne. On lui donnait en retour un traitement assez considérable. La morale sans doute condamne de pareils traités, et on veut que le devoir soit fait pour le devoir seul. Mais était-ce là se vendre ? Un homme faible se fût vendu sans doute, en sacrifiant ses principes, mais le puissant Mirabeau, loin de sacrifier les siens, y amenait le pouvoir, et recevait en échange les secours que ses grands besoins et ses passions désordonnées lui rendaient indispensables. Différent de ceux qui livrent fort cher de faibles talents et une lâche conscience, Mirabeau, inébranlable dans ses principes, combattait alternativement son parti ou la cour, comme s'il n'avait pas attendu du premier la popularité, et de la seconde ses moyens d'existence. Ce fut à tel point que les historiens, ne pouvant pas le croire allié de la cour qu'il combattait, n'ont placé que dans l'année 1791 son traité, qui a été fait cependant dès les premiers mois de 1790. Mirabeau vit la reine, la charma par sa supériorité, et en reçut un accueil qui le flatta beaucoup. Cet homme extraordinaire était sensible à tous les plaisirs, à ceux de la vanité comme à ceux des passions. Il fallait le prendre avec sa force et ses faiblesses, et l'employer au profit de la cause commune. Outre Lafayette et Mirabeau, la cour avait encore Bouillé, qu'il est temps de faire connaître.

Bouillé, plein de courage, de droiture et de talents, avait tous les penchants de l'aristocratie, et ne se distinguait d'elle que par moins d'aveuglement et une plus grande habitude des affaires. Retiré à Metz, commandant là une vaste étendue de frontières, et une grande partie de l'armée, il tâchait d'entretenir la méfiance entre ses troupes et les gardes nationales, afin de conserver ses soldats à la cour*. Placé là en expectative, il effrayait le parti populaire, et semblait le général de la monarchie, comme Lafayette celui de la constitution. Cependant l'aristocratie lui déplaisait, la faiblesse du roi le dégoûtait du service, et il l'eût quitté s'il n'avait été pressé par Louis XVI d'y demeurer. Bouillé était plein d'honneur. Son serment prêté, il ne songea plus qu'à servir le roi et la constitution. La cour devait donc réunir Lafayette, Mirabeau et Bouillé; et par eux elle aurait eu les gardes nationales, l'assemblée et l'armée, c'est-à-dire, les trois puissances du jour. Quelques motifs, il est vrai, divisaient ces trois personnages. Lafayette, plein de bonne volonté, était prêt

* C'est lui qui le dit dans ses Mémoires.

à s'unir avec tous ceux qui voudraient servir le roi et la constitution; mais Mirabeau jalousait la puissance de Lafayette, redoutait sa pureté si vantée, et semblait y voir un reproche. Bouillé haïssait en Lafayette une conviction exaltée, et peut-être un ennemi irréprochable; il préférait Mirabeau, qu'il croyait plus maniable, et moins rigoureux dans sa foi politique. C'était à la cour à unir ces trois hommes, en détruisant leurs motifs particuliers d'éloignement. Mais il n'y avait qu'un moyen d'union, la monarchie libre. Il fallait donc s'y résigner franchement, et y tendre de toutes ses forces. Mais la cour toujours incertaine, sans repousser Lafayette, l'accueillait froidement, payait Mirabeau qui la gourmandait par intervalles, entretenait l'humeur de Bouillé contre la révolution, regardait l'Autriche avec espérance, et laissait agir l'émigration de Turin. Ainsi fait la faiblesse : elle cherche à se donner des espérances plutôt qu'à s'assurer le succès, et elle ne parvient de cette manière qu'à se perdre, en inspirant des soupçons qui irritent autant les partis que la réalité même, car il vaut mieux les frapper que les menacer.

En vain Lafayette, qui voulait faire ce que la cour ne faisait pas, écrivait-il à Bouillé, son parent, pour l'engager à servir le trône en commun, et par les seuls moyens possibles, ceux de la franchise et de la liberté; Bouillé, mal inspiré par la cour, répondait froidement et d'une manière évasive, et, sans rien tenter contre la constitution, continuait à se rendre imposant par le secret de ses intentions et la force de son armée.

Cette réconciliation du 4 février, qui aurait pu avoir de si grands résultats, fut donc vaine et inutile. Le procès de Favras fut achevé, et soit crainte, soit conviction, le Châtelet le condamna à être pendu. Favras montra, dans ses derniers moments, une fermeté digne d'un martyr, et non d'un intrigant. Il protesta de son innocence, et demanda à faire une déclaration avant de mourir. L'échafaud était dressé sur la place de Grève. On le conduisit à l'Hôtel-de-Ville, où il demeura jusqu'à la nuit. Le peuple voulait voir pendre un marquis, et attendait avec impatience cet exemple de l'égalité dans les supplices. Favras rapporta qu'il avait eu des communications avec un grand de l'état, qui l'avait engagé à disposer les esprits en faveur du roi. Comme il fallait faire quelques dépenses, ce seigneur lui avait donné cent louis qu'il avait acceptés. Il assura que son crime se bornait là, et il ne nomma personne. Cependant il demanda si l'aveu des noms pourrait le sauver. La réponse qu'on lui fit ne l'ayant pas satisfait, « En ce cas, dit-il, je mourrai avec mon secret; » et il s'achemina vers le lieu du supplice avec une grande fermeté. La nuit régnait sur la place de l'exécution, et on avait éclairé jusqu'à la potence. Le peuple se réjouit de ce spectacle, content de trouver de l'égalité même à l'échafaud ; il y mêla d'atroces railleries, et parodia de diverses manières le supplice de cet infortuné. Le corps de Favras fut rendu à sa famille, et de nouveaux événements firent bientôt oublier sa mort à ceux qui l'avaient puni, et à ceux qui s'en étaient servis.

Le clergé désespéré continuait d'exciter de petites agitations sur toute la surface de la France. La noblesse comptait beaucoup sur son influence parmi le peuple. Tant que l'assemblée s'était contentée, par un décret, de mettre les biens ecclésiastiques à la disposition de la nation, le clergé avait espéré que l'exécution du décret n'aurait pas lieu; et, pour la rendre inutile, il suggérait mille moyens de subvenir aux besoins du trésor. L'abbé Maury avait proposé un impôt sur le luxe, et l'abbé de Salsède lui avait répondu en proposant, à son tour, qu'aucun ecclésiastique ne pût avoir plus de mille écus de revenus. Le riche abbé se tut à une motion pareille. Une autre fois, en discutant sur la dette de l'état, Cazalès avait conseillé d'examiner, non pas la validité des titres de chaque créance, mais la créance elle-même, son origine et son motif; ce qui était renouveler la banqueroute par le moyen si odieux et si usé des chambres ardentes. Le clergé, ennemi des créanciers de l'état auxquels il se croyait sacrifié, avait soutenu la proposition malgré le rigorisme de ses principes en fait de propriété. Maury s'était emporté avec violence et avait manqué à l'assemblée, en disant à une partie de ses membres, qu'ils n'avaient que le *courage de la honte*. L'assemblée en avait été offensée, et voulait l'exclure de son sein. Mais Mirabeau, qui pouvait se croire attaqué, représenta à ses collègues que chaque député appartenait à ses commettants, et qu'on n'avait pas le droit d'en exclure un seul. Cette modération convenait à la véritable supériorité; elle réussit, et Maury fut plus puni par une censure qu'il ne l'eût été par l'exclusion. Tous ces moyens inventés par le clergé, pour mettre les créanciers de l'état à sa place, ne lui servirent de rien, et l'assemblée décréta la vente de 400 millions de biens du domaine et de l'Église. Désespéré alors, le clergé fit courir des écrits parmi le peuple, et répandit que le projet des révolutionnaires était d'attaquer la religion catholique. C'est dans les provinces du Midi qu'il espérait obtenir le plus de succès. On a vu que la première émigration s'était dirigée vers Turin. C'est avec le Languedoc et la Provence qu'elle entretenait ses principales communications. Calonne, si célèbre sous les notables, était le ministre de la cour fugitive. Deux partis la divisaient : la haute noblesse voulait maintenir son empire, et redoutait l'intervention de la noblesse de province, et surtout de la bourgeoisie. Aussi ne voulait-elle recourir qu'à l'étranger pour rétablir le trône. D'ailleurs, user de la religion, comme le proposaient les émissaires des provinces, lui semblait ridicule à elle qui s'était égayée pendant un siècle des plaisanteries de Voltaire. L'autre parti, composé de petits nobles, de bourgeois expatriés, voulait combattre la passion de la liberté par une autre plus forte, celle du fanatisme, et vaincre avec ses seules forces, sans se mettre à la merci de l'étranger. Les premiers alléguaient les vengeances personnelles de la guerre civile, pour excuser l'intervention de l'étranger; les seconds soutenaient que la guerre civile comportait l'effusion du sang, mais qu'il ne fallait pas se souiller d'une trahison. Ces derniers, plus courageux, plus patriotes, mais plus féroces, ne devaient pas réussir dans une cour où régnait Calonne. Cependant, comme on avait besoin de tout le monde, les communications furent continuées entre Turin et les provinces méridionales. On se décida à attaquer la révolution par la guerre étrangère et par la guerre civile, et pour cela on tenta de réveiller l'ancien fanatisme de ces contrées*.

Le clergé ne négligea rien pour seconder ce plan. Les protestants excitaient dans ces pays l'envie des catholiques. Le clergé profita de ces dispositions, et surtout des solennités de Pâques. A Montpellier, à Nîmes, à Montauban, l'antique fanatisme fut réveillé par tous les moyens.

Charles Lameth se plaignit à la tribune de ce qu'on avait abusé de la quinzaine de Pâques pour égarer le peuple et l'exciter contre les lois nouvelles. A ces mots, le clergé se souleva, et voulut quitter l'assemblée. L'évêque de Clermont en fit la menace, et une foule d'ecclésiastiques déjà debout allaient sortir, mais on rappela Charles Lameth à l'ordre, et le tumulte s'apaisa. Cependant la vente des biens du clergé était mise à exécution; il en était

* Voyez la note 16 à la fin du volume.

aigri, et ne négligeait aucune occasion de faire
éclater son ressentiment. Dom Gerle, chartreux
plein de bonne foi dans ses sentiments religieux
et patriotiques, demande un jour la parole, et
propose de déclarer la religion catholique, la
seule religion de l'état*. Une foule de députés
se lèvent aussitôt, et se disposent à voter par
acclamation, en disant que c'est le cas pour
l'assemblée de se justifier du reproche qu'on
lui a fait d'attaquer la religion catholique. Cependant que signifiait une proposition pareille ?
Ou le décret avait pour but de donner un privilége à la religion catholique, et aucune ne
doit en avoir; ou il était la déclaration d'un
fait, c'est que la majorité française était catholique; et le fait n'avait pas besoin d'être déclaré. Une telle proposition ne pouvait donc
être accueillie. Aussi, malgré les efforts de la
noblesse et du clergé, la discussion fut renvoyée au lendemain. Une foule immense était
accourue; Lafayette, averti que des malveillants se disposaient à exciter du trouble, avait
doublé la garde. La discussion s'ouvre : un
ecclésiastique menace l'assemblée de malédiction; Maury pousse ses cris accoutumés;
Menou répond avec calme à tous les reproches

* Séance du 12 avril.

faits à l'assemblée, et dit qu'on ne peut raisonnablement pas l'accuser de vouloir abolir la religion catholique, à l'instant où elle va mettre les dépenses de son culte au rang des dépenses publiques; il propose donc de passer à l'ordre du jour. Dom Gerle, persuadé, retire alors sa motion, et s'excuse d'avoir excité un pareil tumulte. M. de Larochefoucault présente une rédaction nouvelle, et sa proposition succède à celle de Menou. Tout-à-coup un membre du côté droit se plaint de n'être pas libre, interpelle Lafayette, et lui demande pourquoi il a doublé la garde. Le motif n'était pas suspect, car ce n'était pas le côté gauche qui pouvait redouter le peuple, et ce n'était pas ses amis que Lafayette cherchait à protéger. Cette interpellation augmente le tumulte; néanmoins la discussion continue. Dans ces débats, on cite Louis XIV :— « Je ne suis pas étonné, s'écrie alors Mirabeau, qu'on rappelle le règne où a été révoqué l'édit de Nantes; mais songez que de cette tribune où je parle, j'aperçois la fenêtre fatale d'où un roi, assassin de ses sujets, mêlant les intérêts de la terre à ceux de la religion, donna le signal de la Saint-Barthélemi ! » Cette terrible apostrophe ne termine pas la discussion qui se prolonge encore. La proposition du duc de Larochefoucault est enfin adoptée. L'assemblée déclare que ses sentiments sont connus, mais que, par respect pour la liberté des consciences, elle ne peut ni ne doit délibérer sur la proposition qui lui est soumise.

Quelques jours étaient à peine écoulés, qu'un autre moyen fut encore employé pour menacer l'assemblée et la dissoudre. La nouvelle organisation du royaume était achevée, le peuple allait être convoqué pour élire ses magistrats, et on imagina de lui faire nommer en même temps de nouveaux députés, pour remplacer ceux qui composaient l'assemblée actuelle. Ce moyen, proposé et discuté une autre fois, avait déja été repoussé. Il fut renouvelé en avril 1790. Quelques cahiers bornaient les pouvoirs à un an; il y avait en effet près d'une année que l'assemblée était réunie. Ouverte en mai 1789, elle touchait au mois d'avril 1790. Quoique les cahiers eussent été annulés, quoiqu'on eût pris l'engagement de ne pas se séparer avant l'achèvement de la constitution, ces hommes pour lesquels il n'y avait ni décret rendu, ni serment prêté, quand il s'agissait d'aller à leur but, proposent de faire élire d'autres députés et de leur céder la place. Maury, chargé de cette journée, s'acquitte de son rôle avec autant d'assurance que jamais, mais avec plus d'adresse qu'à son ordinaire. Il en appelle lui-même à la souveraineté du peuple, et dit qu'on ne peut pas plus long-temps se mettre à la place de la nation, et prolonger des pouvoirs qui ne sont que temporaires. Il demande à quel titre on s'est revêtu d'attributions souveraines; il soutient que cette distinction entre le pouvoir législatif et constituant est une distinction chimérique, qu'une convention souveraine ne peut exister qu'en l'absence de tout gouvernement; et que si l'assemblée est cette convention, elle n'a qu'à détrôner le roi et déclarer le trône vacant. Des cris l'interrompent à ces mots, et manifestent l'indignation générale. Mirabeau se lève alors avec dignité : « On « demande, dit-il, depuis quand les députés « du peuple sont devenus convention natio- « nale? Je réponds : C'est le jour où, trou- « vant l'entrée de leurs séances environnée de « soldats, ils allèrent se réunir dans le premier « endroit où ils purent se rassembler, pour « jurer de plutôt périr que de trahir et d'aban- « donner les droits de la nation. Nos pouvoirs, « quels qu'ils fussent, ont changé ce jour de « nature. Quels que soient les pouvoirs que « nous avons exercés, nos efforts, nos tra- « vaux les ont légitimés : l'adhésion de toute

« la nation les a sanctifiés. Vous vous rappelez
« tous le mot de ce grand homme de l'anti-
« quité qui avait négligé les formes légales pour
« sauver la patrie. Sommé par un tribun fac-
« tieux de dire s'il avait observé les lois, il ré-
« pondit : Je jure que j'ai sauvé la patrie.
« Messieurs (s'écrie alors Mirabeau en s'adres-
« sant aux députés des communes), je jure que
« vous avez sauvé la France ! »

A ce magnifique serment, dit Ferrières, l'assemblée tout entière, comme entraînée par une inspiration subite, ferme la discussion, et décrète que les réunions électorales ne s'occuperont point de l'élection des nouveaux députés.

Ainsi ce nouveau moyen fut encore inutile, et l'assemblée put continuer ses travaux. Mais les troubles n'en continuèrent pas moins par toute la France. Le commandant De Voisin fut massacré par le peuple; les forts de Marseille furent envahis par la garde nationale. Des mouvements en sens contraires eurent lieu à Nîmes et à Montauban. Les envoyés de Turin avaient excité les catholiques ; ils avaient fait des adresses, dans lesquelles ils déclaraient la monarchie en danger, et demandaient que la religion catholique fût déclarée religion de l'état. Une proclamation royale avait en vain répondu; ils avaient répliqué. Les protestants en étaient venus aux prises avec les catholiques; et ces derniers, attendant vainement les secours promis par Turin, avaient été enfin repoussés. Diverses gardes nationales s'étaient mises en mouvement, pour secourir les patriotes contre les révoltés; la lutte s'était ainsi engagée, et le vicomte de Mirabeau, adversaire déclaré de son illustre frère, annonçant lui-même la guerre civile du haut de la tribune, sembla, par son mouvement, son geste, ses paroles, la jeter dans l'assemblée.

Ainsi, tandis que la partie la plus modérée des députés tâchait d'apaiser l'ardeur révolutionnaire, une opposition indiscrète excitait une fièvre que le repos aurait pu calmer, et fournissait des prétextes aux orateurs populaires les plus violents. Les clubs en devenaient plus exagérés. Celui des Jacobins, issu du club Breton, et d'abord établi à Versailles, puis à Paris, l'emportait sur les autres, par le nombre, les talents et la violence[*]. Ses séances étaient suivies comme celles de l'assemblée elle-même. Il devançait toutes les questions

[*] Ce club, dit des *Amis de la constitution*, fut transféré à Paris en octobre 1789, et fut connu alors sous le nom de *club des Jacobins*, parce qu'il se réunissait dans une salle du couvent des Jacobins, rue Saint-Honoré.

que celle-ci devait traiter, et émettait des décisions, qui étaient déjà une prévention pour les législateurs eux-mêmes. Là se réunissaient les principaux députés populaires, et les plus obstinés y trouvaient des forces et des excitations. Lafayette, pour combattre cette terrible influence, s'était concerté avec Bailly et les hommes les plus éclairés, et avait formé un autre club, dit de 89, et plus tard des Feuillants[*]. Mais le moyen était impuissant; une réunion de cent hommes calmes et instruits ne pouvait appeler la foule comme le club des Jacobins, où on se livrait à toute la véhémence des passions populaires. Fermer les clubs eût été le seul moyen, mais la cour avait trop peu de franchise et inspirait trop de défiance, pour que le parti populaire songeât à employer une ressource pareille. Les Lameth dominaient au club des Jacobins. Mirabeau se montrait également dans l'un et dans l'autre; il était évident à tous les yeux que sa place était entre tous les partis. Une occasion se présenta bientôt où son rôle fut encore mieux prononcé, et où il remporta pour la monarchie un avantage mémorable, comme nous le verrons ci-après.

[*] Formé le 12 mai.

CHAPITRE V.

Etat politique et dispositions des puissances étrangères en 1790. — Discussions sur le droit de la paix et de la guerre. — Première institution du papier-monnaie ou des assignats. — Organisation judiciaire. — Constitution civile du clergé. — Abolition des titres de noblesse. — Anniversaire du 14 juillet. Fête de la première fédération. — Révolte des troupes à Nancy. — Retraite de Necker. — Projets de la cour et de Mirabeau. — Formation du camp de Jalès. — Serment civique imposé aux ecclésiastiques.

A l'époque où nous sommes arrivés, la révolution française commençait d'attirer les regards des souverains étrangers; son langage était si élevé, si ferme; il avait un caractère de généralité qui semblait si bien le rendre propre à plus d'un peuple, que les princes étrangers durent s'en effrayer. On avait pu croire jusque-là à une agitation passagère, mais les succès de l'assemblée, sa fermeté, sa constance inattendue, et surtout l'avenir qu'elle se proposait et qu'elle proposait à toutes les nations, durent lui attirer plus de considération et de haine, et lui mériter l'honneur d'occuper les cabinets. L'Europe alors était divisée en deux grandes ligues ennemies : la ligue anglo-prussienne d'une part, et les cours impériales de l'autre.

Frédéric-Guillaume avait succédé au grand Frédéric sur le trône de la Prusse. Ce prince mobile et faible, renonçant à la politique de son illustre prédécesseur, avait abandonné l'alliance de la France pour celle de l'Angleterre. Uni à cette puissance, il avait formé cette fameuse ligue anglo-prussienne, qui tenta de si grandes choses et n'en exécuta aucune; qui souleva la Suède, la Pologne, la Porte, contre la Russie et l'Autriche; abandonna tous ceux qu'elle avait soulevés, et contribua même à les dépouiller, en partageant la Pologne.

Le projet de l'Angleterre et de la Prusse réunies avait été de ruiner la Russie et l'Autriche, en suscitant contre elles la Suède où régnait le chevaleresque Gustave, la Pologne gémissant d'un premier partage, et la Porte courroucée des invasions russes. L'intention particulière de l'Angleterre, dans cette ligue, était de se venger des secours fournis aux colonies américaines par la France, sans lui déclarer la guerre. Elle en avait trouvé le moyen en mettant aux prises les Turcs et les Russes. La France ne pouvait demeurer neutre entre ces deux peuples sans s'aliéner les Turcs, qui comptaient sur elle, et sans perdre ainsi sa domination commerciale dans le Levant. D'autre part, en participant à la guerre, elle perdait l'alliance de la Russie, avec laquelle elle venait de conclure un traité infiniment avantageux, qui lui assurait les bois de construction, et tous les objets que le Nord fournit abondamment à la marine. Ainsi dans les deux cas, la France essuyait un dommage. En attendant, l'Angleterre disposait ses forces et se préparait à les déployer au besoin. D'ailleurs, voyant le désordre des finances sous les notables, le désordre populaire sous la constituante, elle croyait n'avoir pas besoin de la guerre, et on a pensé qu'elle aimait encore mieux détruire la France par les troubles intérieurs que par les armes. Aussi l'a-t-on accusée toujours de favoriser nos discordes.

Cette ligue anglo-prussienne avait fait livrer quelques batailles, dont le succès fut balancé. Gustave s'était tiré en héros d'une position où il s'était engagé en aventurier. La Hollande in-

surgée avait été soumise au stathouder par les
intrigues anglaises et les armées prussiennes.
L'habile Angleterre avait ainsi privé la France
d'une puissante alliance maritime; et le monarque prussien, qui ne cherchait que des
succès de vanité, avait vengé un outrage fait
par les états de Hollande à l'épouse du stathouder, qui était sa propre sœur. La Pologne
achevait de se constituer, et allait prendre les
armes. La Turquie avait été battue par la Russie. Cependant la mort de l'empereur d'Autriche, Joseph II, survenue en janvier 1790,
changea la face des événements. Léopold, ce
prince éclairé et pacifique, dont la Toscane
avait béni l'heureux règne, lui succéda. Léopold, adroit autant que sage, voulait mettre
fin à la guerre, et pour y réussir il employa
les ressources de la séduction, si puissantes
sur la mobile imagination de Frédéric-Guillaume. On fit valoir à ce prince les douceurs
du repos, les maux de la guerre qui depuis si
long-temps pesaient sur son peuple, enfin les
dangers de la révolution française qui procla-
mait de si funestes principes. On réveilla en
lui les idées de pouvoir absolu, on lui fit
même concevoir l'espérance de châtier les révolutionnaires français, comme il avait châtié
ceux de Hollande; et il se laissa entraîner, à

l'instant où il allait retirer les avantages de cette ligue si hardiment conçue par son ministre Hertzberg. Ce fut en juillet 1790 que la paix fut signée à Reichenbach. En août, la Russie fit la sienne avec Gustave, et n'eut plus affaire qu'à la Pologne peu redoutable, et aux Turcs battus de toutes parts. Nous ferons connaître plus tard ces divers événements. L'attention des puissances finissait donc par se diriger presque tout entière sur la révolution de France. Quelque temps avant la conclusion de la paix entre la Prusse et Léopold, lorsque la ligue anglo-prussienne menaçait les deux cours impériales, et poursuivait secrètement la France, ainsi que l'Espagne, notre constante et fidèle alliée, quelques navires anglais furent saisis dans la baie de Notka par les Espagnols. Des réclamations très-vives furent élevées, et suivies d'un armement général dans les ports de l'Angleterre. Aussitôt l'Espagne, invoquant les traités, demanda le secours de la France, et Louis XVI ordonna l'équipement de quinze vaisseaux. On accusa l'Angleterre de vouloir, dans cette occasion, augmenter nos embarras. Les clubs de Londres, il est vrai, avaient plusieurs fois complimenté l'assemblée nationale, mais le cabinet laissait quelques philantropes se livrer à ces épanchements philosophiques, et pendant ce temps payait, dit-on, ces étonnants agitateurs qui reparaissaient partout, et donnaient tant de peine aux gardes nationales du royaume. Les troubles intérieurs furent plus grands encore au moment de l'armement général, et on ne put s'empêcher de voir une liaison entre les menaces de l'Angleterre et la renaissance du désordre. Lafayette surtout, qui ne prenait guère la parole dans l'assemblée que pour les objets qui intéressaient la tranquillité publique, Lafayette dénonça à la tribune une influence secrète. « Je ne puis, dit-il, m'empêcher de faire remarquer à l'assemblée cette fermentation nouvelle et combinée, qui se manifeste de Strasbourg à Nîmes, et de Brest à Toulon, et qu'en vain les ennemis du peuple voudraient lui attribuer, lorsqu'elle porte tous les caractères d'une influence secrète. S'agit-il d'établir les départements, on dévaste les campagnes; les puissances voisines arment-elles, aussitôt le désordre est dans nos ports et dans nos arsenaux. » On avait en effet égorgé plusieurs commandants, et par hasard ou par choix nos meilleurs officiers de marine avaient été immolés. L'ambassadeur anglais avait été chargé par sa cour de repousser ces imputations. Mais on sait quelle confiance méritent de pareils

messages. Calonne avait aussi écrit au roi *
pour justifier l'Angleterre, mais Calonne, en
parlant pour l'étranger, était suspect. Il disait
vainement que toute dépense est connue dans
un gouvernement représentatif, que même les
dépenses secrètes sont du moins avouées comme
telles, et qu'il n'y avait dans les budgets anglais aucune attribution de ce genre. L'expérience a prouvé que l'argent ne manque jamais à des ministres même responsables. Ce
qu'on peut dire de mieux, c'est que le temps,
qui dévoile tout, n'a rien découvert à cet
égard, et que Necker, qui était placé pour en
bien juger, n'a jamais cru à cette secrète influence **.

Le roi, comme on vient de le voir, avait fait
notifier à l'assemblée l'équipement de quinze
vaisseaux de ligne, pensant, disait-il, qu'elle
approuverait cette mesure, et qu'elle voterait
les dépenses nécessaires. L'assemblée accueillit
parfaitement le message, mais elle y vit une
question constitutionnelle, qu'elle crut devoir
résoudre avant de répondre au roi. « Les mesures sont prises, dit Alexandre Lameth, notre

---

* Voyez à l'armoire de fer, pièce n° 25, lettre de Calonne
au roi, du 9 avril 1790.

** Voyez ce que dit Mme de Staël dans ses Considérations
sur la révolution française.

discussion ne peut les retarder; il faut donc fixer auparavant à qui du roi ou de l'assemblée on attribuera le droit de faire la paix ou la guerre. » En effet, c'était presque la dernière attribution importante à fixer, et l'une de celles qui devaient exciter le plus d'intérêt. Les imaginations étaient toutes pleines des fautes des cours, de leurs alternatives d'ambition ou de faiblesse, et on ne voulait pas laisser au trône le pouvoir ou d'entraîner la nation dans des guerres dangereuses, ou de la déshonorer par des lâchetés. Cependant, de tous les actes du gouvernement, le soin de la guerre et de la paix est celui où il entre le plus d'action, et où le pouvoir exécutif doit exercer le plus d'influence; c'est celui où il faut lui laisser le plus de liberté pour qu'il agisse volontiers bien. L'opinion de Mirabeau, qu'on disait gagné par la cour, était annoncée d'avance. L'occasion était favorable pour ravir à l'orateur cette popularité si enviée. Les Lameth l'avaient senti, et avaient chargé Barnave d'accabler Mirabeau. Le côté droit se retira pour ainsi dire, et laissa le champ libre à ces deux rivaux.

La discussion était impatiemment attendue; elle s'ouvre[*]. Après quelques orateurs qui ne ré-

---

[*] Séances du 14 au 22 mai.

pandent que des idées préliminaires, Mirabeau
est entendu et pose la question d'une manière
toute nouvelle. La guerre, suivant lui, est
presque toujours imprévue; les hostilités commencent avant les menaces; le roi chargé du
salut public, doit les repousser, et la guerre se
trouve ainsi commencée avant que l'assemblée
ait pu intervenir. Il en est de même pour les
traités : le roi peut seul saisir le moment de
négocier, de conférer, de disputer avec les
puissances; l'assemblée ne peut que ratifier les
conditions obtenues. Dans les deux cas, le roi
peut seul agir, et l'assemblée approuver ou
improuver. Mirabeau veut donc que le pouvoir exécutif soit tenu de soutenir les hostilités commencées, et que le pouvoir législatif,
suivant les cas, souffre la continuation de la
guerre, ou bien requière la paix. Cette opinion
est applaudie, parce que la voix de Mirabeau
l'était toujours. Cependant Barnave prend la
parole, et, négligeant les autres orateurs, ne
répond qu'à Mirabeau. Il convient que souvent
le fer est tiré avant que la nation puisse être
consultée, mais il soutient que les hostilités ne
sont pas la guerre, que le roi doit les repousser
et avertir aussitôt l'assemblée, qui alors déclare en souveraine ses propres intentions.
Ainsi toute la différence est dans les mots,

car Mirabeau donne à l'assemblée le droit d'improuver la guerre et de requérir la paix, Barnave celui de déclarer l'une ou l'autre; mais, dans les deux cas, le vœu de l'assemblée était obligatoire, et Barnave ne lui donnait pas plus que Mirabeau. Néanmoins Barnave est applaudi et porté en triomphe par le peuple, et on répand que son adversaire est vendu. On colporte par les rues et à grands cris un pamphlet intitulé : *Grande trahison du comte de Mirabeau*. L'occasion était décisive, chacun attendait un effort du terrible athlète. Il demande la réplique, l'obtient, monte à la tribune en présence d'une foule immense réunie pour l'entendre, et déclare, en y montant, qu'il n'en descendra que mort ou victorieux. « Moi aussi, dit-il en commençant, on m'a porté en triomphe, et pourtant on crie aujourd'hui *la grande trahison du comte de Mirabeau!* Je n'avais pas besoin de cet exemple pour savoir qu'il n'y a qu'un pas du Capitole à la roche Tarpéienne. Cependant ces coups de bas en haut ne m'arrêteront pas dans ma carrière. » Après cet imposant début, il annonce qu'il ne répondra qu'à Barnave, et dès le commencement : — Expliquez-vous, lui dit-il, vous avez dans votre opinion réduit le roi à notifier les hostilités commencées, et vous avez donné à l'assemblée toute seule le droit de déclarer à cet égard la volonté nationale. Sur cela je vous arrête et vous rappelle à nos principes, qui partagent l'expression de la volonté nationale entre l'assemblée et le roi... En ne l'attribuant qu'à l'assemblée seule, vous avez forfait à la constitution; je vous rappelle à l'ordre... Vous ne répondez pas...; je continue...

Il n'y avait en effet rien à répondre. Barnave demeure exposé pendant une longue réplique à ces foudroyantes apostrophes. Mirabeau lui répond article par article, et montre que son adversaire n'a rien donné de plus à l'assemblée que ce qu'il lui avait donné lui-même; mais que seulement, en réduisant le roi à une simple notification, il l'avait privé de son concours nécessaire à l'expression de la volonté nationale; il termine enfin en reprochant à Barnave ces coupables rivalités entre des hommes qui devraient, dit-il, vivre en vrais compagnons d'armes. Barnave avait énuméré les partisans de son opinion, Mirabeau énumère les siens à son tour; il y montre ces hommes modérés, premiers fondateurs de la constitution, et qui entretenaient les Français de liberté, lorsque ses vils calomniateurs suçaient le lait des cours (il désignait les Lameth, qui avaient reçu des bienfaits de la reine); «des hommes, ajoute-t-il, qui s'honoreront jusqu'au tombeau de leurs amis et de leurs ennemis. »

Des applaudissements unanimes couvrent la voix de Mirabeau. Il y avait dans l'assemblée une portion considérable de députés qui n'appartenaient ni à la droite ni à la gauche, mais qui, sans aucun parti pris, se décidaient sur l'impression du moment. C'était par eux que le génie et la raison régnaient, parce qu'ils faisaient la majorité en se portant vers un côté ou vers l'autre. Barnave veut répondre, l'assemblée s'y oppose et demande d'aller aux voix. Le décret de Mirabeau, supérieurement amendé par Chapelier, a la priorité, et il est enfin adopté (22 mai), à la satisfaction générale; car ces rivalités ne s'étendaient pas au-delà du cercle où elles étaient nées, et le parti populaire croyait vaincre aussi bien avec Mirabeau qu'avec les Lameth.

Le décret conférait au roi et à la nation le droit de faire la paix et la guerre. Le roi était chargé de la disposition des forces, il notifiait les hostilités commencées, réunissait l'assemblée si elle ne l'était pas, et proposait le décret de paix ou de guerre; l'assemblée délibérait sur sa proposition expresse, et le roi sanctionnait ensuite sa délibération. C'est Chapelier qui, par un amendement très-raisonnable, avait exigé la proposition expresse et la sanction définitive. Ce décret, conforme à la raison et aux principes déjà établis, excita une joie sincère chez les constitutionnels, et des espérances folles chez les contre-révolutionnaires, qui crurent que l'esprit public allait changer, et que cette victoire de Mirabeau allait devenir la leur. Lafayette, qui dans cette circonstance s'était uni à Mirabeau, en écrivit à Bouillé, lui fit entrevoir des espérances de calme et de modération, et tâcha, comme il le faisait toujours, de le concilier à l'ordre nouveau.

L'assemblée continuait ses travaux de finances. Ils consistaient à disposer le mieux possible des biens du clergé, dont la vente, depuis long-temps décrétée, ne pouvait être empêchée ni par les protestations, ni par les mandements, ni par les intrigues. Dépouiller un corps trop puissant d'une grande partie du territoire, la répartir le mieux possible, et de manière à la fertiliser par sa division; rendre ainsi propriétaire une portion considérable du peuple qui ne l'était pas; enfin éteindre par la même opération les dettes de l'état, et rétablir l'ordre dans les finances, tel était le but de l'assemblée, et elle en sentait trop l'utilité, pour s'effrayer des obstacles. L'assemblée avait déjà ordonné la vente de 400 millions de biens du domaine et de l'Église, mais il fallait trouver les moyens de vendre ces biens sans les discréditer par la concurrence, en les offrant tous à la fois. Bailly proposa, au nom de la municipalité de Paris, un projet parfaitement conçu : c'était de transmettre ces biens aux municipalités, qui les achèteraient en masse pour les revendre ensuite peu à peu, de manière que la mise en vente n'eût pas lieu tout à la fois. Les municipalités n'ayant pas des fonds pour payer sur-le-champ, prendraient des engagements à temps, et on paierait les créanciers de l'état avec des bons sur les communes, qu'elles seraient chargées d'acquitter successivement. Ces bons, qu'on appela dans la discussion *papier municipal*, donnèrent la première idée des *assignats*. En suivant le projet de Bailly, on mettait la main sur les biens ecclésiastiques : ils étaient déplacés, divisés entre les communes, et les créanciers se rapprochaient de leur gage, en acquérant un titre sur les municipalités, au lieu de l'avoir sur l'état. Les sûretés étaient donc augmentées, puisque le paiement était rapproché; il dépendait même des créanciers de l'effectuer eux-mêmes, puisque avec ces bons ou assignats ils pouvaient acquérir une valeur proportionnelle des biens mis en vente. On avait ainsi beaucoup fait pour eux, mais ce n'était pas tout encore. Ils pouvaient ne pas vouloir convertir leurs bons en terres, par scrupule ou par tout autre motif, et, dans ce cas, ces bons, qu'il leur fallait garder, ne pouvant pas circuler comme de la monnaie, n'étaient pour eux que de simples titres non acquittés. Il ne restait plus qu'une dernière mesure à prendre, c'était de donner à ces bons ou titres la faculté de circulation ; alors ils devenaient une véritable monnaie, et les créanciers, pouvant les donner en paiement, étaient véritablement remboursés. Une autre considération était décisive. Le numéraire manquait ; on attribuait cette disette à l'émigration qui emportait beaucoup d'espèces, aux paiements qu'on était obligé de faire à l'étranger, et enfin à la malveillance. La véritable cause était le défaut de confiance produit par les troubles. C'est par la circulation que le numéraire devient apparent ; quand la confiance règne, l'activité des échanges est extrême, le numéraire marche rapidement, se montre partout, et on le croit plus considérable, parce qu'il sert davantage ; mais quand les troubles politiques répandent l'effroi, les capitaux languissent, le numéraire marche lentement ; il s'enfouit souvent, et on accuse à tort son absence.

Le désir de suppléer aux espèces métalliques, que l'assemblée croyait épuisées, celui de donner aux créanciers autre chose qu'un titre mort dans leurs mains, la nécessité de pourvoir en outre à une foule de besoins pressants, fit donner à ces bons ou assignats le cours forcé de monnaie. Le créancier était payé par là, puisqu'il pouvait faire accepter le papier qu'il avait reçu, et suffire ainsi à tous ses engagements. S'il n'avait pas voulu acheter des terres, ceux qui avaient reçu de lui le papier circulant devaient finir par les acheter eux-mêmes. Les assignats qui rentraient par cette voie étaient destinés à être brûlés; ainsi les terres du clergé devaient bientôt se trouver distribuées et le papier supprimé. Les assignats portaient un intérêt à tant le jour, et acquéraient une valeur en séjournant dans les mains des détenteurs.

Le clergé, qui voyait là un moyen d'exécution pour l'aliénation de ses biens, le repoussa fortement. Ses alliés nobles et autres, contraires à tout ce qui facilitait la marche de la révolution, s'y opposèrent aussi et crièrent au papier-monnaie. Le nom de Law devait tout naturellement retentir, et le souvenir de sa banqueroute être réveillé. Cependant la comparaison n'était pas juste, parce que le papier de Law n'était hypothéqué que sur les succès à venir de la Compagnie des Indes, tandis que les assignats reposaient sur un capital territorial, réel et facilement occupable. Law avait fait pour la cour des faux considérables, et avait excédé de beaucoup la valeur présumée du capital de la Compagnie; l'assemblée au contraire ne pouvait pas croire, avec les formes nouvelles qu'elle venait d'établir, que des exactions pareilles pussent avoir lieu. Enfin la somme des assignats créés ne représentait qu'une très-petite partie du capital qui leur était affecté. Mais, ce qui était vrai, c'est que le papier, quelque sûr qu'il soit, n'est pas, comme l'argent, une réalité, et, suivant l'expression de Bailly, une *actualité physique*. Le numéraire porte avec lui sa propre valeur; le papier, au contraire, exige encore une opération, un achat de terre, une réalisation. Il doit donc être au-dessous du numéraire, et dès qu'il est au-dessous, le numéraire, que personne ne veut donner pour du papier, se cache et finit par disparaître. Si, de plus, des désordres dans l'administration des biens, des émissions immodérées de papier, détruisent la proportion entre les effets circulant et le capital, la confiance s'évanouit ; la valeur nominale est conservée, mais la valeur réelle n'est plus ; celui qui donne cette monnaie conventionnelle vole celui qui la reçoit, et une grande crise a lieu. Tout cela était possible, et avec plus d'expérience aurait paru certain. Comme mesure financière, l'émission des assignats était donc très-critiquable, mais elle était nécessaire comme mesure politique, car elle fournissait à des besoins pressants, et divisait la propriété sans le secours d'une loi agraire. L'assemblée ne devait donc pas hésiter; et, malgré Maury et les siens, elle décréta quatre cents millions d'assignats forcés avec intérêt*.

Necker depuis long-temps avait perdu la confiance du roi, l'ancienne déférence de ses collègues, et l'enthousiasme de la nation. Renfermé dans ses calculs, il discutait quelquefois avec l'assemblée. Sa réserve à l'égard des dépenses extraordinaires avait fait demander le livre rouge, registre fameux où l'on trouvait, disait-on, la liste de toutes les dépenses secrètes. Louis XVI céda avec peine, et fit cacheter les feuillets où étaient portées les dépenses de son prédécesseur Louis XV. L'assemblée respecta sa délicatesse, et se borna aux dépenses de ce règne. On n'y trouva rien de personnel au roi; les prodigalités étaient toutes relatives aux courtisans. Les Lameth s'y

* Avril.

trouvèrent portés pour un bienfait de soixante mille francs, consacrés par la reine à leur éducation. Ils firent reporter cette somme au trésor public. On réduisit les pensions sur la double proportion des services et de l'ancien état des personnes. L'assemblée montra partout la plus grande modération ; elle supplia le roi de fixer lui-même la liste civile, et elle vota par acclamation les vingt-cinq millions qu'il avait demandés.

Cette assemblée, forte de son nombre, de ses lumières, de sa puissance, de ses résolutions, avait conçu l'immense projet de régénérer toutes les parties de l'état, et elle venait de régler le nouvel ordre judiciaire. Elle avait distribué les tribunaux de la même manière que les administrations, par districts et départements. Les juges étaient laissés à l'élection populaire. Cette dernière mesure avait été fortement combattue. La métaphysique politique avait été encore déployée ici pour prouver que le pouvoir judiciaire relevait du pouvoir exécutif, et que le roi devait nommer les juges. On avait trouvé des raisons de part et d'autre ; mais la seule à donner à l'assemblée, qui était dans l'intention de faire une monarchie, c'est que la royauté, successivement dépouillée de ses attributions, devenait une

simple magistrature, et l'état une république.
Mais dire ce qu'était la monarchie était trop
hardi; elle exige des concessions qu'un peuple ne consent jamais à faire, dans le premier
moment du réveil. Le sort des nations est de
demander ou trop, ou rien. L'assemblée voulait sincèrement le roi, elle était pleine de déférence pour lui, et le prouvait à chaque instant; mais elle chérissait la personne, et,
sans s'en douter, détruisait la chose.

Après cette uniformité introduite dans la
justice et l'administration, il restait à régulariser le service de la religion, et à le constituer
comme tous les autres. Ainsi, quand on avait
établi un tribunal d'appel et une administration supérieure dans chaque département,
il était naturel d'y placer aussi un évêché.
Comment, en effet, souffrir que certains évêchés embrassassent quinze cents lieues carrées, tandis que d'autres n'en embrassaient
que vingt; que certaines cures eussent dix
lieues de circonférence, et que d'autres comptassent à peine quinze feux; que beaucoup de
curés eussent au plus sept cents livres, tandis
que près d'eux il existait des bénéficiers qui
comptaient dix et quinze mille livres de revenus? L'assemblée, en réformant les abus,
n'empiétait pas sur les doctrines ecclésiasti-

ques, ni sur l'autorité papale, puisque les circonscriptions avaient toujours appartenu au pouvoir temporel. Elle voulait donc former une nouvelle division, soumettre comme jadis les curés et les évêques à l'élection populaire, et en cela encore elle n'empiétait que sur le pouvoir temporel, puisque les dignitaires ecclésiastiques étaient choisis par le roi et institués par le pape. Ce projet, qui fut nommé *constitution civile du clergé*, et qui fit calomnier l'assemblée plus que tout ce qu'elle avait fait, était pourtant l'ouvrage des députés les plus pieux. C'était Camus et autres jansénistes qui, voulant raffermir la religion dans l'état, cherchaient à la mettre en harmonie avec les lois nouvelles. Il est certain que la justice étant rétablie partout, il était étrange qu'elle ne le fût pas dans l'administration ecclésiastique aussi bien qu'ailleurs. Sans Camus et quelques autres, les membres de l'assemblée, élevés à l'école des philosophes, auraient traité le christianisme comme toutes les autres religions admises dans l'état et ne s'en seraient pas occupés. Ils se prêtèrent à des sentiments que dans nos mœurs nouvelles il est d'usage de ne pas combattre, même quand on ne les partage pas. Ils soutinrent donc le projet religieux et sincèrement chrétien de Camus. Le clergé se souleva, prétendit qu'on empiétait sur l'autorité spirituelle du pape, et en appela à Rome. Les principales bases du projet furent néanmoins adoptées*, et aussitôt présentées au roi, qui demanda du temps pour en référer au grand pontife. Le roi, dont la religion éclairée reconnaissait la sagesse de ce plan, écrivit au pape avec le désir sincère d'avoir son consentement, et de renverser par là toutes les objections du clergé. On verra bientôt quelles intrigues empêchèrent le succès de ses vœux.

Le mois de juillet approchait; il y avait bientôt un an que la Bastille était prise, que la nation s'était emparée de tous les pouvoirs, et qu'elle prononçait ses volontés par l'assemblée, et les exécutait elle-même, ou les faisait exécuter sous sa surveillance. Le 14 juillet était considéré comme le jour qui avait commencé une ère nouvelle, et on résolut d'en célébrer l'anniversaire par une grande fête. Déjà les provinces, les villes, avaient donné l'exemple de se fédérer, pour résister en commun aux ennemis de la révolution. La municipalité de Paris proposa pour le 14 juillet une fédération générale de toute la France, qui serait célébrée au milieu de la capitale par les députés

---
* Décret du 12 juillet.

de toutes les gardes nationales et de tous les corps de l'armée. Ce projet fut accueilli avec enthousiasme, et des préparatifs immenses furent faits pour rendre la fête digne de son objet.

Les nations, ainsi qu'on l'a vu, avaient depuis long-temps les yeux sur la France; les souverains commençaient à nous haïr et à nous craindre, les peuples à nous estimer. Un certain nombre d'étrangers enthousiastes se présentèrent à l'assemblée, chacun avec le costume de sa nation. Leur orateur, Anacharsis Clootz, Prussien de naissance, doué d'une imagination folle, demanda au nom du genre humain à faire partie de la fédération. Ces scènes, qui paraissent ridicules à ceux qui ne les ont pas vues, émeuvent profondément ceux qui y assistent. L'assemblée accorda la demande, et le président répondit à ces étrangers qu'ils seraient admis, pour qu'ils pussent raconter à leurs compatriotes ce qu'ils avaient vu, et leur faire connaître les joies et les bienfaits de la liberté.

L'émotion causée par cette scène en amena une autre. Une statue équestre de Louis XIV le représentait foulant aux pieds l'image de plusieurs provinces vaincues: « Il ne faut pas souffrir, s'écria l'un des Lameth, ces monuments d'esclavage dans les jours de liberté. Il ne faut pas que les Francs-Comtois, en arrivant à Paris, voient leur image ainsi enchainée. » Maury combattit une mesure qui était peu importante, et qu'il fallait accorder à l'enthousiasme public. Au même instant une voix proposa d'abolir les titres de comte, marquis, baron, etc., de défendre les livrées, enfin de détruire tous les titres héréditaires. Le jeune Montmorency soutint la proposition. Un noble demanda ce qu'on substituerait à ces mots: Un tel a été fait comte pour avoir servi l'état? —On dira simplement, répondit Lafayette, qu'un tel a sauvé l'état un tel jour. Le décret fut adopté*, malgré l'irritation extraordinaire de la noblesse, qui fut plus courroucée de la suppression de ses titres que des pertes plus réelles qu'elle avait faites depuis le commencement de la révolution. La partie la plus modérée de l'assemblée aurait voulu qu'en abolissant les titres, on laissât la liberté de les porter à ceux qui le voudraient. Lafayette s'empressa d'avertir la cour, avant que le décret fût sanctionné, et l'engagea de le renvoyer à l'assemblée qui consentait à l'amender. Mais le roi se hâta de le sanctionner, et on

---

* Décret et séance du 19 juin.

crut y voir l'intention peu franche de pousser les choses au pire.

L'objet de la fédération fut le serment civique. On demanda si les fédérés et l'assemblée le prêteraient dans les mains du roi, ou si le roi, considéré comme le premier fonctionnaire public, jurerait avec tous les autres sur l'autel de la patrie. On préféra le dernier moyen. L'assemblée acheva aussi de mettre l'étiquette en harmonie avec ses lois, et le roi ne fut dans la cérémonie que ce qu'il était dans la constitution. La cour, à qui Lafayette inspirait des défiances continuelles, s'effraya d'une nouvelle qu'on répandait, et d'après laquelle il devait être nommé commandant de toutes les gardes nationales du royaume. Ces défiances, pour qui ne connaissait pas Lafayette, étaient naturelles, et ses ennemis de tous les côtés s'attachaient à les augmenter. Comment se persuader en effet qu'un homme jouissant d'une telle popularité, chef d'une force aussi considérable, ne voulût pas en abuser? Cependant il ne le voulait pas; il était résolu à n'être que citoyen; et, soit vertu, soit ambition bien entendue, le mérite est le même. Il faut que l'orgueil humain soit placé quelque part; la vertu consiste à le placer dans le bien. Lafayette, prévenant les craintes de la cour, proposa qu'un même individu ne pût commander plus d'une garde de département. Le décret fut accueilli avec acclamation, et le désintéressement du général couvert d'applaudissements. Lafayette fut cependant chargé de tout le soin de la fête, et nommé chef de la fédération en sa qualité de commandant de la garde parisienne.

Le jour approchait, et les préparatifs se faisaient avec la plus grande activité. La fête devait avoir lieu au Champ-de-Mars, vaste terrain qui s'étend entre l'École Militaire et le cours de la Seine. On avait projeté de transporter la terre du milieu sur les côtés, de manière à former un amphithéâtre qui pût contenir la masse des spectateurs. Douze mille ouvriers y travaillaient sans relâche; et cependant il était à craindre que les travaux ne fussent pas achevés le 14. Les habitants veulent alors se joindre eux-mêmes aux travailleurs. En un instant toute la population est transformée en ouvriers. Des religieux, des militaires, des hommes de toutes les classes saisissent la pelle et la bêche; des femmes élégantes contribuent elles-mêmes aux travaux. Bientôt l'entraînement est général; on s'y rend par sections, avec des bannières de diverses couleurs, et au son du tambour. Arrivé, on se mêle et on travaille en commun. La nuit venue et le signal donné, chacun se rejoint

aux siens et retourne à ses foyers. Cette douce union régna jusqu'à la fin des travaux. Pendant ce temps les fédérés arrivaient continuellement, et étaient reçus avec le plus grand empressement et la plus aimable hospitalité. L'effusion était générale, et la joie sincère, malgré les alarmes que le très-petit nombre d'hommes restés inaccessibles à ces émotions s'efforçaient de répandre. On disait que des brigands profiteraient du moment où le peuple serait à la fédération pour piller la ville. On supposait au duc d'Orléans, revenu de Londres, des projets sinistres; cependant la gaîté nationale fut inaltérable, et on ne crut à aucune de ces méchantes prophéties.

Le 14 arrive enfin: tous les fédérés députés des provinces et de l'armée, rangés sous leurs chefs et leurs bannières, partent de la place de la Bastille et se rendent aux Tuileries. Les députés du Béarn, en passant dans la rue de la Ferronnerie, où avait été assassiné Henri IV, lui rendent un hommage, qui, dans cet instant d'émotion, se manifeste par des larmes. Les fédérés, arrivés au jardin des Tuileries, reçoivent dans leurs rangs la municipalité et l'assemblée. Un bataillon de jeunes enfants, armés comme leurs pères, devançait l'assemblée: un groupe de vieillards la suivait, et rappelait ainsi les antiques souvenirs de Sparte. Le cortége s'avance au milieu des cris et des applaudissements du peuple. Les quais étaient couverts de spectateurs, les maisons en étaient chargées. Un pont jeté en quelques jours sur la Seine, conduisait, par un chemin jonché de fleurs, d'une rive à l'autre, et aboutissait en face du champ de la fédération. Le cortége le traverse, et chacun prend sa place. Un amphithéâtre magnifique, disposé dans le fond, était destiné aux autorités nationales. Le roi et le président étaient assis à côté l'un de l'autre sur des siéges pareils, semés de fleurs de lis d'or. Un balcon élevé derrière le roi portait la reine et la cour. Les ministres étaient à quelque distance du roi, et les députés rangés des deux côtés. Quatre cent mille spectateurs remplissaient les amphithéâtres latéraux; soixante mille fédérés armés faisaient leurs évolutions dans le champ intermédiaire; et au centre s'élevait, sur une base de vingt-cinq pieds, le magnifique autel de la patrie. Trois cents prêtres revêtus d'aubes blanches et d'écharpes tricolores en couvraient les marches, et devaient servir la messe.

L'arrivée des fédérés dura trois heures. Pendant ce temps le ciel était couvert de sombres nuages, et la pluie tombait par torrents. Ce

ciel, dont l'éclat se marie si bien à la joie des hommes, leur refusait en ce moment la sérénité et la lumière. Un des bataillons arrivés dépose ses armes, et a l'idée de former une danse; tous l'imitent aussitôt, et en un seul instant le champ intermédiaire est encombré par soixante mille hommes, soldats et citoyens, qui opposent la gaîté à l'orage. Enfin la cérémonie commence; le ciel, par un hasard heureux, se découvre et illumine de son éclat cette scène solennelle. L'évêque d'Autun commence la messe; des chœurs accompagnent la voix du pontife; le canon y mêle ses bruits solennels. Le saint sacrifice achevé, Lafayette descend de cheval, monte les marches du trône, et vient recevoir les ordres du roi, qui lui confie la formule du serment. Lafayette la porte à l'autel, et dans ce moment toutes les bannières s'agitent, tous les sabres étincellent. Le général, l'armée, le président, les députés crient : *Je le jure!* Le roi debout, la main étendue vers l'autel, dit : *Moi, roi des Français, je jure d'employer le pouvoir que m'a délégué l'acte constitutionnel de l'état, à maintenir la constitution décrétée par l'assemblée nationale et acceptée par moi.* Dans ce moment la reine, entraînée par le mouvement général, saisit dans ses bras l'auguste enfant, héritier du trône, et du haut du balcon où elle est placée le montre à la nation assemblée. A cette vue, des cris extraordinaires de joie, d'amour, d'enthousiasme, se dirigent vers la mère et l'enfant, et tous les cœurs sont à elle. C'est dans ce même instant que la France tout entière, réunie dans les quatre-vingt-trois chefs-lieux des départements, faisait le même serment d'aimer le roi qui les aimerait. Hélas! dans ces moments, la haine même s'attendrit, l'orgueil cède, tous sont heureux du bonheur commun, et fiers de la dignité de tous. Pourquoi ces plaisirs si profonds de la concorde sont-ils si tôt oubliés!

Cette auguste cérémonie achevée, le cortége reprit sa marche, et le peuple se livra à toutes les inspirations de la joie. Les réjouissances durèrent plusieurs jours. Une revue générale des fédérés eut lieu ensuite. Soixante mille hommes étaient sous les armes, et présentaient un magnifique spectacle, tout à la fois militaire et national. Le soir, Paris offrit une fête charmante. Le principal lieu de réunion était aux Champs-Élysées et à la Bastille. On lisait sur le terrain de cette ancienne prison, changé en une place : *Ici l'on danse*. Des feux brillants, rangés en guirlandes, remplaçaient l'éclat du jour. Il avait été défendu à l'opulence de troubler cette paisible fête par le mouvement des voitures. Tout le monde devait se faire peuple, et se trouver heureux de l'être. Les Champs-Élysées présentaient une scène touchante. Chacun y circulait sans bruit, sans tumulte, sans rivalité, sans haine. Toutes les classes confondues s'y promenaient au doux éclat des lumières, et paraissaient satisfaites d'être ensemble. Ainsi, même au sein de la vieille civilisation, on semblait avoir retrouvé les temps de la fraternité primitive.

Les fédérés, après avoir assisté aux imposantes discussions de l'assemblée nationale, aux pompes de la cour, aux magnificences de Paris, après avoir été témoins de la bonté du roi, qu'ils visitèrent tous, et dont ils reçurent de touchantes expressions de bonté, retournèrent chez eux, transportés d'ivresse, pleins de bons sentiments et d'illusions. Après tant de scènes déchirantes, et prêt à en raconter de plus terribles encore, l'historien s'arrête avec plaisir sur ces heures si fugitives, où tous les cœurs n'eurent qu'un sentiment, l'amour du bien public*.

La fête si touchante de la fédération ne fut encore qu'une émotion passagère. Le lendemain, les cœurs voulaient encore tout ce qu'ils avaient voulu la veille, et la guerre était recom-

---

* Voyez la note 17 à la fin du volume.

mencée. Les petites querelles avec le ministère s'engagèrent de nouveau. On se plaignit de ce qu'on avait donné passage aux troupes autrichiennes qui se rendaient dans le pays de Liége. On accusa Saint-Priest d'avoir favorisé l'évasion de plusieurs accusés suspects de machinations contre-révolutionnaires. La cour, en revanche, avait remis à l'ordre du jour la procédure commencée au Châtelet contre les auteurs des 5 et 6 octobre. Le duc d'Orléans et Mirabeau s'y trouvaient impliqués. Cette procédure singulière, plusieurs fois abandonnée et reprise, se ressentait des diverses influences sous lesquelles elle avait été instruite. Elle était pleine de contradictions, et n'offrait aucune charge suffisante contre les deux accusés principaux. La cour, en se conciliant Mirabeau, n'avait cependant aucun plan suivi à son égard. Elle s'en approchait, s'en écartait tour à tour, et cherchait plutôt à l'apaiser qu'à suivre ses conseils. En renouvelant la procédure des 5 et 6 octobre, ce n'était pas lui qu'elle poursuivait, mais le duc d'Orléans, qui avait été fort applaudi à son retour de Londres, et qu'elle avait durement repoussé lorsqu'il demandait à rentrer en grace auprès du roi*. Chabroud devait faire le rap-

* Voyez les Mémoires de Bouillé.

port à l'assemblée, pour qu'elle jugeât s'il y avait lieu ou non à accusation. La cour désirait que Mirabeau gardât le silence, et qu'il abandonnât le duc d'Orléans, le seul à qui elle en voulait. Cependant il prit la parole, et montra combien étaient ridicules les imputations dirigées contre lui. On l'accusait en effet d'avoir averti Mounier que Paris marchait sur Versailles, et d'avoir ajouté ces mots : « Nous voulons un roi, mais qu'importe que ce soit Louis XVI ou Louis XVII; » d'avoir parcouru le régiment de Flandre, le sabre à la main, et de s'être écrié, à l'instant du départ du duc d'Orléans : « Ce j... f..... ne mérite pas la peine qu'on se donne pour lui. » Rien n'était plus futile que de pareils griefs. Mirabeau en montra la faiblesse et le ridicule, ne dit que peu de mots sur le duc d'Orléans, et s'écria en finissant : « Oui, le secret de cette infernale procédure est enfin découvert; il est là tout entier (en montrant le côté droit); il est dans l'intérêt de ceux dont les témoignages et les calomnies en ont formé le tissu; il est dans les ressources qu'elle a fournies aux ennemis de la révolution; il est..... il est dans le cœur des juges, tel qu'il sera bientôt buriné dans l'histoire par la plus juste et la plus implacable vengeance. »

Les applaudissements accompagnèrent Mirabeau jusqu'à sa place; les deux inculpés furent mis hors d'accusation par l'assemblée, et la cour eut la honte d'une tentative inutile.

La révolution devait s'accomplir partout, dans l'armée comme dans le peuple. L'armée, dernier appui du pouvoir, était aussi la dernière crainte du parti populaire. Tous les chefs militaires étaient ennemis de la révolution, parce que, possesseurs exclusifs des grades et des faveurs, ils voyaient le mérite admis à les partager avec eux. Par le motif contraire, les soldats penchaient pour l'ordre de choses nouveau; et sans doute la haine de la discipline, le désir d'une plus forte paie, agissaient aussi puissamment sur eux que l'esprit de liberté. Une dangereuse insubordination se manifestait dans presque toute l'armée. L'infanterie surtout, peut-être parce qu'elle se mêle davantage au peuple, et qu'elle a moins d'orgueil militaire que la cavalerie, était dans un état complet d'insurrection. Bouillé, qui voyait avec peine son armée lui échapper, employait tous les moyens possibles pour arrêter cette contagion de l'esprit révolutionnaire. Il avait reçu de Latour-du-Pin, ministre de la guerre, les pouvoirs les plus étendus; il en profitait en déplaçant continuellement ses troupes, et en les empêchant de se familiariser avec le peuple par leur séjour sur les mêmes lieux. Il leur défendait surtout de se rendre aux clubs, et ne négligeait rien enfin pour maintenir la subordination militaire. Bouillé, après une longue résistance, avait enfin prêté serment à la constitution; et comme il était plein d'honneur, dès cet instant il parut avoir pris la résolution d'être fidèle au roi et à la constitution. Sa répugnance pour Lafayette, dont il ne pouvait méconnaître le désintéressement, était vaincue, et il était plus disposé à s'entendre avec lui. Les gardes nationales de la vaste contrée où il commandait avaient voulu le nommer leur général; il s'y était refusé dans sa première humeur, et il en avait du regret en songeant au bien qu'il aurait pu faire. Néanmoins, malgré quelques dénonciations des clubs, il se maintenait dans les faveurs populaires.

La révolte éclata d'abord à Metz. Les soldats enfermèrent leurs officiers, s'emparèrent des drapeaux et des caisses, et voulurent même faire contribuer la municipalité. Bouillé courut le plus grand danger, et parvint à réprimer la sédition. Bientôt après, une révolte semblable se manifesta à Nancy. Des régiments suisses y prirent part, et on eut lieu de craindre, si cet exemple était suivi, que bientôt tout le royaume ne se trouvât livré aux excès réunis de la soldatesque et de la populace. L'assemblée elle-même en trembla. Un officier fut chargé de porter le décret rendu contre les rebelles. Il ne put le faire exécuter, et Bouillé reçut ordre de marcher sur Nancy, pour que force restât à la loi. Il n'avait que peu de soldats sur lesquels il pût compter. Heureusement les troupes, naguère révoltées à Metz, humiliées de ce qu'il n'osait pas se fier à elles, offrirent de marcher contre les rebelles. Les gardes nationales firent la même offre, et il s'avança avec ces forces réunies et une cavalerie assez nombreuse sur Nancy. Sa position était embarrassante, parce qu'il ne pouvait faire agir sa cavalerie, et que son infanterie n'était pas suffisante pour attaquer les rebelles secondés de la populace. Néanmoins il parla à ceux-ci avec la plus grande fermeté, et parvint à leur imposer. Ils allaient même céder et sortir de la ville conformément à ses ordres, lorsque des coups de fusil furent tirés, on ne sait de quel côté. Dès lors l'engagement devint inévitable. Les troupes de Bouillé, se croyant trahies, combattirent avec la plus grande ardeur; mais l'action fut opiniâtre, et elles ne pénétrèrent que pas à pas, à travers

dre, si cet exemple était suivi, que bientôt

un feu meurtrier*. Maître enfin des principales places, Bouillé obtint la soumission des régiments, et les fit sortir de la ville. Il délivra les officiers et les autorités emprisonnés, fit choisir les principaux coupables, et les livra à l'assemblée nationale.

Cette victoire répandit une joie générale, et calma les craintes qu'on avait conçues pour la tranquillité du royaume. Bouillé reçut du roi et de l'assemblée des félicitations et des éloges. Plus tard on le calomnia, et on accusa sa conduite de cruauté. Cependant elle était irréprochable, et dans le moment elle fut applaudie comme telle. Le roi augmenta son commandement, qui devint fort considérable, car il s'étendait depuis la Suisse jusqu'à la Sambre, et comprenait la plus grande partie de la frontière. Bouillé, comptant plus sur la cavalerie que sur l'infanterie, choisit pour se cantonner les bords de la Seille, qui tombe dans la Moselle; il avait là des plaines pour faire agir sa cavalerie, des fourrages pour la nourrir, des places assez fortes pour se retrancher, et surtout peu de population à craindre. Bouillé était décidé à ne rien faire contre la constitution; mais il se défiait des patrio-

* 31 août.

tes, et il prenait des précautions pour venir au secours du roi, si les circonstances le rendaient nécessaire.

L'assemblée avait aboli les parlements, institué les jurés, détruit les jurandes, et allait ordonner une nouvelle émission d'assignats. Les biens du clergé offrant un capital immense, et les assignats le rendant continuellement disponible, il était naturel qu'elle en usât. Toutes les objections déja faites furent renouvelées avec plus de violence; l'évêque d'Autun lui-même se prononça contre cette émission nouvelle, et prévit avec sagacité tous les résultats financiers de cette mesure*. Mirabeau, envisageant surtout les résultats politiques, insista avec opiniâtreté, et réussit. Huit cents millions d'assignats furent décrétés; et cette fois il fut décidé qu'ils ne porteraient pas intérêt. Il était inutile en effet d'ajouter un intérêt à une monnaie. Qu'on fasse cela pour un titre qui ne peut circuler et demeure oisif dans les mains de celui qui le possède, rien n'est plus juste; mais pour une valeur qui devient actuelle par son cours forcé, c'est une erreur que l'assemblée ne commit pas une seconde fois. Necker s'opposa à cette nouvelle

* Voyez la note 18 à la fin du volume.

émission, et envoya un mémoire qu'on n'écouta point. Les temps étaient bien changés pour lui, et il n'était plus ce ministre à la conservation duquel le peuple attachait son bonheur, un an auparavant. Privé de la confiance du roi, brouillé avec ses collègues, excepté Montmorin, il était négligé par l'assemblée, et n'en obtenait pas tous les égards qu'il eût pu en attendre. L'erreur de Necker consistait à croire que la raison suffisait à tout, et que, manifestée avec un mélange de sentiment et de logique, elle devait triompher de l'entêtement des aristocrates et de l'irritation des patriotes. Necker possédait cette raison un peu fière qui juge les écarts des passions et les blâme; mais il manquait de cette autre raison plus élevée et moins orgueilleuse, qui ne se borne pas à les blâmer, mais qui sait aussi les conduire. Aussi, placé au milieu d'elles, il ne fut pour toutes qu'une gêne et point un frein. Demeuré sans amis depuis le départ de Mounier et de Lally, il n'avait conservé que l'inutile Malouet. Il avait blessé l'assemblée, en lui rappelant sans cesse et avec des reproches le soin le plus difficile de tous, celui des finances; il s'était attiré en outre le ridicule par la manière dont il parlait de lui-même. Sa démission fut acceptée avec plaisir par tous les partis*. Sa voiture fut arrêtée à la sortie du royaume par le même peuple qui l'avait naguère traînée en triomphe; il fallut un ordre de l'assemblée pour que la liberté d'aller en Suisse lui fût accordée. Il l'obtint bientôt, et se retira à Coppet pour y contempler de loin une révolution qu'il était plus propre à observer qu'à conduire.

Le ministère s'était réduit à la nullité du roi lui-même, et se livrait tout au plus à quelques intrigues ou inutiles ou coupables. Saint-Priest communiquait avec les émigrés; Latour-du-Pin se prêtait à toutes les volontés des chefs militaires; Montmorin avait l'estime de la cour, mais non sa confiance, et il était employé dans des intrigues auprès des chefs populaires, avec lesquels sa modération le mettait en rapport. Les ministres furent tous dénoncés à l'occasion de nouveaux complots. « Moi aussi, s'écria Cazalès, je les dénoncerais, s'il était généreux de poursuivre des hommes aussi faibles; j'accuserais le ministre des finances de n'avoir pas éclairé l'assemblée sur les véritables ressources de l'état, et de n'avoir pas dirigé une révolution qu'il avait provoquée; j'accuserais le ministre de la guerre d'avoir laissé désorganiser

---

* Necker se démit le 4 septembre.

l'armée; le ministre des provinces de n'avoir pas fait respecter les ordres du roi; tous enfin de leur nullité, et des lâches conseils donnés à leur maître. » L'inaction est un crime aux yeux des partis qui veulent aller à leur but: aussi le côté droit condamnait-il les ministres, non pour ce qu'ils avaient fait, mais pour ce qu'ils n'avaient pas fait. Cependant Cazalès et les siens, tout en les condamnant, s'opposaient à ce qu'on demandât au roi leur éloignement, parce qu'ils regardaient cette demande comme une atteinte à la prérogative royale. Ce renvoi ne fut pas réclamé, mais ils donnèrent successivement leur démission, excepté Montmorin, qui fut seul conservé. Duport-du-Tertre, simple avocat, fut nommé garde-des-sceaux. Duportail, désigné au roi par Lafayette, remplaça Latour-du-Pin à la guerre, et se montra mieux disposé en faveur du parti populaire. L'une des mesures qu'il prit, fut de priver Bouillé de toute la liberté dont il usait dans son commandement, et particulièrement du pouvoir de déplacer les troupes à sa volonté, pouvoir dont Bouillé se servait, comme on l'a vu, pour empêcher les soldats de fraterniser avec le peuple.

Le roi avait fait une étude particulière de l'histoire de la révolution anglaise. Le sort de

Charles Ier l'avait toujours singulièrement frappé, et il ne pouvait pas se défendre de pressentiments sinistres. Il avait surtout remarqué le motif de la condamnation de Charles Ier ; ce motif était la guerre civile. Il en avait contracté une horreur invincible pour toute mesure qui pouvait faire couler le sang ; et il s'était constamment opposé à tous les projets de fuite, proposés par la reine et la cour.

Pendant l'été passé à Saint-Cloud, en 1790, il aurait pu s'enfuir ; mais il n'avait jamais voulu en entendre parler. Les amis de la constitution redoutaient comme lui ce moyen, qui semblait devoir amener la guerre civile. Les aristocrates seuls le désiraient, parce que, maîtres du roi en l'éloignant de l'assemblée, ils se promettaient de gouverner en son nom, et de rentrer avec lui à la tête des étrangers, ignorant encore qu'on ne va jamais qu'à leur suite. Aux aristocrates se joignaient peut-être quelques imaginations précoces, qui déjà commençaient à rêver la république, à laquelle personne ne songeait encore, dont on n'avait jamais prononcé le nom, si ce n'est la reine dans ses emportements contre Lafayette et contre l'assemblée, qu'elle accusait d'y tendre de tous leurs vœux. Lafayette, chef de l'armée constitutionnelle, et de tous les amis sincères de la liberté, veillait constamment sur la personne du monarque. Ces deux idées, éloignement du roi et guerre civile, étaient si fortement associées dans les esprits depuis le commencement de la révolution, qu'on regardait ce départ comme le plus grand malheur à craindre.

Cependant l'expulsion du ministère, qui, s'il n'avait la confiance de Louis XVI, était du moins de son choix, l'indisposa contre l'assemblée, et lui fit craindre la perte entière du pouvoir exécutif. Les nouveaux débats religieux, que la mauvaise foi du clergé fit naître à propos de la constitution civile, effrayèrent sa conscience timorée, et dès lors il songea au départ. C'est vers la fin de 1790 qu'il en écrivit à Bouillé, qui résista d'abord, et qui céda ensuite, pour ne point rendre son zèle suspect à l'infortuné monarque. Mirabeau, de son côté, avait fait un plan pour soutenir la cause de la monarchie. En communication continuelle avec Montmorin, il n'avait jusque-là rien entrepris de sérieux, parce que la cour, hésitant entre l'étranger, l'émigration et le parti national, ne voulait rien franchement, et de tous les moyens redoutait surtout celui qui la soumettrait à un maître aussi sincèrement constitutionnel que Mirabeau. Cependant elle s'entendit entièrement avec lui, vers cette époque. On lui promit tout s'il réussissait, et toutes les ressources possibles furent mises à sa disposition. Talon, lieutenant-civil au Châtelet, et Laporte, appelé récemment auprès du roi pour administrer la liste civile, eurent ordre de le voir et de se prêter à l'exécution de ses plans. Mirabeau condamnait la constitution nouvelle. Pour une monarchie elle était, selon lui, trop démocratique, et pour une république il y avait un roi de trop. En voyant surtout le débordement populaire qui allait toujours croissant, il résolut de l'arrêter. A Paris, sous l'empire de la multitude et d'une assemblée toute-puissante, aucune tentative n'était possible. Il ne vit qu'une ressource, c'était d'éloigner le roi de Paris, et de le placer à Lyon. Là, le roi se fût expliqué; il aurait énergiquement exprimé les raisons qui lui faisaient condamner la constitution nouvelle, et en aurait donné une autre qui était toute préparée. Au même instant, on eût convoqué une première législature. Mirabeau, en conférant par écrit avec les membres les plus populaires, avait eu l'art de leur arracher à tous l'improbation d'un article de la constitution actuelle. En réunissant ces divers avis, la constitution tout entière se trouvait condamnée par ses auteurs eux-mêmes*. Il voulait les joindre au manifeste du roi, pour en assurer l'effet, et faire mieux sentir la nécessité d'une nouvelle constitution. On ne connaît pas tous ses moyens d'exécution; on sait seulement, que par la police de Talon, lieutenant-civil, il s'était ménagé des pamphlétaires, des orateurs de club et de groupe; que par son immense correspondance, il devait s'assurer trente-six départements du Midi. Sans doute il songeait à s'aider de Bouillé, mais il ne voulait pas se mettre à la merci de ce général. Tandis que Bouillé campait à Montmédy, il voulait que le roi se tînt à Lyon; et lui-même devait, suivant les circonstances, se porter à Lyon ou à Paris. Un prince étranger, ami de Mirabeau, vit Bouillé de la part du roi, et lui fit part de ce projet, mais à l'insu de Mirabeau**, qui ne songeait pas à Montmédy, où le roi s'achemina plus tard. Bouillé, frappé du génie de Mirabeau, dit qu'il fallait tout faire pour s'assurer un homme pareil, et que pour lui il était prêt à le seconder de tous ses moyens.

* Voyez la note 19 à la fin du volume.
** Bouillé semble croire, dans ses Mémoires, que c'est de la part de Mirabeau et du roi qu'on lui fit des ouvertures. Mais c'est là une erreur. Mirabeau ignorait cette double menée, et ne pensait pas à se mettre dans les mains de Bouillé.

M. de Lafayette était étranger à ce projet. Quoiqu'il fût sincèrement dévoué à la personne du roi, il n'avait point la confiance de la cour, et d'ailleurs il excitait l'envie de Mirabeau, qui ne voulait pas se donner un compagnon pareil. En outre, M. de Lafayette était connu pour ne suivre que le droit chemin, et ce plan était trop hardi, trop détourné des voies légales, pour lui convenir. Quoi qu'il en soit, Mirabeau voulut être le seul exécuteur de son plan, et en effet, il le conduisit tout seul pendant l'hiver de 1790 à 1791. On ne sait s'il eût réussi; mais il est certain que, sans faire rebrousser le torrent révolutionnaire, il eût du moins influé sur sa direction, et sans changer sans doute le résultat inévitable d'une révolution telle que la nôtre, il en eût modifié les événements par sa puissante opposition. On se demande encore si, même en parvenant à dompter le parti populaire, il eût pu se rendre maître de l'aristocratie et de la cour. Un de ses amis lui faisait cette dernière objection. « Ils m'ont tout promis, disait Mirabeau. — Et s'ils ne vous tiennent point parole? — S'ils ne me tiennent point parole, je les f... en république. »

Les principaux articles de la constitution civile, tels que la circonscription nouvelle des évêchés, et l'élection de tous les fonctionnaires ecclésiastique, avaient été décrétés. Le roi en avait référé au pape, qui, après lui avoir répondu avec un ton moitié sévère et moitié paternel, en avait appelé à son tour au clergé de France. Le clergé profita de l'occasion, et prétendit que le spirituel était compromis par les mesures de l'assemblée. En même temps, il répandit des mandements, déclara que les évêques déchus ne se retireraient de leurs siéges que contraints et forcés; qu'ils loueraient des maisons, et continueraient leurs fonctions ecclésiastiques; que les fidèles demeurés tels ne devraient s'adresser qu'à eux. Le clergé intriguait surtout dans la Vendée et dans certains départements du Midi, où il se concertait avec les émigrés. Un camp fédératif s'était formé à Jallez*, où, sous le prétexte apparent des fédérations, les prétendus fédérés voulaient établir un centre d'opposition aux mesures de l'assemblée. Le parti populaire s'irrita de ces menées; et, fort de sa puissance, fatigué de sa modération, il résolut d'employer un moyen décisif. On a déjà vu les motifs qui avaient influé sur l'adoption de la constitution civile. Cette constitution avait pour auteurs

---

* Ce camp s'était formé dans les premiers jours de septembre.

les chrétiens les plus sincères de l'assemblée; ceux-ci, irrités d'une injuste résistance, résolurent de la vaincre.

On sait qu'un décret obligeait tous les fonctionnaires publics à prêter serment à la constitution nouvelle. Lorsqu'il avait été question de ce serment civique, le clergé avait toujours voulu distinguer la constitution politique de la constitution ecclésiastique; on avait passé outre. Cette fois l'assemblée résolut d'exiger des ecclésiastiques un serment rigoureux qui les mît dans la nécessité de se retirer s'ils ne le prêtaient pas, ou de remplir fidèlement leurs fonctions s'ils le prêtaient. Elle eut soin de déclarer qu'elle n'entendait pas violenter les consciences, qu'elle respecterait le refus de ceux qui, croyant la religion compromise par les lois nouvelles, ne voudraient pas prêter le serment; mais qu'elle voulait les connaître pour ne pas leur confier les nouveaux épiscopats. En cela ses prétentions étaient justes et franches. Elle ajoutait à son décret, que ceux qui refuseraient de jurer seraient privés de fonctions et de traitements; en outre, pour donner l'exemple, tous les ecclésiastiques qui étaient députés devaient prêter le serment dans l'assemblée même, huit jours après la sanction du nouveau décret.

Le côté droit s'y opposa; Maury se livra à toute sa violence, fit tout ce qu'il put pour se faire interrompre, et avoir lieu de se plaindre. Alexandre Lameth, qui occupait le fauteuil, lui maintint la parole, et le priva du plaisir d'être chassé de la tribune. Mirabeau, plus éloquent que jamais, défendit l'assemblée. « Vous,
« s'écria-t-il, les persécuteurs de la religion!
« Vous qui lui avez rendu un si noble et si tou-
« chant hommage, dans le plus beau de vos
« décrets! Vous qui consacrez à son culte une
« dépense publique, dont votre prudence et
« votre justice vous eussent rendus si écono-
« mes! Vous qui avez fait intervenir la religion
« dans la division du royaume, et qui avez
« planté le signe de la croix sur toutes les li-
« mites des départements! Vous, enfin, qui
« savez que Dieu est aussi nécessaire aux
« hommes que la liberté! »

L'assemblée décréta le serment *. Le roi en référa tout de suite à Rome. L'archevêque d'Aix, qui avait d'abord combattu la constitution civile, sentant la nécessité d'une pacification, s'unit au roi et à quelques-uns de ses collègues plus modérés, pour solliciter le consentement du pape. Les émigrés de Turin, et les

---

* Décret du 27 novembre.

évêques opposants de France, écrivirent à Rome, en sens tout contraire, et le pape, sous divers prétextes, différa sa réponse. L'assemblée, irritée de ces délais, insista pour avoir la sanction du roi, qui, décidé à céder, usait des ruses ordinaires de la faiblesse. Il voulait se laisser contraindre pour paraître ne pas agir librement. En effet, il attendit une émeute, et se hâta alors de donner sa sanction. Le décret sanctionné, l'assemblée voulut le faire exécuter, et elle obligea ses membres ecclésiastiques à prêter le serment dans son sein. Des hommes et des femmes, qui jusque-là s'étaient montrés fort peu attachés à la religion, se mirent tout-à-coup en mouvement pour provoquer le refus des ecclésiastiques*. Quelques évêques et quelques curés prêtèrent le serment. Le plus grand nombre résista avec une feinte modération, et un attachement apparent à ses principes. L'assemblée n'en persista pas moins dans la nomination des nouveaux évêques et curés, et fut parfaitement secondée par les administrations. Les anciens fonctionnaires ecclésiastiques eurent la liberté d'exercer leur culte à part, et ceux qui étaient reconnus par l'état prirent place dans les égli-

* Voyez la note 29 à la fin du volume.

ses. Les dissidents louèrent à Paris l'église des Théatins pour s'y livrer à leurs exercices. L'assemblée le permit, et la garde nationale les protégea autant qu'elle put contre la fureur du peuple, qui ne leur laissa pas toujours exercer en repos leur ministère particulier.

On a condamné l'assemblée d'avoir occasioné ce schisme, et d'avoir ajouté une cause nouvelle de division à celles qui existaient déja. D'abord, quant à ses droits, il est évident à tout esprit juste que l'assemblée ne les excédait pas en s'occupant du temporel de l'Église. Quant aux considérations de prudence, on peut dire qu'elle ajoutait peu aux difficultés de sa position. Et en effet, la cour, la noblesse et le clergé avaient assez perdu, le peuple assez acquis, pour être des ennemis irréconciliables, et pour que la révolution eût son issue inévitable, même sans les effets du nouveau schisme. D'ailleurs, quand on détruisait tous les abus, l'assemblée pouvait-elle souffrir ceux de l'ancienne organisation ecclésiastique? Pouvait-elle souffrir que des oisifs vécussent dans l'abondance, tandis que les pasteurs, seuls utiles, avaient à peine le nécessaire?

CHAPITRE VI.

Progrès de l'émigration. — Le peuple soulevé attaque le donjon de Vincennes. Conspiration des *Chevaliers du poignard.* — Discussion sur la loi contre les émigrés. — Mort de Mirabeau. — Intrigues contre-révolutionnaires. Fuite du roi et de sa famille; il est arrêté à Varennes et ramené à Paris. — Dispositions des puissances étrangères; préparatifs des émigrés. — Déclaration de Pilnitz. — Proclamation de la loi martiale au Champ-de-Mars. — Le roi accepte la constitution. — Clôture de l'assemblée constituante.

La longue et dernière lutte entre le parti national et l'ordre privilégié du clergé, dont nous venons de raconter les principales circonstances, acheva de tout diviser. Tandis que le clergé travaillait les provinces de l'Ouest et du Midi, les réfugiés de Turin faisaient diverses tentatives, que leur faiblesse et leur anarchie rendaient inutiles. Une conspiration fut tentée à Lyon. On y annonçait l'arrivée des princes, et une abondante distribution de graces; on promettait même à cette ville de devenir la capitale du royaume, à la place de Paris, qui avait démérité de la cour. Le roi était averti de ces menées, et n'en prévoyant pas le succès, ne le désirant peut-être pas, car il désespérait de gouverner l'aristocratie victorieuse, il fit tout ce qu'il put pour l'empêcher. Cette conspiration fut découverte à la fin de 1790, et ses principaux agents livrés aux tribunaux. Ce dernier revers décida l'émigration à se transporter de Turin à Coblentz, où elle s'établit dans le territoire de l'électeur de Trèves, et aux dépens de son autorité, qu'elle envahit tout entière. On a déja vu que les membres de cette noblesse échappée de France étaient divisés en deux partis : les uns, vieux serviteurs, nourris de faveurs, et composant ce qu'on appelait la cour, ne voulaient pas, en s'appuyant sur la noblesse de province, entrer en partage d'influence avec elle, et pour cela ils n'entendaient recourir qu'à l'étranger; les autres, comptant davantage sur leur épée, voulaient soulever les provinces du Midi, en y réveillant le fanatisme. Les premiers l'emportèrent, et on se rendit à Coblentz, sur la frontière du Nord, pour y attendre les puissances. En vain ceux qui voulaient combattre dans le Midi insistèrent-ils pour qu'on s'aidât du Piémont, de la Suisse et de l'Espagne, alliés fidèles et désintéressés, et pour qu'on laissât dans leur voisinage un chef considérable. L'aristocratie que dirigeait Calonne ne le voulut pas. Cette aristocratie n'avait pas changé en quittant la France : frivole, hautaine, incapable, et prodigue à Coblentz comme à Versailles, elle fit encore mieux éclater ses vices au milieu des difficultés de l'exil et de la guerre civile. Il faut du *bourgeois* dans votre brevet, disait-elle à ces hommes intrépides qui offraient de se battre dans le Midi, et qui demandaient sous quel titre ils serviraient*. On ne laissa à Turin que des agents subalternes, qui, jaloux les uns des autres, se desservaient réciproquement, et empêchaient toute tentative de réussir. Le prince de Condé, qui semblait avoir conservé toute l'énergie de sa branche, n'était point en faveur auprès d'une partie de la noblesse; il se plaça près du Rhin, avec tous ceux qui, comme lui, ne voulaient pas intriguer, mais se battre.

L'émigration devenait chaque jour plus considérable, et les routes étaient couvertes d'une noblesse qui semblait remplir un devoir sacré, en courant prendre les armes contre sa patrie. Des femmes même croyaient devoir

---

* Voyez la note 21 à la fin du volume.

attester leur horreur contre la révolution, en abandonnant le sol de la France. Chez une nation où tout se fait par entraînement, on émigrait par vogue; on faisait à peine des adieux, tant on croyait que le voyage serait court et le retour prochain. Les révolutionnaires de Hollande, trahis par leur général, abandonnés par leurs alliés, avaient cédé en quelques jours; ceux de Brabant n'avaient guère tenu plus long-temps; ainsi donc, suivant ces imprudents émigrés, la révolution française devait être soumise en une courte campagne, et le pouvoir absolu refleurir sur la France asservie.

L'assemblée, irritée plus qu'effrayée de leur présomption, avait proposé des mesures, et elles avaient toujours été différées. Les tantes du roi, trouvant leur conscience compromise à Paris, crurent devoir aller chercher leur salut auprès du pape. Elles partirent pour Rome*, et furent arrêtées en route par la municipalité d'Arnay-le-Duc. Le peuple se porta aussitôt chez Monsieur, qu'on disait prêt à s'enfuir. Monsieur parut, et promit de ne pas abandonner le roi. Le peuple se calma; et l'assemblée prit en délibération le départ de

---

* Elles partirent le 19 février 1791.

Mesdames. La délibération se prolongeait, lorsque Menou la termina par ce mot plaisant : « L'Europe, dit-il, sera bien étonnée, quand elle saura qu'une grande assemblée a mis plusieurs jours à décider si deux vieilles femmes entendraient la messe à Rome ou à Paris. » Le comité de constitution n'en fut pas moins chargé de présenter une loi sur la résidence des fonctionnaires publics et sur l'émigration. Ce décret, adopté après de violentes discussions, obligeait les fonctionnaires publics à la résidence dans le lieu de leurs fonctions. Le roi, comme premier de tous, était tenu de ne pas s'éloigner du corps législatif pendant chaque session, et en tout autre temps de ne pas aller au-delà du royaume. En cas de violation de cette loi, la peine pour tous les fonctionnaires était la déchéance. Un autre décret sur l'émigration fut demandé au comité.

Pendant ce temps, le roi, ne pouvant plus souffrir la contrainte qui lui était imposée, et les réductions de pouvoir que l'assemblée lui faisait subir, n'ayant surtout aucun repos de conscience depuis les nouveaux décrets sur les prêtres, le roi était décidé à s'enfuir. Tout l'hiver avait été consacré en préparatifs; on excitait le zèle de Mirabeau, on le comblait de promesses s'il réussissait à mettre la famille royale en liberté, et, de son côté, il poursuivait son plan avec la plus grande activité. Lafayette venait de rompre avec les Lameth. Ceux-ci le trouvaient trop dévoué à la cour; et ne pouvant suspecter son intégrité, comme celle de Mirabeau, ils accusaient son esprit, et lui reprochaient de se laisser abuser. Les ennemis des Lameth les accusèrent de jalouser la puissance militaire de Lafayette, comme ils avaient envié la puissance oratoire de Mirabeau. Ils s'unirent ou parurent s'unir aux amis du duc d'Orléans, et on prétendit qu'ils voulaient ménager à l'un d'eux le commandement de la garde nationale; c'était Charles Lameth qui, disait-on, avait l'ambition de l'obtenir, et on attribua à ce motif les difficultés sans cesse renaissantes qui furent suscitées depuis à Lafayette.

Le 28 février, le peuple, excité, dit-on, par le duc d'Orléans, se porta au donjon de Vincennes, que la municipalité avait destiné à recevoir les prisonniers trop accumulés dans les prisons de Paris. On attaqua ce donjon comme une nouvelle Bastille. Lafayette y accourut à temps, et dispersa le faubourg Saint-Antoine, conduit par Santerre à cette expédition. Tandis qu'il rétablissait l'ordre dans cette partie de Paris, d'autres difficultés se préparaient pour lui aux Tuileries. Sur le bruit d'une émeute, une grande quantité des habitués du château s'y étaient rendus au nombre de plusieurs centaines. Ils portaient des armes cachées, telles que des couteaux de chasse et des poignards. La garde nationale, étonnée de cette affluence, en conçut des craintes, désarma et maltraita quelques-uns de ces hommes. Lafayette survint, fit évacuer le château et s'empara des armes. Le bruit s'en répandit aussitôt; on dit qu'ils avaient été trouvés porteurs de poignards, d'où ils furent nommés depuis *chevaliers du poignard*. Ils soutinrent qu'ils n'étaient venus que pour défendre la personne du roi menacée. On leur reprocha d'avoir voulu l'enlever; et, comme d'usage, l'événement se termina par des calomnies réciproques. Cette scène détermina la véritable situation de Lafayette. On vit mieux encore cette fois que, placé entre les partis les plus prononcés, il était là pour protéger la personne du roi et la constitution. Sa double victoire augmenta sa popularité, sa puissance, et la haine de ses ennemis. Mirabeau, qui avait le tort d'augmenter les défiances de la cour à son égard, présenta cette conduite comme profondément hypocrite. Sous les apparences de la modération et de la guerre à tous les

partis, elle tendait, selon lui, à l'usurpation.
Dans son humeur, il signalait les Lameth
comme des méchants et des insensés, unis à
d'Orléans, et n'ayant dans l'assemblée qu'une
trentaine de partisans. Quant au côté droit,
il déclarait n'en pouvoir rien faire, et se re-
pliait sur les trois ou quatre cents membres,
libres de tout engagement, et toujours disposés à se décider par l'impression de raison et
d'éloquence qu'il opérait dans le moment.

Il n'y avait de vrai dans ce tableau que son
évaluation de la force respective des partis, et
son opinion sur les moyens de diriger l'assemblée. Il la gouvernait en effet, en dominant
tout ce qui n'avait pas d'engagement pris. Ce
même jour, 28 février, il exerçait, presque
pour la dernière fois, son empire, signalait
sa haine contre les Lameth, et déployait contre eux sa redoutable puissance.

La loi sur l'émigration allait être discutée.
Chapelier la présenta au nom du comité. Il
partageait, disait-il, l'indignation générale contre ces Français qui abandonnaient leur patrie,
mais il déclarait qu'après plusieurs jours de
réflexions, le comité avait reconnu l'impossibilité de faire une loi sur l'émigration. Il était
difficile en effet d'en faire une. Il fallait se demander d'abord si on avait le droit de fixer

l'homme au sol. On l'avait sans doute, si le salut de la patrie l'exigeait ; mais il fallait distinguer les motifs des voyageurs, ce qui devenait inquisitorial ; il fallait distinguer leur qualité de Français ou d'étrangers, d'émigrants ou de simples commerçants. La loi était donc très-difficile, si elle n'était pas impossible. Chapelier ajouta que le comité, pour obéir à l'assemblée, en avait rédigé une ; que, si on le voulait, il allait la lire ; mais qu'il avertissait d'avance qu'elle violait tous les principes. — Lisez... Ne lisez pas... s'écrie-t-on de toutes parts. — Une foule de députés veulent prendre la parole. Mirabeau la demande à son tour, l'obtient, et, ce qui est mieux, commande le silence. Il lit une lettre fort éloquente, adressée autrefois à Frédéric-Guillaume, dans laquelle il réclamait la liberté d'émigration, comme un des droits les plus sacrés de l'homme, qui, n'étant point attaché par des racines à la terre, n'y devait rester attaché que par le bonheur. Mirabeau, peut-être pour satisfaire la cour, mais surtout par conviction, repoussait comme tyrannique toute mesure contre la liberté d'aller et de venir. Sans doute on abusait de cette liberté dans le moment, mais l'assemblée, s'appuyant sur sa force, avait toléré tant d'excès de la presse commis contre elle-même, elle avait souffert tant de vaines tentatives, et les avait si victorieusement repoussées par le mépris, qu'on pouvait lui conseiller de persister dans le même système. Mirabeau est applaudi dans son opinion, mais on s'obstine à demander la lecture du projet de loi. Chapelier le lit enfin : ce projet propose, pour les cas de troubles, d'instituer une commission dictatoriale, composée de trois membres, qui désigneront nommément et à leur gré ceux qui auront la liberté de circuler hors du royaume. A cette ironie sanglante, qui dénonçait l'impossibilité d'une loi, des murmures s'élèvent. — Vos murmures m'ont soulagé, s'écrie Mirabeau; vos cœurs répondent au mien, et repoussent cette absurde tyrannie. Pour moi, je me crois délié de tout serment envers ceux qui auront l'infamie d'admettre une commission dictatoriale. — Des cris s'élèvent au côté gauche. — Oui, répète-t-il, je jure... — Il est interrompu de nouveau... — Cette popularité, reprend-il avec une voix tonnante, que j'ai ambitionnée, et dont j'ai joui comme un autre, n'est pas un faible roseau; je l'enfoncerai profondément en terre..., et je le ferai germer sur le terrain de la justice et de la raison... — Les applaudissements éclatent de toutes parts. — Je jure, ajoute l'orateur, si une loi d'émigration est votée, je jure de vous désobéir.

Il descend de la tribune après avoir étonné l'assemblée et imposé à ses ennemis. Cependant la discussion se prolonge encore; les uns veulent l'ajournement, pour avoir le temps de faire une loi meilleure; les autres exigent qu'il soit déclaré de suite qu'on n'en fera pas, afin de calmer le peuple et de terminer ses agitations. On murmure, ou crie, on applaudit. Mirabeau demande encore la parole, et semble l'exiger...... — Quel est, s'écrie M. Goupil, le titre de la dictature qu'exerce ici M. de Mirabeau? — Mirabeau, sans l'écouter, s'élance à la tribune. — Je n'ai pas accordé la parole, dit le président; que l'assemblée décide.—Mais, sans rien décider, l'assemblée écoute.—Je prie les interrupteurs, dit Mirabeau, de se souvenir que j'ai toute ma vie combattu la tyrannie, et que je la combattrai partout où elle sera assise; — et en prononçant ces mots, il promène ses regards de droite à gauche. Des applaudissements nombreux accompagnent sa voix; il reprend : — Je prie M. Goupil de se souvenir qu'il s'est mépris jadis sur un Catilina dont il repousse aujourd'hui la dictature*;

* M. Goupil, poursuivant autrefois Mirabeau, s'était écrié avec le côté droit : « Catilina est à nos portes ! »

je prie l'assemblée de remarquer que la question de l'ajournement, simple en apparence, en renferme d'autres, et, par exemple, qu'elle suppose qu'une loi est à faire. — De nouveaux murmures s'élèvent à gauche. — Silence aux trente voix! s'écrie l'orateur en fixant ses regards sur la place de Barnave et des Lameth. — Enfin, ajoute-t-il, si l'on veut, je vote aussi l'ajournement, mais à condition qu'il soit décrété que d'ici à l'expiration de l'ajournement il n'y aura pas de sédition. — Des acclamations unanimes couvrent ces derniers mots. Néanmoins l'ajournement l'emporte, mais à une si petite majorité, que l'on conteste le résultat, et qu'une seconde épreuve est exigée.

Mirabeau dans cette occasion frappa surtout par son audace; jamais peut-être il n'avait plus impérieusement subjugué l'assemblée. Mais sa fin approchait, et c'étaient là ses derniers triomphes. Des pressentiments de mort se mêlaient à ses vastes projets, et quelquefois en arrêtaient l'essor. Cependant sa conscience était satisfaite; l'estime publique s'unissait à la sienne, et l'assurait que, s'il n'avait pas encore assez fait pour le salut de l'état, il avait du moins assez fait pour sa propre gloire. Pâle et les yeux profondément creusés, il paraissait tout changé à la tribune, et souvent il était saisi de défaillances subites. Les excès de plaisir et de travail, les émotions de la tribune, avaient usé en peu de temps cette existence si forte. Des bains qui renfermaient une dissolution de sublimé avaient produit cette teinte verdâtre qu'on attribuait au poison. La cour était alarmée, tous les partis étonnés; et, avant sa mort, on s'en demandait la cause. Une dernière fois, il prit la parole à cinq reprises différentes, sortit épuisé, et ne reparut plus. Le lit de mort le reçut et ne le rendit qu'au Panthéon. Il avait exigé de Cabanis qu'on n'appelât pas de médecins; néanmoins on lui désobéit, et ils trouvèrent la mort qui s'approchait, et qui déjà s'était emparée des pieds. La tête fut atteinte la dernière, comme si la nature avait voulu laisser briller son génie jusqu'au dernier instant. Un peuple immense se pressait autour de sa demeure, et encombrait toutes les issues dans le plus profond silence. La cour envoyait émissaires sur émissaires; les bulletins de sa santé se transmettaient de bouche en bouche, et allaient répandre partout la douleur à chaque progrès du mal. Lui, entouré de ses amis, exprimait quelques regrets sur ses travaux interrompus, quelque orgueil sur ses travaux passés : — Soutiens, disait-il à son domestique, soutiens cette tête, la plus forte de la France. L'empressement du peuple le toucha; la visite de Barnave, son ennemi, qui se présenta chez lui au nom des Jacobins, lui causa une douce émotion. Il donna encore quelques pensées à la chose publique. L'assemblée devait s'occuper du droit de tester; il appela M. de Talleyrand, et lui remit un discours qu'il venait d'écrire. — Il sera plaisant, lui dit-il, d'entendre parler contre les testaments un homme qui n'est plus et qui vient de faire le sien. La cour avait voulu en effet qu'il le fît, promettant d'acquitter tous les legs. Reportant ses vues sur l'Europe, et devinant les projets de l'Angleterre : « Ce Pitt, dit-il, est le ministre des préparatifs; il gouverne avec des menaces : je lui donnerais de la peine si je vivais. » Le curé de sa paroisse venant lui offrir ses soins, il le remercia avec politesse, et lui dit, en souriant, qu'il les accepterait volontiers s'il n'avait dans sa maison son supérieur ecclésiastique, M. l'évêque d'Autun. Il fit ouvrir ses fenêtres : — Mon ami, dit-il à Cabanis, je mourrai aujourd'hui : il ne reste plus qu'à s'envelopper de parfums, qu'à se couronner de fleurs, qu'à s'environner de musique, afin d'entrer paisiblement dans le sommeil éternel. Des douleurs poignantes interrompaient de temps en temps ces discours si

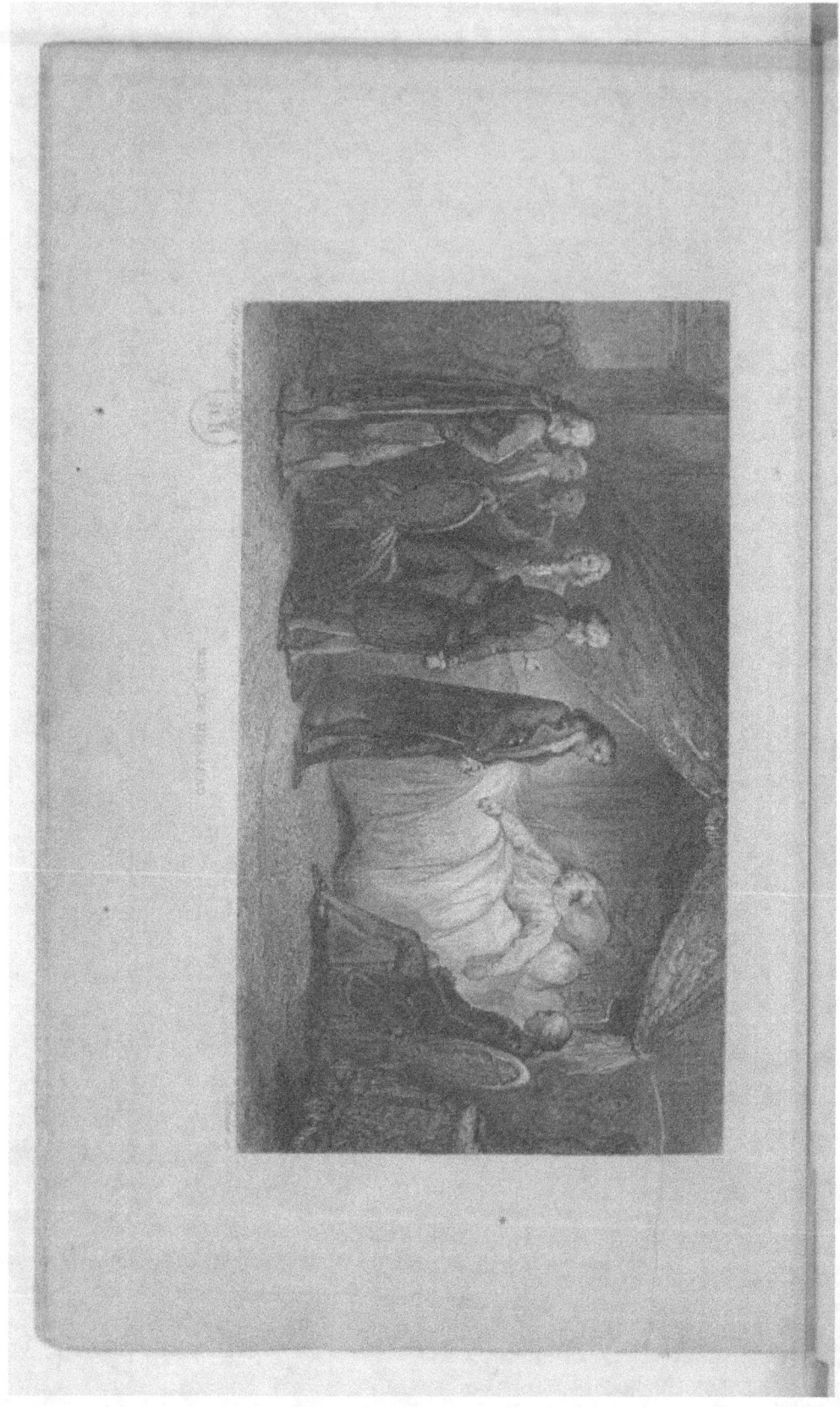

nobles et si calmes. «Vous aviez promis, dit-il à ses amis, de m'épargner des souffrances inutiles.» En disant ces mots, il demande de l'opium avec instance. Comme on le lui refusait, il l'exige avec sa violence accoutumée. Pour le satisfaire, on le trompe, et on lui présente une coupe, en lui persuadant qu'elle contenait de l'opium. Il la saisit avec calme, avale le breuvage qu'il croyait mortel, et paraît satisfait. Un instant après il expire. C'était le 2 avril 1791. Cette nouvelle se répand aussitôt à la cour, à la ville, à l'assemblée. Tous les partis espéraient en lui, et tous, excepté les envieux, sont frappés de douleur. L'assemblée interrompt ses travaux, un deuil général est ordonné, des funérailles magnifiques sont préparées. On demande quelques députés : « Nous irons tous,» s'écrient-ils. L'église de Sainte-Geneviève est érigée en Panthéon, avec cette inscription, qui n'est plus à l'instant où je raconte ces faits :

AUX GRANDS HOMMES LA PATRIE RECONNAISSANTE *.

Mirabeau y fut le premier admis à côté de

* La révolution de 1830 a rétabli cette inscription, et rendu ce monument à la destination décrétée par l'assemblée nationale.

Descartes. Le lendemain, ses funérailles eurent lieu. Toutes les autorités, le département, les municipalités, les sociétés populaires, l'assemblée, l'armée, accompagnaient le convoi. Ce simple orateur obtenait plus d'honneurs que jamais n'en avaient reçu les pompeux cercueils qui allaient jadis à Saint-Denis. Ainsi finit cet homme extraordinaire, qui, après avoir audacieusement attaqué et vaincu les vieilles races, osa retourner ses efforts contre les nouvelles qui l'avaient aidé à vaincre, les arrêter de sa voix, et la leur faire aimer en l'employant contre elles; cet homme enfin qui fit son devoir par raison, par génie, mais non pour quelque peu d'or jeté à ses passions, et qui eut le singulier honneur, lorsque toutes les popularités finirent par le dégoût du peuple, de voir la sienne ne céder qu'à la mort. Mais eût-il fait entrer la résignation dans le cœur de la cour, la modération dans le cœur des ambitieux? eût-il dit à ces tribuns populaires qui voulaient briller à leur tour : *Demeurez dans ces faubourgs obscurs?* eût-il dit à Danton, cet autre Mirabeau de la populace : *Arrêtez-vous dans cette section, et ne montez pas plus haut?* On l'ignore; mais, au moment de sa mort, tous les intérêts incertains s'étaient remis en ses mains, et comptaient sur lui.

Long-temps on regretta sa présence. Dans la confusion des disputes, on portait les regards sur cette place qu'il avait occupée, et on semblait invoquer celui qui les terminait d'un mot victorieux. « Mirabeau n'est plus ici, s'écria un jour Maury en montant à la tribune; on ne m'empêchera pas de parler. »

La mort de Mirabeau enleva tout courage à la cour. De nouveaux événements vinrent précipiter sa résolution de fuir. Le 18 avril, le roi voulut se rendre à Saint-Cloud. On répandit le bruit que, ne voulant pas user d'un prêtre assermenté pour les devoirs de la Pâque, il avait résolu de s'éloigner pendant la semaine-sainte; d'autres prétendirent qu'il voulait fuir. Le peuple s'assemble aussitôt et arrête les chevaux. Lafayette accourt, supplie le roi de demeurer en voiture, en l'assurant qu'il va lui ouvrir un passage. Le roi néanmoins descend et ne veut permettre aucune tentative; c'était son ancienne politique de ne paraître pas libre. D'après l'avis de ses ministres, il se rend à l'assemblée pour se plaindre de l'outrage qu'il venait de recevoir. L'assemblée l'accueille avec son empressement ordinaire, en promettant de faire tout ce qui dépendra d'elle pour assurer sa liberté. Louis XVI sort applaudi de tous les côtés, excepté du côté droit. Le 23 avril, sur le conseil qu'on lui donne, il fait écrire par M. de Montmorin une lettre aux ambassadeurs étrangers, dans laquelle il dément les intentions qu'on lui suppose au dehors de la France, déclare aux puissances qu'il a prêté serment à la constitution, et qu'il est disposé à le tenir, et proclame comme ses ennemis tous ceux qui insinueront le contraire. Les expressions de cette lettre étaient volontairement exagérées pour qu'elle parût arrachée par la violence; c'est ce que le roi déclara lui-même à l'envoyé de Léopold. Ce prince parcourait alors l'Italie et se trouvait dans ce moment à Mantoue. Calonne négociait auprès de lui. Un envoyé, M. Alexandre de Durfort, vint de Mantoue auprès du roi et de la reine s'informer de leurs dispositions. Il les interrogea d'abord sur la lettre écrite aux ambassadeurs, et ils répondirent qu'au langage on devait voir qu'elle était arrachée; il les questionna ensuite sur leurs espérances, et ils répondirent qu'ils n'en avaient plus depuis la mort de Mirabeau; enfin sur leurs dispositions envers le comte d'Artois, et ils assurèrent qu'elles étaient excellentes.

Pour comprendre le motif de ces questions, il faut savoir que le baron de Breteuil était l'ennemi déclaré de Calonne; que son inimitié

n'avait pas fini dans l'émigration; et que, chargé
auprès de la cour de Vienne des pleins pouvoirs de Louis XVI*, il contrariait toutes les
démarches des princes. Il assurait à Léopold
que le roi ne voulait pas être sauvé par les
émigrés, parce qu'il redoutait leur exigence, et
que la reine personnellement était brouillée
avec le comte d'Artois. Il proposait toujours
pour le salut du trône le contraire de ce que
proposait Calonne; et il n'oublia rien pour détruire l'effet de cette nouvelle négociation. Le
comte de Durfort retourna à Mantoue; et, le 20
mai 1791, Léopold promit de faire marcher
trente-cinq mille hommes en Flandre, et quinze
mille en Alsace. Il annonça qu'un nombre égal
de Suisses devaient se porter vers Lyon, autant
de Piémontais sur le Dauphiné, et que l'Espagne rassemblerait vingt mille hommes. L'empereur promettait la coopération du roi de
Prusse et la neutralité de l'Angleterre. Une
protestation faite au nom de la maison de Bourbon, devait être signée par le roi de Naples,
le roi d'Espagne, par l'infant de Parme, et par
les princes exp... iés. Jusque-là le plus grand
secret était ex... . Il était aussi recommandé à
Louis XVI de...e pas songer à s'éloigner, quoi-

---

* Voyez à c... égard Bertrand de Molleville.

qu'il en eût témoigné le désir; tandis que Breteuil, au contraire, conseillait au roi de partir. Il est possible que de part et d'autre les conseils fussent donnés de bonne foi; mais il faut remarquer cependant qu'ils étaient donnés dans le sens des intérêts de chacun. Breteuil, qui voulait combattre la négociation de Calonne à Mantoue, conseillait le départ; et Calonne, qui n'aurait plus régné si Louis XVI s'était transporté à la frontière, lui faisait insinuer de rester. Quoi qu'il en soit, le roi se décida à partir, et il a dit souvent, avec humeur: « C'est Breteuil qui l'a voulu*. » Il écrivit donc à Bouillé qu'il était résolu à ne pas différer davantage. Son intention n'était pas de sortir du royaume, mais de se retirer à Montmédy, d'où il pouvait, au besoin, s'appuyer sur Luxembourg, et recevoir les secours étrangers. La route de Châlons par Clermont et Varennes fut préférée malgré l'avis de Bouillé. Tous les préparatifs furent faits pour partir le 20 juin. Le général rassembla les troupes sur lesquelles il comptait le plus, prépara un camp à Montmédy, y amassa des fourrages, et donna pour prétexte de toutes ces dispositions, des mouvements qu'il apercevait sur la frontière. La reine

* Voyez Bertrand de Molleville.

s'était chargée des préparatifs depuis Paris jusqu'à Châlons; et Bouillé de Châlons jusqu'à Montmédy. Des corps de cavalerie peu nombreux devaient, sous prétexte d'escorter un trésor, se porter sur divers points, et recevoir le roi à son passage. Bouillé lui-même se proposait de s'avancer à quelque distance de Montmédy. La reine s'était assuré une porte dérobée pour sortir du château. La famille royale devait voyager sous un nom étranger et avec un passe-port supposé. Tout était prêt pour le 20; cependant une crainte fit retarder le voyage jusqu'au 21, délai qui fut fatal à cette famille infortunée. M. de Lafayette était dans une complète ignorance du voyage; M. de Montmorin lui-même, malgré la confiance de la cour, l'ignorait absolument; il n'y avait dans la confidence de ce projet que les personnes indispensables à son exécution. Quelques bruits de fuite avaient cependant couru, soit que le projet eût transpiré, soit que ce fût une de ces alarmes si communes alors. Quoi qu'il en soit, le comité de recherches en avait été averti, et la vigilance de la garde nationale en était augmentée.

Le 20 juin, vers minuit, le roi, la reine, madame Élisabeth, madame de Tourzel, gouvernante des enfants de France, se déguisent, et sortent successivement du château. Madame de Tourzel avec les enfants se rend au petit Carrousel, et monte dans une voiture conduite par M. de Fersen, jeune seigneur étranger, déguisé en cocher. Le roi les joint bientôt. Mais la reine, qui était sortie avec un garde-du-corps, leur donne à tous les plus grandes inquiétudes. Ni elle ni son guide ne connaissaient les quartiers de Paris; elle s'égare et ne retrouve le petit Carrousel qu'une heure après; en s'y rendant, elle rencontre la voiture de M. de Lafayette, dont les gens marchaient avec des torches. Elle se cache sous les guichets du Louvre, et, sauvée de ce danger, parvient à la voiture où elle était si impatiemment attendue. Après s'être ainsi réunie, toute la famille se met en route; elle arrive, après un long trajet et une seconde erreur de route, à la porte Saint-Martin, et monte dans une berline attelée de six chevaux, placée là pour l'attendre. Madame de Tourzel, sous le nom de madame de Korff, devait passer pour une mère voyageant avec ses enfants; le roi était supposé son valet de chambre; trois gardes-du-corps déguisés devaient précéder la voiture en courriers, ou la suivre comme domestiques. Ils partent enfin, accompagnés des vœux de M. de Fersen, qui rentra dans Paris pour prendre le chemin de

Bruxelles. Pendant ce temps, Monsieur se dirigeait vers la Flandre avec son épouse, et suivait une autre route pour ne point exciter les soupçons et ne pas faire manquer les chevaux dans les relais.

Le roi et sa famille voyagèrent toute la nuit sans que Paris fût averti. M. de Fersen courut à la municipalité pour voir ce qu'on en savait : à huit heures du matin on l'ignorait encore. Mais bientôt le bruit s'en répandit et circula avec rapidité. Lafayette réunit ses aides-de-camp, leur ordonna de partir sur-le-champ, en leur disant qu'ils n'atteindraient sans doute pas les fugitifs, mais qu'il fallait faire quelque chose; il prit sur lui la responsabilité de l'ordre qu'il donnait, et supposa, dans la rédaction de cet ordre, que la famille royale avait été enlevée par les ennemis de la chose publique. Cette supposition respectueuse fut admise par l'assemblée, et constamment adoptée par toutes les autorités. Dans ce moment, le peuple ameuté reprochait à Lafayette d'avoir favorisé l'évasion du roi, et plus tard le parti aristocrate l'a accusé d'avoir laissé fuir le roi pour l'arrêter ensuite, et pour le perdre par cette vaine tentative. Cependant, si Lafayette avait voulu laisser fuir Louis XVI, aurait-il envoyé, sans aucun ordre de l'assemblée, deux aides-de-camp à sa suite ? Et si, comme l'ont supposé les aristocrates, il ne l'avait laissé fuir que pour le reprendre, aurait-il donné toute une nuit d'avance à la voiture ? Le peuple fut bientôt détrompé, et Lafayette rétabli dans ses bonnes graces.

L'assemblée se réunit à neuf heures du matin. Elle montra une attitude aussi imposante qu'aux premiers jours de la révolution. La supposition convenue fut que Louis XVI avait été enlevé. Le plus grand calme, la plus parfaite union régnèrent pendant toute cette séance. Les mesures prises spontanément par Lafayette furent approuvées. Le peuple avait arrêté ses aides-de-camp aux barrières; l'assemblée, partout obéie, leur en fit ouvrir les portes. L'un d'eux, le jeune Romeuf, emporta avec lui le décret qui confirmait les ordres déjà donnés par le général, et enjoignait à tous les fonctionnaires publics *d'arrêter*, par tous les moyens possibles, *les suites dudit enlèvement, et d'empêcher que la route fût continuée*. Sur le vœu et les indications du peuple, Romeuf prit la route de Châlons, qui était la véritable, et que la vue d'une voiture à six chevaux avait indiquée comme telle. L'assemblée fit ensuite appeler les ministres, et décréta qu'ils ne recevraient d'ordre que d'elle seule.

En partant, Louis XVI avait ordonné au ministre de la justice de lui envoyer le sceau de l'état; l'assemblée décida que le sceau serait conservé pour être apposé à ses décrets; elle décréta en même temps que les frontières seraient mises en état de défense, et chargea le ministre des relations extérieures d'assurer aux puissances, que les dispositions de la nation française n'étaient point changées à leur égard.

M. de Laporte, intendant de la liste civile, fut ensuite entendu. Il avait reçu divers messages du roi, entre autres un billet, qu'il pria l'assemblée de ne pas ouvrir, et un mémoire contenant les motifs du départ. L'assemblée, prête à respecter tous les droits, restitua, sans l'ouvrir, le billet que M. de Laporte ne voulait pas rendre public, et ordonna la lecture du mémoire. Cette lecture fut écoutée avec le plus grand calme, et ne produisit presque aucune impression. Le roi s'y plaignait de ses pertes de pouvoir sans assez de dignité, et s'y montrait aussi blessé d'être réduit à trente millions de liste civile, que d'avoir perdu toutes ses prérogatives. On écouta toutes les doléances du monarque, on plaignit sa faiblesse, et on passa outre.

Dans ce moment, peu de personnes désiraient l'arrestation de Louis XVI. Les aristocrates voyaient dans sa fuite le plus ancien de leurs vœux réalisé, et se flattaient d'une guerre civile très-prochaine. Les membres les plus prononcés du parti populaire, qui déjà commençaient à se fatiguer du roi, trouvaient dans son absence l'occasion de s'en passer, et concevaient l'idée et l'espérance d'une république. Toute la partie modérée, qui gouvernait en ce moment l'assemblée, désirait que le roi se retirât sain et sauf à Montmédy; et, comptant sur son équité, elle se flattait qu'un accommodement en deviendrait plus facile entre le trône et la nation. On s'effrayait beaucoup moins à présent qu'autrefois, de voir le monarque menaçant la constitution du milieu d'une armée. Le peuple seul, auquel on n'avait pas cessé d'inspirer cette crainte, la conservait encore lorsque l'assemblée ne la partageait plus, et il faisait des vœux ardents pour l'arrestation de la famille royale. Tel était l'état des choses à Paris.

La voiture, partie dans la nuit du 20 au 21, avait franchi heureusement une grande partie de la route, et était parvenue sans obstacle à Châlons, le 21, vers les cinq heures de l'après-midi. Là, le roi, qui avait le tort de mettre souvent sa tête à la portière, fut reconnu;

celui qui fit cette découverte voulait d'abord révéler le secret, mais il en fut empêché par le maire, qui était un royaliste fidèle. Arrivée à Pont-de-Sommeville, la famille royale ne trouva pas les détachements qui devaient l'y recevoir; ces détachements avaient attendu plusieurs heures; mais le soulèvement du peuple, qui s'alarmait de ce mouvement de troupes, les avait obligés de se retirer. Cependant le roi arriva à Sainte-Menehould. Là, montrant toujours la tête à la portière, il fut aperçu par Drouet, fils du maître de poste, et chaud révolutionnaire. Aussitôt ce jeune homme, n'ayant pas le temps de faire arrêter la voiture à Sainte-Menehould, court à Varennes. Un brave maréchal-des-logis, qui avait aperçu son empressement et qui soupçonnait ses motifs, vole à sa suite pour l'arrêter, mais ne peut l'atteindre. Drouet fait tant de diligence qu'il arrive à Varennes avant la famille infortunée; sur-le-champ il avertit la municipalité, et fait prendre sans délai toutes les mesures nécessaires pour l'arrestation. Varennes est bâtie sur le bord d'une rivière étroite, mais profonde; un détachement de hussards y était de garde; mais l'officier, ne voyant pas arriver le trésor qu'on lui avait annoncé, avait laissé sa troupe dans les quartiers. La voiture arrive enfin et passe le pont.

À peine est-elle engagée sous une voûte qu'il fallait traverser, que Drouet, aidé d'un autre individu, arrête les chevaux : *Votre passe-port!* s'écrie-t-il, et avec un fusil, il menace les voyageurs s'ils s'obstinent à avancer. On obéit à cet ordre, et on livre le passe-port. Drouet s'en saisit, et dit que c'est au procureur de la commune à l'examiner ; et la famille royale est conduite chez ce procureur, nommé Sausse. Celui-ci, après avoir examiné ce passe-port, feint de le trouver en règle, et, avec beaucoup d'égards, prie le roi d'attendre. On attend en effet assez long-temps. Lorsque Sausse est enfin assuré qu'un nombre suffisant de gardes nationaux ont été réunis, il cesse de dissimuler, et déclare au prince qu'il est reconnu et arrêté.

Une contestation s'engage ; Louis prétend n'être pas ce qu'on suppose, et la dispute devenant trop vive : — « Puisque vous le reconnaissez pour votre roi, s'écrie la reine impatientée, parlez-lui donc avec le respect que vous lui devez. »

Le roi, voyant que toute dénégation était inutile, renonce à se déguiser plus long-temps. La petite salle était pleine de monde ; il prend la parole et s'exprime avec une chaleur qui ne lui était pas ordinaire. Il proteste de ses bonnes intentions, il assure qu'il n'allait à

Montmédy que pour écouter plus librement les vœux des peuples, en s'arrachant à la tyrannie de Paris; il demande enfin à continuer sa route, et à être conduit au but de son voyage. Le malheureux prince, tout attendri, embrasse Sausse, et lui demande le salut de son épouse et de ses enfants; la reine se joint à lui, et, prenant le dauphin dans ses bras, conjure Sausse de les sauver. Sausse est touché, mais il résiste, et les engage à retourner à Paris pour éviter une guerre civile. Le roi, au contraire, effrayé de ce retour, persiste à vouloir marcher vers Montmédy. Dans ce moment, MM. de Damas et de Goguelas étaient arrivés avec les détachements placés sur divers points. La famille royale se croyait délivrée, mais on ne pouvait compter sur les hussards. Les officiers les réunissent, leur annoncent que le roi et sa famille sont arrêtés, et qu'il faut les sauver; mais ceux-ci répondent qu'ils sont pour la nation. Dans le même instant, les gardes nationales, convoquées dans tous les environs, affluent et remplissent Varennes. Toute la nuit se passe dans cet état; à six heures du matin, le jeune Romeuf arrive, portant le décret de l'assemblée; il trouve la voiture attelée de six chevaux et dirigée vers Paris. Il monte et remet le décret avec douleur. Un cri de toute la famille s'élève contre M. de Lafayette qui la fait arrêter. La reine même paraît étonnée de ce qu'il n'a pas péri de la main du peuple; le jeune Romeuf répond que lui et son général ont fait leur devoir en les poursuivant, mais qu'ils ont espéré ne pas les atteindre. La reine se saisit du décret, le jette sur le lit de ses enfants, puis l'en arrache, en disant qu'il les souillerait.—Madame, lui dit Romeuf, qui lui était dévoué, aimeriez-vous mieux qu'un autre que moi fût témoin de ces emportements? — La reine alors revient à elle et recouvre toute sa dignité. On annonçait au même instant l'arrivée des divers corps placés aux environs par Bouillé. Mais la municipalité ordonna alors le départ, et la famille royale fut obligée de remonter sur-le-champ en voiture, et de reprendre la route de Paris, cette route fatale et si redoutée.

Bouillé, averti au milieu de la nuit, avait fait monter un régiment à cheval, et il était parti au cri de *vive le roi!* Ce brave général, dévoré d'inquiétude, marcha en toute hâte, et fit neuf lieues en quatre heures; il arriva à Varennes, où il trouva déjà divers corps réunis, mais le roi en était parti depuis une heure et demie. Varennes était barricadée et défendue par d'assez bonnes dispositions; car on avait brisé le pont, et la rivière n'était pas guéable. Ainsi, pour sauver le roi, Bouillé devait d'abord livrer un combat pour enlever les barricades, puis traverser la rivière, et après cette grande perte de temps, pouvoir atteindre la voiture qui avait déjà une avance d'une heure et demie. Ces obstacles rendaient toute tentative impossible; et il ne fallait pas moins qu'une telle impossibilité pour arrêter un homme aussi dévoué et aussi entreprenant que Bouillé. Il se retira donc déchiré de regrets et de douleur.

Lorsqu'on apprit à Paris l'arrestation du roi, on le croyait déjà hors d'atteinte. Le peuple en ressentit une joie extraordinaire. L'assemblée députa trois commissaires, choisis dans les trois sections du côté gauche, pour accompagner le monarque et le reconduire à Paris. Ces commissaires étaient Barnave, Latour-Maubourg et Pétion. Ils se rendirent à Châlons, et, dès qu'ils eurent joint la cour, tous les ordres émanèrent d'eux seuls. Madame de Tourzel passa dans une voiture de suite avec Latour-Maubourg. Barnave et Pétion montèrent dans la voiture de la famille royale. Latour-Maubourg, homme distingué, était ami de Lafayette, et comme lui dévoué autant au roi qu'à la constitution. En cédant à ses deux collègues l'honneur d'être avec la famille royale, son intention était de les intéresser à la grandeur malheureuse. Barnave s'assit dans le fond, entre le roi et la reine; Pétion sur le devant, entre madame Élisabeth et madame Royale. Le jeune dauphin reposait alternativement sur les genoux des uns et des autres. Tel avait été le cours rapide des événements! Un jeune avocat de vingt et quelques années, remarquable seulement par ses talents; un autre, distingué par ses lumières, mais surtout par le rigorisme de ses principes, étaient assis à côté du prince naguère le plus absolu de l'Europe, et commandaient à tous ses mouvements! Le voyage était lent, parce que la voiture suivait le pas des gardes nationales. Il dura huit jours de Varennes à Paris. La chaleur était extrême, et une poussière brûlante, soulevée par la foule, suffoquait les voyageurs. Les premiers instants furent silencieux; la reine ne pouvait déguiser son humeur. Le roi finit par engager la conversation avec Barnave. L'entretien se porta sur tous les objets, et enfin sur la fuite à Montmédy. Les uns et les autres s'étonnèrent de se trouver tels. La reine fut surprise de la raison supérieure et de la politesse délicate du jeune Barnave; bientôt elle releva son voile et prit part à l'entretien. Barnave fut touché de la bonté du roi et de la gracieuse dignité de la reine. Pétion montra plus de rudesse; il témoigna et il obtint moins d'égards. En arrivant, Barnave était dévoué à cette famille malheureuse, et la reine, charmée du mérite et du sens du jeune tribun, lui avait donné toute son estime. Aussi, dans les relations qu'elle eut depuis avec les députés constitutionnels, ce fut à lui qu'elle accorda le plus de confiance. Les partis se pardonneraient, s'ils pouvaient se voir et s'entendre*.

A Paris, on avait préparé la réception qu'on devait faire à la famille royale. Un avis était répandu et affiché partout : *Quiconque applaudira le roi sera battu; quiconque l'insultera sera pendu.* L'ordre fut ponctuellement exécuté, et l'on n'entendit ni applaudissements ni insultes. La voiture prit un détour pour ne pas traverser Paris. On la fit entrer par les Champs-Élysées, qui conduisent directement au château. Une foule immense la reçut en silence et le chapeau sur la tête. Lafayette, suivi d'une garde nombreuse, avait pris les plus grandes précautions. Les trois gardes-du-corps qui avaient aidé la fuite étaient sur le siége, exposés à la vue et à la colère

---

* Voyez la note 22 à la fin du volume.

du peuple; néanmoins ils n'essuyèrent aucune violence. A peine arrivée au château, la voiture fut entourée. La famille royale descendit précipitamment, et marcha au milieu d'une double haie de gardes nationaux, destinés à la protéger. La reine, demeurée la dernière, se vit presque enlevée dans les bras de MM. de Noailles et d'Aiguillon, ennemis de la cour, mais généreux amis du malheur. En les voyant s'approcher, elle eut d'abord quelques doutes sur leurs intentions, mais elle s'abandonna à eux, et arriva saine et sauve au palais.

Tel fut ce voyage, dont la funeste issue ne peut être justement attribuée à aucun de ceux qui l'avaient préparé. Un accident le fit manquer, un accident pouvait le faire réussir. Si, par exemple, Drouet avait été joint et arrêté par celui qui le poursuivait, la voiture était sauvée. Peut-être aussi le roi manqua-t-il d'énergie lorsqu'il fut reconnu. Quoi qu'il en soit, ce voyage ne doit être reproché à personne, ni à ceux qui l'ont conseillé, ni à ceux qui l'ont exécuté; il était le résultat de cette fatalité qui poursuit la faiblesse au milieu des crises révolutionnaires.

L'effet du voyage de Varennes fut de détruire tout respect pour le roi, d'habituer les esprits à se passer de lui, et de faire naître le

vœu de la république. Dès le matin de son

vœu de la république. Dès le matin de son arrivée, l'assemblée avait pourvu à tout par un décret*. Louis XVI était suspendu de ses fonctions ; une garde était donnée à sa personne, à celle de la reine et du dauphin. Cette garde était chargée d'en répondre. Trois députés, d'André, Tronchet, Duport, étaient commis pour recevoir les déclarations du roi et de la reine. La plus grande mesure était observée dans les expressions, car jamais cette assemblée ne manqua aux convenances ; mais le résultat était évident, et le roi était provisoirement détrôné.

La responsabilité imposée à la garde nationale la rendit sévère et souvent importune dans son service auprès des personnes royales. Des sentinelles veillaient continuellement à leur porte, et ne les perdaient jamais de vue. Le roi, voulant un jour s'assurer s'il était réellement prisonnier, se présente à une porte ; la sentinelle s'oppose à son passage : — Me reconnaissez-vous ? lui dit Louis XVI. — Oui, sire, répond la sentinelle. — Il ne restait au roi que la faculté de se promener le matin dans les Tuileries, avant que le jardin fût ouvert au public.

* Séance du samedi 25 juin.

Barnave et les Lameth firent alors ce qu'ils avaient tant reproché à Mirabeau, ils prêtèrent secours au trône et s'entendirent avec la cour. Il est vrai qu'ils ne reçurent aucun argent; mais c'était moins le prix de l'alliance que l'alliance elle-même qu'ils avaient reprochée à Mirabeau; et après avoir été autrefois si sévères, ils subissaient maintenant la loi commune à tous les chefs populaires, qui les force à s'allier successivement au pouvoir, à mesure qu'ils y arrivent. Néanmoins, rien n'était plus louable, en l'état des choses, que le service rendu au roi par Barnave et les Lameth, et jamais ils ne montrèrent plus d'adresse, de force et de talent. Barnave dicta la réponse du roi aux commissaires nommés par l'assemblée. Dans cette réponse, Louis XVI motivait sa fuite sur le désir de mieux connaître l'opinion publique; il assurait l'avoir mieux étudiée dans son voyage, et il prouvait par tous les faits qu'il n'avait pas voulu sortir de France. Quant à ses protestations contenues dans le mémoire remis à l'assemblée, il disait avec raison qu'elles portaient, non sur les principes fondamentaux de la constitution, mais sur les moyens d'exécution qui lui étaient laissés. Maintenant, ajoutait-il, que la volonté générale lui était manifestée, il n'hésitait pas à s'y soumettre et à faire tous les sacrifices nécessaires pour le bien de tous*.

Bouillé, pour attirer sur sa personne la colère de l'assemblée, lui adressa une lettre qu'on pourrait dire insensée, sans le motif généreux qui la dicta. Il s'avouait seul auteur du voyage du roi, tandis qu'au contraire il s'y était opposé; il déclarait au nom des souverains que Paris répondrait de la sûreté de la famille royale, et que le moindre mal commis contre elle serait vengé d'une manière éclatante. Il ajoutait, ce qu'il savait n'être pas, que les moyens militaires de la France étaient nuls; qu'il connaissait d'ailleurs les voies d'invasion, et qu'il conduirait lui-même les armées ennemies au sein de sa patrie. L'assemblée se prêta elle-même à cette généreuse bravade, et jeta tout sur Bouillé, qui n'avait rien à craindre, car il était déjà à l'étranger.

La cour d'Espagne, appréhendant que la moindre démonstration n'irritât les esprits et n'exposât la famille royale à de plus grands dangers, empêcha une tentative préparée sur la frontière du Midi, et à laquelle les chevaliers de Malte devaient concourir avec deux frégates. Elle déclara ensuite au gouvernement

* Voyez la note 23 à la fin du volume.

français que ses bonnes dispositions n'étaient pas changées à son égard. Le Nord se conduisit avec beaucoup moins de mesure. De ce côté, les puissances excitées par les émigrés étaient menaçantes. Des envoyés furent dépêchés par le roi à Bruxelles et à Coblentz. Ils devaient tâcher de s'entendre avec l'émigration, lui faire connaître les bonnes dispositions de l'assemblée, et l'espérance qu'on avait conçue d'un arrangement avantageux. Mais à peine arrivés, ils furent indignement traités, et revinrent aussitôt à Paris. Les émigrés levèrent des corps au nom du roi, et l'obligèrent ainsi à leur donner un désaveu formel. Ils prétendirent que Monsieur, alors réuni à eux, était régent du royaume; que le roi, étant prisonnier, n'avait plus de volonté à lui, et que celle qu'il exprimait n'était que celle de ses oppresseurs. La paix de Catherine avec les Turcs, qui se conclut dans le mois d'août, excita encore davantage leur joie insensée, et ils crurent avoir à leur disposition toutes les puissances de l'Europe. En considérant le désarmement des places fortes, la désorganisation de l'armée abandonnée par tous les officiers, ils ne pouvaient douter que l'invasion n'eût lieu très-prochainement et ne réussît. Et cependant il y avait déjà près de deux ans qu'ils avaient quitté la France, et, malgré leurs belles espérances de chaque jour, ils n'étaient point encore rentrés en vainqueurs, comme ils s'en flattaient! Les puissances semblaient promettre beaucoup, mais Pitt attendait; Léopold, épuisé par la guerre, et mécontent des émigrés, désirait la paix; le roi de Prusse promettait beaucoup et n'avait aucun intérêt à tenir; Gustave était jaloux de commander une expédition contre la France, mais il se trouvait fort éloigné; et Catherine, qui devait le seconder, à peine délivrée des Turcs, avait encore la Pologne à comprimer. D'ailleurs, pour opérer cette coalition, il fallait mettre tant d'intérêts d'accord, qu'on ne pouvait guère se flatter d'y parvenir.

La déclaration de Pilnitz aurait dû surtout éclairer les émigrés sur le zèle des souverains[*]. Cette déclaration, faite en commun par le roi de Prusse et l'empereur Léopold, portait que la situation du roi de France était d'un intérêt commun à tous les souverains, et que sans doute ils se réuniraient pour donner à Louis XVI les moyens d'établir un gouvernement convenable aux intérêts du trône et du peuple; que dans ce cas, le roi de Prusse et l'empereur se réuniraient aux autres princes,

---

[*] Elle est du 27 août.

pour parvenir au même but. En attendant, leurs troupes devaient être mises en état d'agir. On a su depuis que cette déclaration renfermait des articles secrets. Ils portaient que l'Autriche ne mettrait aucun obstacle aux prétentions de la Prusse sur une partie de la Pologne. Il fallait cela pour engager la Prusse à négliger ses plus anciens intérêts, en se liant avec l'Autriche contre la France. Que devait-on attendre d'un zèle qu'il fallait exciter par de pareils moyens? Et s'il était si réservé dans ses expressions, que devait-il être dans ses actes? La France, il est vrai, était en désarmement, mais tout un peuple debout est bientôt armé: et, comme le dit plus tard le célèbre Carnot, qu'y a-t-il d'impossible à vingt-cinq millions d'hommes? A la vérité, les officiers se retiraient; mais pour la plupart jeunes et placés par faveur, ils étaient sans expérience et déplaisaient à l'armée. D'ailleurs, l'essor donné à tous les moyens allait bientôt produire des officiers et des généraux. Cependant, il faut en convenir, on pouvait, même sans avoir la présomption de Coblentz, douter de la résistance que la France opposa plus tard à l'invasion.

En attendant, l'assemblée envoya des commissaires à la frontière, et ordonna de grands préparatifs. Toutes les gardes nationales demandaient à marcher; plusieurs généraux offraient leurs services, et entre autres Dumouriez, qui plus tard sauva la France dans les défilés de l'Argonne.

Tout en donnant ses soins à la sûreté extérieure de l'état, l'assemblée se hâtait d'achever son œuvre constitutionnelle, de rendre au roi ses fonctions, et, s'il était possible, quelques-unes de ses prérogatives.

Toutes les subdivisions du côté gauche, excepté les hommes qui venaient de prendre le nom tout nouveau de républicains, s'étaient ralliés à un même système de modération. Barnave et Malouet marchaient ensemble et travaillaient de concert. Pétion, Robespierre, Buzot, et quelques autres encore, avaient adopté la république; mais ils étaient en petit nombre. Le côté droit continuait ses imprudences et protestait, au lieu de s'unir à la majorité modérée. Cette majorité n'en dominait pas moins l'assemblée. Ses ennemis, qui l'auraient accusée si elle eût détrôné le roi, lui ont cependant reproché de l'avoir ramené à Paris, et replacé sur un trône chancelant. Mais que pouvait-elle faire? Remplacer le roi par la république était trop hasardeux. Changer la dynastie était inutile; car à se donner un roi, autant valait garder celui qu'on avait; d'ailleurs le duc d'Orléans ne méritait pas d'être préféré à Louis XVI. Dans l'un et l'autre cas, déposséder le roi actuel, c'était manquer à des droits reconnus, et envoyer à l'émigration un chef précieux pour elle, car il lui aurait apporté des titres qu'elle n'avait pas. Au contraire, rendre à Louis XVI son autorité, lui restituer le plus de prérogatives qu'on le pourrait, c'était remplir sa tâche constitutionnelle, et ôter tout prétexte à la guerre civile; en un mot, c'était faire son devoir, car le devoir de l'assemblée, d'après tous les engagements qu'elle avait pris, c'était d'établir le gouvernement libre, mais monarchique.

L'assemblée n'hésita pas, mais elle eut de grands obstacles à vaincre. Le mot nouveau de république avait piqué les esprits déjà un peu blasés sur ceux de monarchie et de constitution. L'absence et la suspension du roi avaient, comme on l'a vu, appris à se passer de lui. Les journaux et les clubs dépouillèrent aussitôt le respect dont sa personne avait toujours été l'objet. Son départ, qui, aux termes du décret sur la résidence des fonctionnaires publics, rendait la déchéance imminente, fit dire qu'il était déchu. Cependant, d'après ce même décret, il fallait pour la déchéance la sortie du royaume et la résistance aux sommations du corps législatif; mais ces conditions importaient peu aux esprits exaltés, et ils déclaraient le roi coupable et démissionnaire. Les Jacobins, les Cordeliers, s'agitaient violemment, et ne pouvaient comprendre qu'après s'être délivrés du roi, on se l'imposât de nouveau et volontairement. Si le duc d'Orléans avait eu des espérances, c'est alors qu'elles purent se réveiller. Mais il dut voir combien son nom avait peu d'influence, et combien surtout un nouveau souverain, quelque populaire qu'il fût, convenait peu à l'état des esprits. Quelques pamphlétaires qui lui étaient dévoués, peut-être à son insu, essayèrent, comme Antoine fit pour César, de mettre la couronne sur sa tête; ils proposèrent de lui donner la régence, mais il se vit obligé de la repousser par une déclaration qui fut aussi peu considérée que sa personne. *Plus de roi*, était le cri général, aux Jacobins, aux Cordeliers, dans les lieux et les papiers publics.

Les adresses se multipliaient : il y en eut une affichée sur tous les murs de Paris, et même sur ceux de l'assemblée. Elle était signée du nom d'Achille Duchâtelet, jeune colonel. Il s'adressait aux Français; il leur rappelait le calme dont on avait joui pendant le voyage du monarque, et il concluait que l'absence du prince valait mieux que sa présence; il ajoutait que sa désertion était une abdication, que la nation et Louis XVI étaient dégagés de tout lien l'un envers l'autre; qu'enfin l'histoire était pleine des crimes des rois, et qu'il fallait renoncer à s'en donner encore un.

Cette adresse, attribuée au jeune Achille Duchâtelet, était de Thomas Payne, Anglais, et acteur principal dans la révolution américaine. Elle fut dénoncée à l'assemblée, qui, après de vifs débats, pensa qu'il fallait passer à l'ordre du jour, et répondre par l'indifférence aux avis et aux injures, ainsi qu'on avait toujours fait.

Enfin les commissaires chargés de faire leur rapport sur l'affaire de Varennes, le présentèrent le 16 juillet. Le voyage, dirent-ils, n'avait rien de coupable; d'ailleurs, le fût-il, le roi était inviolable. Enfin la déchéance ne pouvait en résulter, puisque le roi n'était point demeuré assez long-temps éloigné, et n'avait pas résisté aux sommations du corps législatif.

Robespierre, Buzot, Pétion, répétèrent tous les arguments connus contre l'inviolabilité. Duport, Barnave et Salles, leur répondirent, et il fut enfin décrété que le roi ne pouvait être mis en cause pour le fait de son évasion. Deux articles furent seulement ajoutés au décret d'inviolabilité. A peine cette décision fut-elle rendue, que Robespierre se leva et protesta hautement au nom de l'humanité.

Il y eut dans la soirée qui précéda cette décision un grand tumulte aux Jacobins. On y rédigea une pétition adressée à l'assemblée, pour qu'elle déclarât le roi déchu comme perfide et traître à ses serments, et qu'elle pourvût à son remplacement par tous les moyens constitutionnels. Il fut résolu que cette pétition serait portée le lendemain au Champ-de-Mars, où chacun pourrait la signer sur l'autel de la patrie. Le lendemain, en effet, elle fut portée au lieu convenu, et à la foule des séditieux se joignit celle des curieux qui voulaient être témoins de l'événement. Dans ce moment, le décret était rendu, et il n'y avait plus lieu à une pétition. Lafayette arriva, brisa les barricades déjà élevées, fut menacé, et reçut même un coup de feu qui, quoique tiré à bout portant, ne l'atteignit pas. Les officiers municipaux s'étant réunis à lui, obtinrent enfin de la populace qu'elle se retirât. Des gardes nationaux furent placés pour veiller à sa retraite, et on espéra un instant qu'elle se dissiperait; mais bientôt le tumulte recommença. Deux invalides qui se trouvaient, on ne sait pourquoi, sous l'autel de la patrie, furent égorgés, et alors le désordre n'eut plus de bornes. L'assemblée fit appeler la municipalité, et la chargea de veiller à l'ordre public. Bailly se rendit au Champ-de-Mars, fit déployer le drapeau rouge en vertu de la loi martiale. L'emploi de la force, quoi qu'on ait dit, était juste. On voulait, ou on ne voulait pas les lois nouvelles; si on les voulait, il fallait qu'elles fussent exécutées, qu'il y eût quelque chose de fixe, que l'insurrection ne fût pas perpétuelle, et que la volonté de l'assemblée ne pût être réformée par les plébiscites de la multitude. Bailly devait donc faire exécuter la loi. Il s'avança avec ce courage impassible qu'il avait toujours montré, reçut sans être atteint plusieurs coups de feu, et au milieu du tumulte ne put faire toutes les sommations voulues. D'abord Lafayette ordonna de tirer quelques coups en l'air; la foule abandonna l'autel de la patrie, mais se rallia bientôt. Réduit alors à l'extrémité, il commanda le feu. La première décharge renversa quelques-uns des factieux. Le nombre en fut exagéré. Les uns l'ont réduit à trente, d'autres l'ont élevé à quatre cents, et les furieux à quelques mille. Ces derniers furent crus dans le premier moment, et la terreur devint générale. Cet exemple sévère apaisa pour quelques instants les agita-

l'autel de la patrie, furent égorgés, et alors le

teurs*. Comme d'usage, on accusa tous les partis d'avoir excité ce mouvement; et il est probable que plusieurs y avaient concouru, car le désordre convenait à plusieurs. Le roi, la majorité de l'assemblée, la garde nationale, les autorités municipales et départementales, étaient d'accord alors pour établir l'ordre constitutionnel; et ils avaient à combattre la démocratie au dedans, l'aristocratie au dehors. L'assemblée et la garde nationale composaient cette nation moyenne, riche, éclairée et sage, qui voulait l'ordre et les lois; et elles devaient dans ces circonstances s'allier naturellement au roi, qui de son côté semblait se résigner à une autorité limitée. Mais s'il leur convenait de s'arrêter au point où elles en étaient arrivées, cela ne convenait pas à l'aristocratie, qui désirait un bouleversement, ni au peuple, qui voulait acquérir et s'élever davantage. Barnave, comme autrefois Mirabeau, était l'orateur de cette bourgeoisie sage et modérée; Lafayette en était le chef militaire. Danton, Camille Desmoulins étaient les orateurs, et Santerre le général de cette multitude qui voulait régner à son tour. Quelques esprits ardents ou fana-

---

* Cet évènement eut lieu dans la soirée du dimanche 17 juillet.

tiques la représentaient, soit à l'assemblée, soit dans les administrations nouvelles, et hâtaient son règne par leurs déclamations.

L'exécution du Champ-de-Mars fut fort reprochée à Lafayette et à Bailly. Mais tous deux, plaçant leur devoir dans l'observation de la loi, en sacrifiant leur popularité et leur vie à son exécution, n'eurent aucun regret, aucune crainte de ce qu'ils avaient fait. L'énergie qu'ils montrèrent imposa aux factieux. Les plus connus songeaient déjà à se soustraire aux coups qu'ils croyaient dirigés contre eux. Robespierre, qu'on a vu jusqu'à présent soutenir les propositions les plus exagérées, tremblait dans son obscure demeure; et, malgré son inviolabilité de député, demandait asile à tous ses amis. Ainsi l'exemple eut son effet, et, pour un instant, toutes les imaginations turbulentes furent calmées par la crainte.

L'assemblée prit à cette époque une détermination qui a été critiquée depuis, et dont le résultat n'a pas été aussi funeste qu'on l'a pensé. Elle décréta qu'aucun de ses membres ne serait réélu. Robespierre fut l'auteur de la proposition, et on l'attribua chez lui à l'envie qu'il éprouvait contre des collègues parmi lesquels il n'avait pas brillé. Il était au moins naturel qu'il leur en voulût, ayant toujours lutté avec eux; et dans ses sentiments il put y avoir tout à la fois de la conviction, de l'envie et de la haine. L'assemblée, qu'on accusait de vouloir perpétuer ses pouvoirs, et qui d'ailleurs déplaisait déjà à la multitude par sa modération, s'empressa de répondre à toutes les attaques par un désintéressement peut-être exagéré, en décidant que ses membres seraient exclus de la prochaine législature. La nouvelle assemblée se trouva ainsi privée d'hommes dont l'exaltation était un peu amortie, et dont la science législative avait mûri par une expérience de trois ans. Cependant, en voyant plus tard la cause des révolutions qui suivirent, on jugera mieux quelle a pu être l'importance de cette mesure si souvent condamnée.

C'était le moment d'achever les travaux constitutionnels, et de terminer dans le calme une si orageuse carrière. Les membres du côté gauche avaient le projet de s'entendre pour retoucher certaines parties de la constitution. Il avait été résolu qu'on la lirait tout entière pour juger de l'ensemble, et qu'on mettrait en harmonie ses diverses parties; c'était là ce qu'on nomma la révision, et ce qui fut plus tard, dans les jours de la ferveur républicaine, regardé comme une mesure de calamité. Barnave et les Lameth s'étaient entendus avec Malouet pour réformer certains articles qui portaient atteinte à la prérogative royale, et à ce qu'on nommait la stabilité du trône. On dit même qu'ils avaient le projet de rétablir les deux chambres. Il était convenu qu'à l'instant où la lecture serait achevée, Malouet ferait son attaque; que Barnave ensuite lui répondrait avec véhémence pour mieux couvrir ses intentions, mais qu'en défendant la plupart des articles, il en abandonnerait certains comme évidemment dangereux et condamnés par une expérience reconnue. Telles étaient les conditions arrêtées, lorsqu'on apprit les ridicules et dangereuses protestations du côté droit qui avait résolu de ne plus voter. Il n'y eut plus alors aucun accommodement possible. Le côté gauche ne voulut plus rien entendre; et lorsque la tentative convenue eut lieu, les cris qui s'élevèrent de toutes parts empêchèrent Malouet et les siens de poursuivre*. La constitution fut donc achevée avec quelque hâte, et présentée au roi pour qu'il l'acceptât. Dès cet instant, sa liberté lui fut rendue, ou, si l'on veut, la consigne sévère du château fut levée, et il eut la faculté de se retirer où il voudrait, pour examiner l'acte constitutionnel, et l'accepter librement.

* Voyez la note 24 à la fin du volume.

Que pouvait faire ici Louis XVI? Refuser la constitution, c'était abdiquer en faveur de la république. Le plus sûr, même dans son système, était d'accepter et d'attendre du temps les restitutions de pouvoir qu'il croyait lui être dues. En conséquence, après un certain nombre de jours, il déclara qu'il acceptait la constitution (13 septembre). Une joie extraordinaire éclata à cette nouvelle, comme si en effet on avait redouté quelque obstacle de la part du roi, comme si son consentement eût été une concession inespérée. Il se rendit à l'assemblée, où il fut accueilli comme dans les plus beaux jours. Lafayette, qui n'oubliait jamais de réparer les maux inévitables des troubles politiques, proposa une amnistie générale pour tous les faits relatifs à la révolution. Cette amnistie fut proclamée au milieu des cris de joie, et les prisons furent aussitôt ouvertes. Enfin, le 30 septembre, Thouret, dernier président, déclara que l'assemblée constituante avait terminé ses séances.

FIN DU TOME PREMIER.

NOTES
ET
PIÈCES JUSTIFICATIVES
DU TOME PREMIER.

NOTE 1, PAGE 48.

Je ne citerais pas le passage suivant des Mémoires de Ferrières, si de bas détracteurs n'avaient tâché de tout rapetisser dans les scènes de la révolution française. Le passage que je vais extraire fera juger de l'effet que produisirent sur les cœurs les moins plébéiens les solennités nationales de cette époque.

« Je cède au plaisir de retracer ici l'impression que fit sur moi cette auguste et touchante cérémonie ; je vais copier la relation que j'écrivis alors, encore plein de ce que j'avais senti. Si ce morceau n'est pas historique, il aura peut-être pour quelques lecteurs un intérêt plus vif.

« La noblesse en habit noir, veste et parements de drap d'or, manteau de soie, cravate de dentelle, le chapeau à plumes retroussé à la Henri IV; le clergé en soutane, grand manteau, bonnet carré; les évêques avec leurs robes violettes et leurs rochets; le tiers vêtu de noir, manteau de soi , cravate de batiste. Le roi se plaça sur une estrade richement décorée; Monsieur, Monsieur comte d'Artois, les princes, les ministres, les grands-officiers de la couronne étaient assis au-dessous du roi : la reine se mit vis-à-vis du roi; Madame, Madame comtesse d'Artois, les princesses, les dames de la cour, superbement parées et couvertes de diamants, lui composaient un magnifique cortége. Les rues étaient tendues de tapisseries de la couronne; les régiments des gardes-françaises et des gardes-suisses formaient une ligne depuis Notre-Dame jusqu'à Saint-Louis; un peuple immense nous regardait passer dans un silence respectueux; les balcons étaient ornés d'étoffes précieuses, les fenêtres remplies de spectateurs de tout âge, de tout sexe, de femmes charmantes, vêtues avec élégance : la variété des chapeaux, des plumes, des habits; l'aimable attendrissement peint sur tous les visages; la joie brillant dans tous les yeux; les battements de mains, les expressions du plus tendre intérêt ; les regards qui nous devançaient, qui nous suivaient encore après nous avoir perdus de vue... Tableau ravissant, enchanteur, que je m'efforcerais vainement de rendre! Des chœurs de musique, disposés de distance en distance, faisaient retentir l'air de sons mélodieux; les marches militaires, le bruit des tambours, le son des trompettes, le chant noble des prêtres, tour à tour entendus sans discordance, sans confusion, animaient cette marche triomphante de l'Éternel.

« Bientôt plongé dans la plus douce extase, des pensées sublimes, mais mélancoliques, vinrent s'offrir à moi. Cette France ma patrie, je la voyais, appuyée sur la religion, nous dire : Étouffez vos puériles querelles ; voilà l'instant décisif qui va me donner une nouvelle vie, ou m'anéantir à jamais..... Amour de la patrie, tu parlas à mon cœur..... Quoi ! des brouillons, d'insensés ambitieux, de vils intrigants, chercheront par des voies tortueuses à désunir ma patrie ; ils fonderont leurs systèmes destructeurs sur d'insidieux avantages ; ils te diront : Tu as deux intérêts ; et toute ta gloire, et toute ta puissance si jalousée de tes voisins, se dissipera comme une légère fumée chassée par le vent du midi....! Non, j'en prononce devant toi le serment ; que ma langue desséchée s'attache à mon palais, si jamais j'oublie tes grandeurs et tes solennités.

« Que cet appareil religieux répandait d'éclat sur cette pompe tout humaine ! Sans toi, religion vénérable, ce n'eût été qu'un vain étalage d'orgueil ; mais tu épures et sanctifies, tu agrandis la grandeur même ; les rois, les puissants du siècle, rendent aussi, eux, par des respects au moins simulés, hommage au Roi des rois... Oui, à Dieu seul appartient honneur, empire, gloire... Ces cérémonies saintes, ces chants, ces prêtres revêtus de l'habit du sacrifice, ces parfums, ce dais, ce soleil rayonnant d'or et de pierreries... Je me rappelais les paroles du prophète : ... Filles de Jérusalem, votre roi s'avance ; prenez vos robes nuptiales et courez au-devant de lui.... Des larmes de joie coulaient de mes yeux. Mon Dieu, ma patrie, mes concitoyens étaient devenus moi.....

« Arrivés à Saint-Louis, les trois ordres s'assirent sur des banquettes placées dans la nef. Le roi et la reine se mirent sous un dais de velours violet, semé de fleurs de lis d'or; les princes, les princesses, les grands-officiers de la couronne, les dames du palais, occupaient l'enceinte réservée à leurs majestés. Le saint-sacrement fut porté sur l'autel au son de la plus expressive musique. C'était un *ô salutaris hostia*. Ce chant naturel, mais vrai, mélodieux, dégagé du fatras d'instruments qui étouffent l'expression; cet accord ménagé de voix, qui s'élevaient vers le ciel, me confirma que le simple est toujours beau, toujours grand, toujours sublime... Les hommes sont fous, dans leur vaine sagesse, de traiter de puéril le culte que l'on offre à l'Éternel: comment voient-ils avec indifférence cette chaîne de morale qui unit l'homme à Dieu, qui le rend visible à l'œil, sensible au tact...? M. de La Fare, évêque de Nancy, prononça le discours... La religion fait la force des empires; la religion fait le bonheur des peuples. Cette vérité, dont jamais homme sage ne douta un seul moment, n'était pas la question importante à traiter dans l'auguste assemblée; le lieu, la circonstance, ouvraient un champ plus vaste : l'évêque de Nancy n'osa ou ne put le parcourir.

« Le jour suivant, les députés se réunirent à la salle des Menus. L'assemblée ne fut ni moins imposante, ni le spectacle moins magnifique que la veille. »

(*Mémoires du marquis de Ferrières. Tom. Ier, pag. 18 et suiv.*)

NOTE 2, PAGE 60.

Je crois devoir rapporter ici les motifs sur lesquels l'assemblée des communes fonda la détermination qu'elle allait prendre. Ce premier acte, qui commença la révolution, étant d'une haute importance, il est essentiel d'en justifier la nécessité, et je crois qu'on ne peut mieux le faire que par les considérants qui précédaient l'arrêté des communes. Ces considérants, ainsi que l'arrêté, appartiennent à l'abbé Sieyès.

« L'assemblée des communes, délibérant sur l'ouverture de conciliation proposée par MM. les commissaires du roi, a cru devoir prendre en même temps en considération l'arrêté que MM. de la noblesse se sont hâtés de faire sur la même ouverture.

« Elle a vu que MM. de la noblesse, malgré l'acquiescement annoncé d'abord, établissent bientôt une modification qui le rétracte presque entièrement, et qu'ainsi leur arrêté, à cet égard, ne peut être regardé que comme un refus positif.

« Par cette considération, et attendu que MM de la
« noblesse ne se sont pas même désistés de leurs précé-
« dentes délibérations, contraires à tout projet de réu-
« nion, les députés des communes pensent qu'il devient
« absolument inutile de s'occuper davantage d'un
« moyen qui ne peut plus être dit conciliatoire dès qu'il
« a été rejeté par une des parties à concilier.

« Dans cet état des choses, qui replace les députés
« des communes dans leur première position, l'assem-
« blée juge qu'elle ne peut plus attendre dans l'inaction
« les classes privilégiées, sans se rendre coupable en-
« vers la nation, qui a droit sans doute d'exiger d'elle
« un meilleur emploi de son temps.

« Elle juge que c'est un devoir pressant pour les re-
« présentants de la nation, quelle que soit la classe de
« citoyens à laquelle ils appartiennent, de se former,
« sans autre délai, en assemblée active capable de com-
« mencer et de remplir l'objet de leur mission.

« L'assemblée charge MM. les commissaires qui ont
« suivi les conférences diverses, dites conciliatoires,
« d'écrire le récit des longs et vains efforts des députés
« des communes pour tâcher d'amener les classes des
« privilégiés aux vrais principes; elle se charge d'expo-
« ser les motifs qui la forcent de passer de l'état d'at-
« tente à celui d'action; enfin elle arrête que ce récit
« et ces motifs seront imprimés à la tête de la présente
« délibération.

« Mais puisqu'il n'est pas possible de se former en
« assemblée active sans reconnaître au préalable ceux
« qui ont le droit de la composer, c'est-à-dire ceux qui

« ont la qualité pour voter comme représentants de la
« nation, les mêmes députés des communes croient de-
« voir faire une dernière tentative auprès de MM. du
« clergé et de la noblesse, qui néanmoins ont refusé
« jusqu'à présent de se faire reconnaître.

« Au surplus, l'assemblée ayant intérêt à constater le
« refus de ces deux classes de députés, dans le cas où
« ils persisteraient à vouloir rester inconnus, elle juge
« indispensable de faire une dernière invitation qui leur
« sera portée par des députés chargés de leur en faire
« lecture, et de leur en laisser copie dans les termes
« suivants :

« Messieurs, nous sommes chargés par les députés des
« communes de France de vous prévenir qu'ils ne peu-
« vent différer davantage de satisfaire à l'obligation im-
« posée à tous les représentants de la nation. Il est
« temps assurément que ceux qui annoncent cette qua-
« lité se reconnaissent par une vérification commune de
« leurs pouvoirs, et commencent enfin à s'occuper de
« l'intérêt national, qui seul, et à l'exclusion de tous
« les intérêts particuliers, se présente comme le grand
« but auquel tous les députés doivent tendre d'un com-
« mun effort. En conséquence, et dans la nécessité où
« sont les représentants de la nation de se mettre en
« activité, les députés des communes vous prient de
« nouveau, Messieurs, et leur devoir leur prescrit de
« vous faire, tant individuellement que collectivement,
« une dernière sommation de venir dans la salle des
« états pour assister, concourir et vous soumettre
« comme eux à la vérification commune des pouvoirs.

« Nous sommes en même temps chargés de vous avertir
« que l'appel général de tous les bailliages convoqués se
« fera dans une heure, que de suite il sera procédé à
« la vérification, et donné défaut contre les non-com-
« parants. »

NOTE 3, PAGE 83.

Je n'appuie de citations et de notes que ce qui est susceptible d'être contesté. Cette question de savoir si nous avions une constitution me semble une des plus importantes de la révolution, car c'est l'absence d'une loi fondamentale qui nous justifie d'avoir voulu nous en donner une. Je crois qu'on ne peut à cet égard citer une autorité qui soit plus respectable et moins suspecte que celle de M. Lally-Tolendal. Cet excellent citoyen prononça le 16 juin 1789, dans la chambre de la noblesse, un discours dont voici la plus grande partie :

« On a fait, Messieurs, de longs reproches, mêlés
« même de quelque amertume, aux membres de cette
« assemblée, qui, avec autant de douleur que de ré-
« serve, ont manifesté quelques doutes sur ce qu'on
« appelle notre constitution. Cet objet n'avait peut-
« être pas un rapport très-direct avec celui que nous
« traitons; mais puisqu'il a été le prétexte de l'accusa-
« tion, qu'il devienne aussi celui de la défense, et qu'il me
« soit permis d'adresser quelques mots aux auteurs de
« ces reproches.

« Vous n'avez certainement pas de loi qui établisse
que les états-généraux sont partie intégrante de la
« souveraineté, car vous en demandez une, et jus-
« qu'ici tantôt un arrêt du conseil leur défendait de
« délibérer, tantôt l'arrêt d'un parlement cassait leurs
« délibérations.

« Vous n'avez pas de loi qui nécessite le retour pé-
« riodique de vos états-généraux, car vous en deman-
« dez une, et il y a cent soixante-quinze ans qu'ils
« n'avaient été assemblés.

« Vous n'avez pas de loi qui mette votre sûreté,
« votre liberté individuelle à l'abri des atteintes arbi-
« traires, car vous en demandez une, et sous le règne
« d'un roi dont l'Europe entière connaît la justice et
« respecte la probité, des ministres ont fait arracher
« vos magistrats du sanctuaire des lois par des satelli-
« tes armés. Sous le règne précédent, tous les magis-
« trats du royaume ont encore été arrachés à leurs
« séances, à leurs foyers, et dispersés par l'exil, les
« uns sur la cime des montagnes, les autres dans la
« fange des marais, tous dans des endroits plus affreux
« que la plus horrible des prisons. En remontant plus
« haut, vous trouverez une profusion de cent mille
« lettres de cachet, pour de misérables querelles théo-
« logiques. En vous éloignant davantage encore, vous
« voyez autant de commissions sanguinaires que d'em-
« prisonnements arbitraires, et vous ne trouverez à
« vous reposer qu'au règne de votre bon Henri.

« Vous n'avez pas de loi qui établisse la liberté de la
« presse, car vous en demandez une, et jusqu'ici vos
« pensées ont été asservies, vos vœux enchaînés, le

« cri de vos cœurs dans l'oppression a été étouffé, tan-
« tôt par le despotisme des particuliers, tantôt par le
« despotisme plus terrible des corps.

« Vous n'avez pas ou vous n'avez plus de loi qui
« nécessite votre consentement pour les impôts, car
« vous en demandez une, et depuis deux siècles
« vous avez été chargés de plus de trois ou quatre
« cents millions d'impôts, sans en avoir consenti un
« seul.

« Vous n'avez pas de loi qui rende responsables tous
« les ministres du pouvoir exécutif, car vous en de-
« mandez une, et les créatures de ces commissions
« sanguinaires, les distributeurs de ces ordres arbi-
« traires, les dilapidateurs du trésor public, les
« violateurs du sanctuaire de la justice, ceux qui
« ont trompé les vertus d'un roi, ceux qui ont flatté
« les passions d'un autre, ceux qui ont causé le dé-
« sastre de la nation, n'ont rendu aucun compte, n'ont
« subi aucune peine.

« Enfin, vous n'avez pas une loi générale, positive,
« écrite, un diplôme national et royal tout à la fois,
« une grande charte, sur laquelle repose un ordre fixe
« et invariable, où chacun apprenne ce qu'il doit sacri-
« fier de sa liberté et de sa propriété pour conserver
« le reste, qui assure tous les droits, qui définisse tous
« les pouvoirs. Au contraire, le régime de votre gou-
« vernement a varié de règne en règne, souvent de
« ministère en ministère; il a dépendu de l'âge, du
« caractère d'un homme. Dans les minorités, sous
« un prince faible, l'autorité royale, qui importe au
« bonheur et à la dignité de la nation, a été indécem-

« ment avilie, soit par des grands qui d'une main
« ébranlaient le trône et de l'autre foulaient le peu-
« ple, soit par des corps qui dans un temps envahis-
« saient avec témérité ce que dans un autre ils avaient
« défendu avec courage. Sous des princes orgueilleux
« qu'on a flattés, sous des princes vertueux qu'on a
« trompés, cette même autorité a été poussée au-delà
« de toutes les bornes. Vos pouvoirs secondaires, vos
« pouvoirs intermédiaires, comme vous les appelez,
« n'ont été ni mieux définis ni plus fixés. Tantôt les
« parlements ont mis en principe qu'ils ne pouvaient
« pas se mêler des affaires d'état, tantôt ils ont soutenu
« qu'il leur appartenait de les traiter comme représen-
« tants de la nation. On a vu d'un côté des proclama-
« tions annonçant les volontés du roi, et de l'autre
« des arrêts dans lesquels les officiers du roi défen-
« daient au nom du roi l'exécution des ordres du roi.
« Les cours ne s'accordent pas mieux entre elles ; elles
« se disputent leur origine, leurs fonctions ; elles se
« foudroient mutuellement par des arrêts.

« Je borne ces détails, que je pourrais étendre jus-
« qu'à l'infini ; mais si tous ces faits sont constants, si
« vous n'avez aucune de ces lois que vous demandez,
« et que je viens de parcourir, ou si, en les ayant
« (et faites bien attention à ceci), ou si, en les ayant,
« vous n'avez pas celle qui force à les exécuter, celle
« qui en garantit l'accomplissement et qui en maintient
« la stabilité, définissez-nous donc ce que vous enten-
« dez par le mot de constitution, et convenez au moins
« qu'on peut accorder quelque indulgence à ceux qui
« ne peuvent se préserver de quelques doutes sur l'exis-

« tence de la nôtre. On parle sans cesse de se rallier
« à cette constitution; ah! plutôt perdons de vue ce
« fantôme pour y substituer une réalité. Et quant à
« cette expression d'*innovations*, quant à cette qualifi-
« cation de *novateurs* dont on ne cesse de nous accabler,
« convenons encore que les premiers novateurs sont
« dans nos mains, que les premiers novateurs sont
« nos cahiers; respectons, bénissons cette heureuse
« innovation qui doit tout mettre à sa place, qui doit
« rendre tous les droits inviolables, toutes les autori-
« tés bienfaisantes, et tous les sujets heureux.

« C'est pour cette constitution, Messieurs, que je
« forme des vœux; c'est cette constitution qui est l'objet
« de tous nos mandats, et qui doit être le but de tous
« nos travaux; c'est cette constitution qui répugne à la
« seule idée de l'adresse qu'on nous propose, adresse
« qui compromettrait le roi autant que la nation, adresse
« enfin qui me paraît si dangereuse, que non-seulement
« je m'y opposerai jusqu'au dernier instant, mais que,
« s'il était possible qu'elle fût adoptée, je me croirais
« réduit à la douloureuse nécessité de protester solen-
« nellement contre elle. »

NOTE 4, PAGE 84.

Je crois utile de rapporter ici le résumé des cahiers fait à l'assemblée nationale par M. de Clermont-Tonnerre. C'est une bonne statistique de l'état des opinions à cette époque dans toute l'étendue de la France. Sous ce rapport, le résumé est extrêmement important; et quoique Paris eût influé sur la rédaction de ces cahiers, il n'est pas moins vrai que les provinces y eurent la plus grande part.

Rapport du comité de constitution contenant le résumé des cahiers relatifs à cet objet, lu à l'assemblée nationale, par M. le comte de Clermont-Tonnerre, séance du 27 juillet 1789.

« Messieurs, vous êtes appelés à régénérer l'empire français; vous apportez à ce grand œuvre et votre propre sagesse et la sagesse de vos commettants.

« Nous avons cru devoir d'abord rassembler et vous présenter les lumières éparses dans le plus grand nombre de vos cahiers; nous vous présenterons ensuite et les vues particulières de votre comité, et celles qu'il a pu ou pourra recueillir encore dans les divers plans, dans les diverses observations qui ont été ou qui lui seront communiquées ou remises par les membres de cette auguste assemblée.

« C'est de la première partie de ce travail, Messieurs, que nous allons vous rendre compte.

« Nos commettants, Messieurs, sont tous d'accord sur un point: ils veulent la régénération de l'état; mais les uns l'ont attendue de la simple réforme des abus et du rétablissement d'une constitution existant depuis quatorze siècles, et qui leur a paru pouvoir revivre encore si l'on réparait les outrages que lui ont faits le temps et les nombreuses insurrections de l'intérêt personnel contre l'intérêt public.

« D'autres ont regardé le régime social existant comme tellement vicié, qu'ils ont demandé une constitution nouvelle, et qu'à l'exception du gouvernement et des formes monarchiques, qu'il est dans le cœur de tout Français de chérir et de respecter, et qu'ils vous ont ordonné de maintenir, ils vous ont donné tous les pouvoirs nécessaires pour créer une constitution et asseoir sur des principes certains, et sur la distinction et constitution régulière de tous les pouvoirs, la prospérité de l'empire français; ceux-là, Messieurs, ont cru que le premier chapitre de la constitution devrait contenir la déclaration des droits de l'homme, de ces droits imprescriptibles pour le maintien desquels la société fut établie.

« La demande de cette déclaration des droits de l'homme, si constamment méconnue, est pour ainsi dire la seule différence qui existe entre les cahiers qui désirent une constitution nouvelle et ceux qui ne demandent que le rétablissement de ce qu'ils regardent comme la constitution existante.

« Les uns et les autres ont également fixé leurs idées sur les principes du gouvernement monarchique, sur l'existence du pouvoir et sur l'organisation du corps législatif, sur la nécessité du consentement national à l'impôt, sur l'organisation des corps administratifs, et sur les droits des citoyens.

« Nous allons, Messieurs, parcourir ces divers objets, et vous offrir sur chacun d'eux, comme décision, les résultats uniformes, et, comme questions, les résultats différents ou contradictoires que nous ont présentés ceux de vos cahiers dont il nous a été possible de faire ou de nous procurer le dépouillement.

« 1° Le gouvernement monarchique, l'inviolabilité de la personne sacrée du roi, et l'hérédité de la couronne de mâle en mâle, sont également reconnus et consacrés par le plus grand nombre des cahiers, et ne sont mis en question dans aucun.

« 2° Le roi est également reconnu comme dépositaire de toute la plénitude du pouvoir exécutif.

« 3° La responsabilité de tous les agents de l'autorité est demandée généralement.

« 4° Quelques cahiers reconnaissent au roi le pouvoir législatif, limité par les lois constitutionnelles et fondamentales du royaume; d'autres reconnaissent que le roi, dans l'intervalle d'une assemblée d'états-généraux à l'autre, peut faire seul les lois de police et d'administration qui ne seront que provisoires, et pour lesquelles ils exigent l'enregistrement libre dans les cours souveraines; un bailliage a même exigé que l'enregistrement ne pût avoir lieu qu'avec le consentement des deux tiers des commissions intermédiaires des assemblées de districts. Le plus grand nombre des cahiers reconnaît la nécessité de la sanction royale pour la promulgation des lois.

« Quant au pouvoir législatif, la pluralité des cahiers le reconnaît comme résidant dans la représentation nationale, sous la clause de la sanction royale; et il paraît que cette maxime ancienne des Capitulaires: *Lex fit consensu populi et constitutione regis*, est presque généralement consacrée par vos commettants.

« Quant à l'organisation de la représentation nationale, les questions sur lesquelles vous avez à prononcer se rapportent à la convocation, ou à la durée, ou à la composition de la représentation nationale, ou au mode de délibération que lui proposaient vos commettants.

« Quant à la convocation, les uns ont déclaré que les états-généraux ne pouvaient être dissous que par eux-mêmes; les autres, que le droit de convoquer, proroger et dissoudre, appartenait au roi, sous la seule condition, en cas de dissolution, de faire sur-le-champ une nouvelle convocation.

« Quant à la durée, les uns ont demandé la périodicité des états-généraux, et ils ont voulu que le retour périodique ne dépendît ni des volontés ni de l'intérêt des dépositaires de l'autorité; d'autres, mais en plus petit nombre, ont demandé la permanence des états-généraux, de manière que la séparation des membres n'entraînât pas la dissolution des états.

« Le système de la périodicité a fait naître une seconde question : Y aura-t-il ou n'y aura-t-il pas de commission intermédiaire pendant l'intervalle des séances? La majorité de vos commettants a regardé l'établissement d'une commission intermédiaire comme un établissement dangereux.

« Quant à la composition, les uns ont tenu à la séparation des trois ordres ; mais, à cet égard, l'extension des pouvoirs qu'ont déjà obtenus plusieurs représentants laisse sans doute une plus grande latitude pour la solution de cette question.

« Quelques bailliages ont demandé la réunion des deux premiers ordres dans une même chambre ; d'autres, la suppression du clergé et la division de ses membres dans les deux autres ordres ; d'autres, que la représentation de la noblesse fût double de celle du clergé, et que toutes deux réunis fussent égales à celle des communes.

« Un bailliage, en demandant la réunion des deux premiers ordres, a demandé l'établissement d'un troisième, sous le titre d'ordre des campagnes. Il a été également demandé que toute personne exerçant charge, emploi ou place à la cour, ne pût être député aux états-généraux. Enfin, l'inviolabilité de la personne des députés est reconnue par le grand nombre des bailliages, et n'est contestée par aucun. Quant au mode de délibération, la question de l'opinion par tête et de l'opinion par ordre est résolue : quelques bailliages demandent les deux tiers des opinions pour former une résolution.

« La nécessité du consentement national à l'impôt est généralement reconnue par vos commettants, établie par tous vos cahiers; tous bornent la durée de l'impôt au terme que vous lui aurez fixé, terme qui ne pourra jamais s'étendre au-delà d'une tenue à l'autre; et cette clause impérative a paru à tous vos commettants le garant le plus sûr de la perpétuité de vos assemblées nationales.

« L'emprunt, n'étant qu'un impôt indirect, leur a paru devoir être assujetti aux mêmes principes.

« Quelques bailliages ont excepté des impôts à terme ceux qui auraient pour objet la liquidation de la dette nationale, et ont cru qu'ils devraient être perçus jusqu'à son entière extinction.

« Quant aux corps administratifs ou états provinciaux, tous les cahiers demandent leur établissement, et la plupart s'en rapportent à votre sagesse sur leur organisation.

« Enfin, les droits des citoyens, la liberté, la propriété, sont réclamés avec force par toute la nation française. Elle réclame pour chacun de ses membres l'inviolabilité des propriétés particulières, comme elle réclame pour elle-même l'inviolabilité de la propriété publique; elle réclame dans toute son étendue la liberté individuelle, comme elle vient d'établir à jamais la liberté nationale; elle réclame la liberté de la presse, ou la libre communication des pensées; elle s'élève avec indignation contre les lettres de cachet, qui disposaient arbitrairement des personnes, et contre la violation du secret de la poste, l'une des plus absurdes et des plus infâmes inventions du despotisme.

« Au milieu de ce concours de réclamations nous avons remarqué, Messieurs, quelques modifications particulières relatives aux lettres de cachet et à la liberté de la presse. Vous les pèserez dans votre sagesse; vous rassurerez sans doute ce sentiment de l'honneur français, qui, par son horreur pour la honte, a quelquefois méconnu la justice, et qui mettra sans doute autant d'empressement à se soumettre à la loi lorsqu'elle commandera aux forts, qu'il en mettait à s'y soustraire lorsqu'elle ne pesait que sur le faible; vous calmerez les inquiétudes de la religion, si souvent outragée par des libelles dans le temps du régime prohibitif, et le clergé, se rappelant que la licence fut long-temps la compagne de l'esclavage, reconnaîtra lui-même que le premier et le naturel effet de la liberté est le retour de l'ordre, de la décence et du respect pour les objets de la vénération publique.

« Tel est, Messieurs, le compte que votre comité a cru devoir vous rendre de la partie de vos cahiers qui traite de la constitution. Vous y trouverez sans doute toutes les pierres fondamentales de l'édifice que vous êtes chargés d'élever à toute sa hauteur; mais vous y désirerez peut-être cet ordre, cet ensemble de combinaisons politiques, sans lesquelles le régime social présentera toujours de nombreuses défectuosités : les pouvoirs y sont indiqués, mais ne sont pas encore distingués avec la précision nécessaire; l'organisation de la représentation nationale n'y est pas suffisamment établie; les principes de l'éligibilité n'y sont pas posés : c'est de votre travail que naîtront ces résultats. La nation a voulu être libre, et c'est vous qu'elle a chargés de son affranchissement; le génie de la France a précipité, pour ainsi dire, la marche de l'esprit public. Il a accumulé pour vous en peu d'heures l'expérience qu'on pouvait à peine attendre de plusieurs siècles. Vous pouvez, Messieurs, donner une constitution à la France; le roi et le peuple la demandent; l'un et l'autre l'ont méritée. »

Résultat du dépouillement des cahiers.

PRINCIPES AVOUÉS.

« Art. 1er. Le gouvernement français est un gouvernement monarchique.

« 2. La personne du roi est inviolable et sacrée.

« 3. Sa couronne est héréditaire de mâle en mâle.

« 4. Le roi est dépositaire du pouvoir exécutif.

« 5. Les agents de l'autorité sont responsables.

« 6. La sanction royale est nécessaire pour la promulgation des lois.

« 7. La nation fait la loi avec la sanction royale.

« 8. Le consentement national est nécessaire à l'emprunt et à l'impôt.

« 9. L'impôt ne peut être accordé que d'une tenue d'états-généraux à l'autre.

« 10. La propriété sera sacrée.

« 11. La liberté individuelle sera sacrée. »

Questions sur lesquelles l'universalité des cahiers ne s'est point expliquée d'une manière uniforme.

« Art. 1er. Le roi a-t-il le pouvoir législatif limité par les lois constitutionnelles du royaume?

« 2. Le roi peut-il faire seul des lois provisoires de police et d'administration, dans l'intervalle des tenues des états-généraux?

« 3. Ces lois seront-elles soumises à l'enregistrement libre des cours souveraines?

« 4. Les états-généraux ne peuvent-ils être dissous que par eux-mêmes?

« 5. Le roi peut-il seul convoquer, proroger et dissoudre les états-généraux?

« 6. En cas de dissolution, le roi n'est-il pas obligé de faire sur-le-champ une nouvelle convocation?

« 7. Les états-généraux seront-ils permanents ou périodiques?

« 8. S'ils sont périodiques, y aura-t-il ou n'y aura-t-il pas une commission intermédiaire?

« 9. Les deux premiers ordres seront-ils réunis dans une même chambre?

« 10. Les deux chambres seront-elles formées sans distinction d'ordres?

« 11. Les membres de l'ordre du clergé seront-ils répartis dans les deux autres ordres?

« 12. La représentation du clergé, de la noblesse et des communes, sera-t-elle dans la proportion d'une, deux et trois?

« 13. Sera-t-il établi un troisième ordre sous le titre d'ordre des campagnes?

« 14. Les personnes possédant des charges, emplois ou places à la cour, peuvent-elles être députés aux états-généraux?

« 15. Les deux tiers des voix seront-ils nécessaires pour former une résolution?

« 16. Les impôts ayant pour objet la liquidation de la dette nationale seront-ils perçus jusqu'à son entière extinction ?

« 17. Les lettres de cachet seront-elles abolies ou modifiées ?

« 18. La liberté de la presse sera-t-elle indéfinie ou modifiée ? »

NOTE 5, PAGE 155.

On trouvera au commencement du second volume, et au début de l'histoire de l'assemblée législative, un jugement qui me semble juste, sur les fautes imputées à la constitution de 91. Je n'ai ici qu'un mot à dire sur le projet d'établir en France, à cette époque, le gouvernement anglais. Cette forme de gouvernement est une transaction entre les trois intérêts qui divisent les états modernes, la royauté, l'aristocratie et la monarchie. Or, cette transaction n'est possible qu'après l'épuisement des forces, c'est-à-dire après le combat, c'est-à-dire encore après la révolution. En Angleterre, en effet, elle ne s'est opérée qu'après une longue lutte, après la démocratie et l'usurpation. Vouloir opérer la transaction avant le combat, c'est vouloir faire la paix avant la guerre. Cette vérité est triste, mais elle est incontestable ; les hommes ne traitent que quand ils ont épuisé leurs forces. La constitution anglaise n'était donc possible en France qu'après la révolution. On faisait bien sans doute de prêcher, mais on s'y prit mal; et s'y serait-on mieux pris, on n'aurait pas plus réussi. J'ajouterai, pour diminuer les regrets, que quand même on eût écrit sur notre table de la loi la constitution anglaise tout entière, ce traité n'eût pas apaisé les passions, qu'on en serait venu aux mains tout de même, et que la bataille aurait été donnée malgré ce traité-préliminaire. Je le répète donc, il fallait la guerre, c'est-à-dire la révolution. Dieu n'a donné la justice aux hommes qu'au prix des combats.

NOTE 6, PAGE 158.

Je suis loin de blâmer l'obstination du député Mounier, car rien n'est plus respectable que la conviction, mais c'est un fait assez curieux à constater. Voici à cet égard un passage extrait de son *Rapport à ses commettants* :

« Plusieurs députés, dit-il, résolurent d'obtenir de moi le sacrifice de ce principe (*la sanction royale*), ou, en le sacrifiant eux-mêmes, de m'engager, par reconnaissance, à leur accorder quelque compensation; ils me conduisirent chez un zélé partisan de la liberté, qui désirait une coalition entre eux et moi, afin que la liberté éprouvât moins d'obstacles, et qui voulait seulement être présent à nos conférences, sans prendre part à la décision. Pour tenter de les convaincre, ou pour m'éclairer moi-même, j'acceptai ces conférences. On déclama fortement contre les prétendus inconvénients du droit illimité qu'aurait le roi d'empêcher une loi nouvelle, et l'on m'assura que si ce droit était reconnu par l'assemblée, il y aurait guerre civile. Ces confé-

rences, deux fois renouvelées, n'eurent aucun succès;
elles furent recommencées chez un Américain, connu
par ses lumières et ses vertus, qui avait tout à la fois
l'expérience et la théorie des institutions propres à
maintenir la liberté. Il porta, en faveur de mes principes, un jugement favorable. Lorsqu'ils eurent éprouvé
que tous les efforts pour me faire abandonner mon opinion étaient inutiles, ils me déclarèrent enfin qu'ils
mettaient peu d'importance à la question de la *sanction
royale*, quoiqu'ils l'eussent présentée quelques jours
auparavant comme un sujet de guerre civile; ils offrirent de voter pour la *sanction* illimitée, et de voter
également pour deux chambres, mais sous la condition
que je ne soutiendrais pas, en faveur du roi, le droit de
dissoudre l'assemblée des représentants; que je ne réclamerais, pour la première chambre, qu'un *veto* suspensif, et que je ne m'opposerais pas à une loi fondamentale qui établirait des *conventions nationales* à des
époques fixes, ou sur la réquisition de l'assemblée des
représentants, ou sur celle des provinces, pour revoir
la constitution et y faire tous les changements qui seraient jugés nécessaires. Ils entendaient, par *conventions
nationales*, des assemblées dans lesquelles on aurait
transporté tous les droits de la nation; qui auraient
réuni tous les pouvoirs, et conséquemment auraient
anéanti par leur seule présence l'autorité du monarque
et de la législature ordinaire; qui auraient pu disposer
arbitrairement de tous les genres d'autorités, bouleverser à leur gré la constitution, rétablir le despotisme
ou l'anarchie. Enfin, on voulait en quelque sorte laisser
à une seule assemblée, qui aurait porté le nom de con-

vention nationale, la dictature suprême, et exposer le royaume à un retour périodique de factions et de tumulte.

« Je témoignai ma surprise de ce qu'on voulait m'engager à traiter sur les intérêts du royaume comme si nous en étions les maîtres absolus; j'observai qu'en ne laissant que le *veto* suspensif à une première chambre, si elle était composée de membres éligibles, il serait difficile de pouvoir la former de personnes dignes de la confiance publique; alors tous les citoyens préféreraient d'être nommés représentants; et que la chambre, juge des crimes d'état, devait avoir une très-grande dignité, et conséquemment que son autorité ne devait pas être moindre que celle de l'autre chambre. Enfin j'ajoutai que, lorsque je croyais un principe vrai, j'étais obligé de le défendre, et que je ne pouvais pas en disposer, puisque la vérité appartenait à tous les citoyens. »

NOTE 7, PAGE 168.

Les particularités de la conduite de Mirabeau à l'égard de tous les partis ne sont pas encore bien connues, et sont destinées à l'être bientôt. J'ai obtenu de ceux mêmes qui doivent les publier, des renseignements positifs; j'ai tenu dans les mains plusieurs pièces importantes, et notamment la pièce écrite en forme de profession de foi, qui constituait son traité secret avec la cour. Il ne m'est permis de donner au public aucun de ces documents, ni d'en citer les dépositaires. Je ne puis qu'affirmer ce que l'avenir démontrera suffisamment, lorsque tous les renseignements auront été publiés. Ce que j'ai pu dire avec sincérité, c'est que Mirabeau n'avait jamais été dans les complots supposés du duc d'Orléans. Mirabeau partit de Provence avec un seul projet, celui de combattre le pouvoir arbitraire dont il avait souffert, et que sa raison autant que ses sentiments lui faisaient regarder comme détestable. Arrivé à Paris, il fréquenta beaucoup un banquier alors très-connu, et homme d'un grand mérite. Là on s'entretenait beaucoup de politique, de finances et d'économie publique. Il y puisa beaucoup de connaissances sur ces matières, et il s'y lia avec ce qu'on appelait la colonie genevoise exilée, dont Clavière, depuis ministre des finances, était membre. Cependant Mirabeau ne forma aucune liaison intime. Il avait dans ses manières beaucoup de familiarité, et il la devait au sentiment de sa force, sentiment qu'il portait souvent jusqu'à l'imprudence. Grace à cette familiarité, il abordait tout le monde, et semblait lié avec tous ceux auxquels il s'adressait. C'est ainsi qu'on le crut souvent l'ami et le complice de beaucoup d'hommes avec lesquels il n'avait aucun intérêt commun. J'ai dit, et je répète qu'il était sans parti. L'aristocratie ne pouvait songer à Mirabeau; le parti Necker et Mounier ne surent pas l'entendre. Le duc d'Orléans a pu seul paraître s'unir à lui. On l'a cru ainsi, parce que Mirabeau traitait familièrement avec le duc, et que tous deux, étant supposés avoir une grande ambition, l'un comme prince, l'autre comme tribun, paraissaient devoir s'allier. La détresse de Mirabeau et la fortune du duc d'Orléans semblaient aussi un motif d'alliance. Néanmoins Mirabeau resta pauvre jusqu'à ses liaisons avec la cour. Alors il observait tous les partis, tâchait de les faire expliquer, et sentait trop son importance pour s'engager trop légèrement. Une seule fois, il eut un commencement de rapports avec un des agents supposés du duc d'Orléans. Il fut invité à dîner par cet agent prétendu, et lui, qui ne craignait jamais de s'aventurer, accepta plutôt par curiosité que par tout autre motif. Avant de s'y rendre, il en fit part à son confident intime, et parut fort satisfait de cette entrevue, qui lui faisait espérer de grandes révélations. Le repas eut lieu, et Mirabeau vint rapporter ce qui s'était passé : il n'avait été tenu que des propos vagues sur le duc d'Orléans, sur l'estime qu'il avait pour les talents de Mirabeau, et sur l'aptitude qu'il lui supposait pour gouverner un état. Cette entrevue fut donc très-insignifiante, et elle put indiquer tout au plus qu'on ferait volontiers un ministre de Mirabeau. Aussi ne manqua-t-il pas de dire à son ami, avec sa gaieté accoutumée : « Je ne puis pas manquer d'être ministre, car le duc d'Orléans et le roi veulent également me nommer. » Ce n'étaient là que des plaisanteries, et Mirabeau lui-même n'a jamais cru aux projets du duc. J'expliquerai dans une note suivante quelques autres particularités.

NOTE 8, PAGE 177.

La lettre du comte d'Estaing à la reine est un monument curieux, et qui devra toujours être consulté relativement aux journées des 5 et 6 octobre. Ce brave marin, plein de fidélité et d'indépendance (deux qualités qui semblent contradictoires, mais qu'on trouve souvent réunies chez les hommes de mer), avait conservé l'habitude de tout dire à ses princes qu'il aimait. Son témoignage ne saurait être révoqué en doute, lorsque, dans une lettre confidentielle, il expose à la reine les intrigues qu'il a découvertes et qui l'ont alarmé. On y verra si en effet la cour était sans projet à cette époque.

« Mon devoir et ma fidélité l'exigent, il faut que je
« mette aux pieds de la reine le compte du voyage que
« j'ai fait à Paris. On me loue de bien dormir la veille
« d'un assaut ou d'un combat naval. J'ose assurer que
« je ne suis point timide en affaires. Élevé auprès de
« M. le dauphin qui me distinguait, accoutumé à dire
« la vérité à Versailles dès mon enfance, soldat et ma-

« rin, instruit des formes, je les respecte sans qu'elles
« puissent altérer ma franchise ni ma fermeté.

« Eh bien ! il faut que je l'avoue à votre majesté, je
« n'ai pu fermer l'œil de la nuit. On m'a dit dans la
« bonne société, dans la bonne compagnie (et que serait-
« ce, juste ciel, si cela se répandait dans le peuple!),
« l'on m'a répété que l'on prend des signatures dans le
« clergé et dans la noblesse. Les uns prétendent que
« c'est d'accord avec le roi ; d'autres croient que c'est
« à son insu. On assure qu'il y a un plan de formé ; que
« c'est par la Champagne ou par Verdun que le roi se
« retirera ou sera enlevé ; qu'il ira à Metz. M. de Bouillé
« est nommé, et par qui? par M. de Lafayette, qui me
« l'a dit tout bas chez M. Jauge, à table. J'ai frémi
« qu'un seul domestique ne l'entendît ; je lui ai observé
« qu'un seul mot de sa bouche pouvait devenir un signal
« de mort. Il est froidement positif M. de Lafayette : il
« m'a répondu qu'à Metz comme ailleurs les patriotes
« étaient les plus forts, et qu'il valait mieux qu'un seul
« mourût pour le salut de tous.

« M. le baron de Breteuil, qui tarde à s'éloigner,
« conduit le projet. On accapare l'argent, et l'on pro-
« met de fournir un million et demi par mois. M. le
« comte de Mercy est malheureusement cité comme
« agissant de concert. Voilà les propos ; s'ils se répan-
« dent dans le peuple, leurs effets sont incalculables :
« cela se dit encore tout bas. Les bons esprits m'ont
« paru épouvantés des suites : le seul doute de la réalité
« peut en produire de terribles. J'ai été chez M. l'am-
« bassadeur d'Espagne, et certes je ne le cache point à
« la reine, où mon effroi a redoublé. M. Fernand-Nunès

« a causé avec moi de ces faux bruits, de l'horreur
« qu'il y avait à supposer un plan impossible, qui en-
« traînerait la plus désastreuse et la plus humiliante
« des guerres civiles, qui occasionnerait la séparation
« ou la perte totale de la monarchie, devenue la proie
« de la rage intérieure et de l'ambition étrangère, qui
« ferait le malheur irréparable des personnes les plus
« chères à la France. Après avoir parlé de la cour er-
« rante, poursuivie, trompée par ceux qui ne l'ont pas
« soutenue lorsqu'ils le pouvaient, qui veulent actuel-
« lement l'entraîner dans leur chute....., affligée d'une
« banqueroute générale, devenue dès lors indispensable,
« et tout épouvantable....., je me suis écrié que du
« moins il n'y aurait d'autre mal que celui que pro-
« duirait cette fausse nouvelle, si elle se répandait,
« parce qu'elle était une idée sans aucun fondement.
« M. l'ambassadeur d'Espagne a baissé les yeux à cette
« dernière phrase. Je suis devenu pressant : il est enfin
« convenu que quelqu'un de considérable et de croyable
« lui avait appris qu'on lui avait proposé de signer une
« association. Il n'a jamais voulu me le nommer ; mais,
« soit par inattention, soit pour le bien de la chose, il n'a
« point heureusement exigé ma parole d'honneur, qu'il
« m'aurait fallu tenir. Je n'ai point promis de ne dire à
« personne ce fait. Il m'inspire une grande terreur que
« je n'ai jamais connue. Ce n'est pas pour moi que je
« l'éprouve. Je supplie la reine de calculer dans sa sa-
« gesse tout ce qui pourrait arriver d'une fausse dé-
« marche : la première coûte assez cher. J'ai vu le bon
« cœur de la reine donner des larmes au sort des vic-
« times immolées ; actuellement ce seraient des flots de

« sang versé inutilement qu'on aurait à regretter. Une
« simple indécision peut être sans remède. Ce n'est qu'en
« allant au-devant du torrent, ce n'est qu'en le caressant,
« qu'on peut parvenir à le diriger en partie. Rien n'est
« perdu. La reine peut reconquérir au roi son royaume.
« La nature lui en a prodigué les moyens ; ils sont seuls
« possibles. Elle peut imiter son auguste mère : sinon
« je me tais..... Je supplie votre majesté de m'ac-
« corder une audience pour un des jours de cette
« semaine. »

NOTE 9, PAGE 192.

L'histoire ne peut pas s'étendre assez pour justifier jusqu'aux individus, surtout dans une révolution où les rôles, même les premiers, sont extrêmement nombreux. M. de Lafayette a été si calomnié, et son caractère est si pur, si soutenu, que c'est un devoir de lui consacrer au moins une note. Sa conduite pendant les 5 et 6 octobre est un dévouement continuel, et cependant elle a été présentée comme un attentat par des hommes qui lui devaient la vie. On lui a reproché d'abord jusqu'à la violence de la garde nationale qui l'entraîna malgré lui à Versailles. Rien n'est plus injuste, car si on peut maîtriser avec de la fermeté des soldats qu'on a conduits long-temps à la victoire, des citoyens récemment et volontairement enrôlés, et qui ne vous sont dévoués que par l'exaltation de leurs opinions, sont irrésistibles quand ces opinions les emportent. M. de Lafayette lutta contre eux pendant toute une journée, et certainement on ne pouvait désirer davantage. D'ailleurs rien n'était plus utile que son départ, car sans la garde nationale le château était pris d'assaut, et on ne peut prévoir quel eût été le sort de la famille royale au milieu du déchaînement populaire. Comme on l'a vu, sans les grenadiers nationaux les gardes-du-corps étaient forcés. La présence de M. de Lafayette et de ses troupes à Versailles était donc indispensable.

Après lui avoir reproché de s'y être rendu, on lui a reproché surtout de s'y être livré au sommeil; et ce sommeil a été l'objet du plus cruel et du plus réitéré de tous les reproches. M. de Lafayette resta debout jusqu'à cinq heures du matin, employa toute la nuit à répandre des patrouilles, à rétablir l'ordre et la tranquillité; et ce qui prouve combien ses précautions étaient bien prises, c'est qu'aucun des postes confiés à ses soins ne fut attaqué. Tout paraissait calme, et il fit une chose que personne n'eût manqué de faire à sa place, il se jeta sur un lit pour reprendre quelques forces dont il avait besoin, car il luttait depuis vingt-quatre heures contre la populace. Son repos ne dura pas une demi-heure; il arriva aux premiers cris, et assez tôt pour sauver les gardes-du-corps qu'on allait égorger. Qu'est-il donc possible de lui reprocher....? de n'avoir pas été présent à la première minute? mais la même chose pouvait avoir lieu de toute autre manière; un ordre à donner ou un poste à visiter pouvait l'éloigner pour une demi-heure du point où aurait lieu la première attaque; et son absence, dans le premier instant de l'action, était le plus inévitable de tous les accidents. Mais arriva-t-il assez tôt pour délivrer presque toutes les victimes, pour sauver le château te les augustes personnes qu'il contenait? se dévoua-t-il généreusement aux plus grands dangers? voilà ce qu'on ne peut nier, et ce qui lui valut à cette époque des actions de graces universelles. Il n'y eut qu'une voix alors parmi tous ceux qu'il avait sauvés. Madame de Staël, qui n'est pas suspecte de partialité en faveur de M. de Lafayette, rapporte qu'elle entendit les gardes-du-corps crier *Vive Lafayette!* Mounier, qui n'était pas suspect davantage, loue son dévouement; et M. de Lally-Tolendal regrette qu'on ne lui ait pas attribué dans ce moment une espèce de dictature (voyez son Rapport à ses commettants); ces deux députés se sont assez prononcés contre les 5 et 6 octobre, pour que leur témoignage soit accueilli avec toute confiance. Personne, au reste, n'osa nier dans les premiers moments un dévouement qui était universellement reconnu. Plus tard, l'esprit de parti, sentant le danger d'accorder des vertus à un constitutionnel, nia les services de M. de Lafayette; et alors commença cette longue calomnie dont il n'a depuis cessé d'être l'objet.

NOTE 10, PAGE 200.

J'ai déjà exposé quels avaient été les rapports à peu près nuls de Mirabeau avec le duc d'Orléans. Voici quel est le sens de ce mot fameux : *Ce j... f..... ne mérite pas la peine qu'on se donne pour lui.* La contrainte exercée par Lafayette envers le duc d'Orléans indisposa le parti populaire, mais irrita surtout les amis du prince condamné à l'exil. Ceux-ci songeaient à détacher Mirabeau contre Lafayette, en profitant de la jalousie de l'orateur contre le général. Un ami du duc, Lauzun, vint un soir chez Mirabeau pour le presser de prendre la parole dès le lendemain matin. Mirabeau, qui souvent se laissait entraîner, allait céder, lorsque ses amis, plus soigneux que lui de sa propre conduite, l'engagèrent de n'en rien faire. Il fut donc résolu qu'il se tairait. Le lendemain, à l'ouverture de la séance, on apprit le départ du duc d'Orléans; et Mirabeau, qui lui en voulait de sa condescendance envers Lafayette, et qui songeait aux efforts inutiles de ses amis, s'écria : *Ce j... f..... ne mérite pas la peine qu'on se donne pour lui.*

NOTE 11, PAGE 293.

Il y avait chez Mirabeau, comme chez tous les hommes supérieurs, beaucoup de petitesses à côté de beaucoup de grandeur. Il avait une imagination vive qu'il fallait occuper par des espérances. Il était impossible de lui donner le ministère sans détruire son influence, et par conséquent sans le perdre lui-même, et le secours qu'on en pouvait retirer. D'autre part, il fallait cette amorce à son imagination. Ceux donc qui s'étaient placés entre lui et la cour conseillèrent de lui laisser au moins l'espérance d'un portefeuille. Cependant les intérêts personnels de Mirabeau n'étaient jamais l'objet d'une mention particulière dans les diverses communications qui avaient lieu; on n'y parlait jamais en effet ni d'argent ni de faveurs, et il devenait difficile de faire entendre à Mirabeau ce qu'on voulait lui apprendre. Pour cela, on indiqua au roi un moyen fort adroit. Mirabeau avait une réputation si mauvaise, que peu de personnes auraient voulu lui servir de collègues. Le roi, s'adressant à M. de Liancourt, pour lequel il avait une estime particulière, lui demanda si, pour lui être utile, il accepterait un portefeuille en compagnie de Mirabeau. M. de Liancourt, dévoué au monarque, répondit qu'il était décidé à faire tout ce qu'exigerait le bien de son service. Cette question, bientôt rapportée à l'orateur, le remplit de satisfaction, et il ne douta plus que, dès que les circonstances le permettraient, on ne le nommât ministre.

NOTE 12, PAGE 213.

Il ne sera pas sans intérêt de connaître l'opinion de Ferrières sur la manière dont les députés de son propre parti se conduisaient dans l'assemblée.

« Il n'y avait à l'assemblée nationale, dit Ferrières,
« qu'à peu près trois cents membres véritablement
« hommes probes, exempts d'esprit de parti, étrangers
« à l'un et à l'autre club, voulant le bien, le voulant
« pour lui-même, indépendamment d'intérêts d'ordres,
« de corps, toujours prêts à embrasser la proposition
« la plus juste et la plus utile, n'importe de qui elle
« vînt et par qui elle fût appuyée. Ce sont des hommes
« dignes de l'honorable fonction à laquelle ils avaient
« été appelés, qui ont fait le peu de bonnes lois sorties
« de l'assemblée constituante; ce sont eux qui ont em-
« pêché tout le mal qu'elle n'a pas fait. Adoptant tou-
« jours ce qui était bon, et éloignant toujours ce qui
« était mauvais, ils ont souvent donné la majorité à des
« délibérations qui, sans eux, eussent été rejetées par
« un esprit de faction; ils ont souvent repoussé des

« motions qui, sans eux, eussent été adoptées par un
« esprit d'intérêt.

« Je ne saurais m'empêcher à ce sujet de remarquer
« la conduite impolitique des nobles et des évêques.
« Comme ils ne tendaient qu'à dissoudre l'assemblée,
« qu'à jeter de la défaveur sur ses opérations, loin de
« s'opposer aux mauvais décrets, ils étaient d'une indif-
« férence à cet égard que l'on ne saurait concevoir. Ils sor-
« taient de la salle lorsque le président posait la ques-
« tion, invitant les députés de leur parti à les suivre; ou
« bien, s'ils demeuraient, ils leur criaient de ne point dé-
« libérer. Les clubistes, par abandon, devenus la majorité
« de l'assemblée, décrétaient tout ce qu'ils voulaient. Les
« évêques et les nobles, croyant fermement que le nou-
« vel ordre de choses ne subsisterait pas, hâtaient, avec
« une sorte d'impatience, dans l'espoir d'en avancer la
« chute, et la ruine de la monarchie, et leur propre
« ruine. A cette conduite insensée ils joignaient une
« insouciance insultante, et pour l'assemblée, et pour
« le peuple qui assistait aux séances. Ils n'écoutaient
« point, riaient, parlaient haut, confirmant ainsi le
« peuple dans l'opinion peu favorable qu'il avait conçue
« d'eux; et au lieu de travailler à regagner sa confiance
« et son estime, ils ne travaillaient qu'à acquérir sa
« haine et son mépris. Toutes ces sottises venaient de
« ce que les évêques et les nobles ne pouvaient se per-
« suader que la révolution était faite depuis long-temps
« dans l'opinion et dans le cœur de tous les Français.
« Ils s'imaginaient, à l'aide de ces digues, contenir un
« torrent qui grossissait chaque jour. Ils ne faisaient
« qu'amonceler ses eaux, qu'occasioner plus de ra-

« vage, s'entêtant avec opiniâtreté à l'ancien régime,
« base de toutes leurs actions, de toutes leurs opposi-
« tions, mais dont personne ne voulait. Ils forçaient,
« par cette obstination maladroite, les révolutionnaires
« à étendre leur système de révolution au-delà même du
« but qu'ils s'étaient proposé. Les nobles et les évêques
« criaient alors à l'injustice, à la tyrannie. Ils parlaient
« de l'ancienneté et de la légitimité de leurs droits
« à des hommes qui avaient sapé la base de tous les
« droits. »

(*Ferrières*, Tome II, p. 122.)

NOTE 13, PAGE 215.

Le rappel des gardes-du-corps donna lieu à une anecdote qui mérite d'être rapportée. La reine se plaignait à M. de Lafayette de ce que le roi n'était pas libre, et elle en donnait pour preuve que le service du château était fait par la garde nationale et non par les gardes-du-corps. M. de Lafayette lui demanda aussitôt si elle verrait avec plaisir le rappel de ces derniers. La reine hésita d'abord à lui répondre, mais n'osa pas refuser l'offre que lui fit le général de provoquer ce rappel. Aussitôt il se rendit à la municipalité, qui, à son instigation, fit la demande officielle au roi de rappeler ses gardes-du-corps, en offrant de partager avec eux le service du château. Le roi et la reine ne virent pas cette demande avec peine; mais on leur en fit bientôt sentir les conséquences, et ceux qui ne voulaient pas qu'ils parussent libres les engagèrent à répondre par un refus. Cependant le refus était difficile à motiver, et la reine, à laquelle on confiait souvent des commissions difficiles, fut chargée de dire à M. de Lafayette qu'on n'acceptait pas la proposition de la municipalité. Le motif qu'elle en donna, c'est qu'on ne voulait pas exposer les gardes-du-corps à être massacrés. Cependant M. de Lafayette venait d'en rencontrer un qui se promenait en uniforme au Palais-Royal. Il rapporta ce fait à la reine, qui fut encore plus embarrassée, mais qui persista dans l'intention qu'elle était chargée d'exprime

NOTE 14, PAGE 216.

Le discours de Monsieur, à l'Hôtel-de-Ville, renferme un passage trop important pour n'être pas rappelé ici.

« Quant à mes opinions personnelles, dit ce person-
« nage auguste, j'en parlerai avec confiance à mes conci-
« toyens. Depuis le jour où, dans la seconde assemblée
« des notables, je me déclarai sur la question fonda-
« mentale qui divisait les esprits, je n'ai cessé de croire
« qu'une grande révolution était prête; que le roi, par
« ses intentions, ses vertus et son rang suprême, de-
« vait en être le chef, puisqu'elle ne pouvait être avan-
« tageuse à la nation sans l'être également au monarque;
« enfin, que l'autorité royale devait être le rempart de
« la liberté nationale, et la liberté nationale la base de
« l'autorité royale. Que l'on cite une seule de mes ac-
« tions, un seul de mes discours qui ait démenti ces
« principes, qui ait montré que, dans quelque circons-
« tance où j'aie été placé, le bonheur du roi, celui du
« peuple aient cessé d'être l'unique objet de mes pensées
« et de mes vues : jusque-là, j'ai le droit d'être cru sur
« ma parole, je n'ai jamais changé de sentiments et de
« principes, et je n'en changerai jamais. »

NOTE 15, PAGE 219.

Le discours prononcé par le roi dans cette circonstance est trop remarquable pour n'être pas cité avec quelques observations. Ce prince, excellent et trop malheureux, était dans une continuelle hésitation, et, pendant certains instants, il voyait avec beaucoup de justesse ses propres devoirs et les torts de la cour. Le ton qui règne dans le discours prononcé le 4 février prouve suffisamment que dans cette circonstance ses paroles n'étaient pas imposées, et qu'il s'exprimait avec un véritable sentiment de sa situation présente.

« Messieurs, la gravité des circonstances où se trouve
« la France m'attire au milieu de vous. Le relâchement
« progressif de tous les liens de l'ordre et de la subor-
« dination, la suspension ou l'inactivité de la justice,
« les mécontentements qui naissent des privations par-
« ticulières, les oppositions, les haines malheureuses
« qui sont la suite inévitable des longues dissensions,
« la situation critique des finances et les incertitudes
« sur la fortune publique, enfin l'agitation générale des
« esprits, tout semble se réunir pour entretenir l'in-

« quiétude des véritables amis de la prospérité et du
« bonheur du royaume.

« Un grand but se présente à vos regards ; mais il faut
« y atteindre sans accroissement de trouble et sans
« nouvelles convulsions. C'était, je dois le dire, d'une
« manière plus douce et plus tranquille que j'espérais
« vous y conduire lorsque je formai le dessein de vous
« rassembler, et de réunir pour la félicité publique les
« lumières et les volontés des représentants de la na-
« tion ; mais mon bonheur et ma gloire ne sont pas
« moins étroitement liés aux succès de vos travaux.

« Je les ai garantis, par une continuelle vigilance, de
« l'influence funeste que pouvaient avoir sur eux les
« circonstances malheureuses au milieu desquelles vous
« vous trouviez placés. Les horreurs de la disette que
« la France avait à redouter l'année dernière ont été
« éloignées par des soins multipliés et des approvision-
« nements immenses. Le désordre que l'état ancien des
« finances, le discrédit, l'excessive rareté du numéraire
« et le dépérissement graduel des revenus devaient
« naturellement amener ; ce désordre, au moins dans
« son éclat et dans ses excès, a été jusqu'à présent
« écarté. J'ai adouci partout, et principalement dans
« la capitale, les dangereuses conséquences du défaut
« de travail ; et, nonobstant l'affaiblissement de tous les
« moyens d'autorité, j'ai maintenu le royaume, non
« pas, il s'en faut bien, dans le calme que j'eusse dé-
« siré, mais dans un état de tranquillité suffisant pour
« recevoir le bienfait d'une liberté sage et bien ordon-
« née ; enfin, malgré notre situation intérieure généra-
« lement connue, et malgré les orages politiques qui

« agitent d'autres nations, j'ai conservé la paix au de-
« hors, et j'ai entretenu avec toutes les puissances de
« l'Europe les rapports d'égards et d'amitié qui peu-
« vent rendre cette paix durable.

« Après vous avoir ainsi préservés des grandes contra-
« riétés qui pouvaient aisément traverser vos soins et vos
« travaux, je crois le moment arrivé où il importe à l'in-
« térêt de l'état, que je m'associe d'une manière encore
« plus expresse et plus manifeste à l'exécution et à la
« réussite de tout ce que vous avez concerté pour
« l'avantage de la France. Je ne puis saisir une plus
« grande occasion que celle où vous présentez à mon
« acceptation des décrets destinés à établir dans le
« royaume une organisation nouvelle, qui doit avoir
« une influence si importante et si propice pour le bon-
« heur de mes sujets et pour la prospérité de cet empire.

« Vous savez, messieurs, qu'il y a plus de dix ans,
« et dans un temps où le vœu de la nation ne s'était
« pas encore expliqué sur les assemblées provinciales,
« j'avais commencé à substituer ce genre d'administra-
« tion à celui qu'une ancienne et longue habitude
« avait consacré. L'expérience m'ayant fait connaître
« que je ne m'étais point trompé dans l'opinion que
« j'avais conçue de l'utilité de ces établissements, j'ai
« cherché à faire jouir du même bienfait toutes les
« provinces de mon royaume; et, pour assurer aux
« nouvelles administrations la confiance générale, j'ai
« voulu que les membres dont elles devaient être com-
« posées fussent nommés librement par tous les ci-
« toyens. Vous avez amélioré ces vues de plusieurs
« manières, et la plus essentielle, sans doute, est cette

« subdivision égale et sagement motivée, qui, en affai-
« blissant les anciennes séparations de province à
« province, et en établissant un système général et
« complet d'équilibre, réunit davantage à un même
« esprit et à un même intérêt toutes les parties du
« royaume. Cette grande idée, ce salutaire dessein vous
« sont entièrement dus : il ne fallait pas moins qu'une
« réunion des volontés de la part des représentants de la
« nation ; il ne fallait pas moins que leur juste ascen-
« dant sur l'opinion générale, pour entreprendre avec
« confiance un changement d'une si grande impor-
« tance, et pour vaincre au nom de la raison les résis-
« tances de l'habitude et des intérêts particuliers. »

Tout ce que dit ici le roi est parfaitement juste et
très-bien senti. Il est vrai que toutes les améliorations,
il les avait autrefois tentées de son propre mouvement, et qu'il avait donné un rare exemple chez les
princes, celui de prévenir les besoins de leurs sujets.
Les éloges qu'il donne à la nouvelle division territoriale
portent encore le caractère d'une entière bonne foi,
car elle était certainement utile au gouvernement, en
détruisant les résistances que lui avaient souvent opposées les localités. Tout porte donc à croire que le roi
parle ici avec une parfaite sincérité. Il continue :

« Je favoriserai, je seconderai par tous les moyens
« qui sont en mon pouvoir le succès de cette vaste or-
« ganisation d'où dépend le salut de la France ; et, je
« crois nécessaire de le dire, je suis trop occupé de la
« situation intérieure du royaume, j'ai les yeux trop
« ouverts sur les dangers de tout genre dont nous
« sommes environnés, pour ne pas sentir fortement

« que, dans la disposition présente des esprits, et en con-
« sidérant l'état où se trouvent les affaires publiques,
« il faut qu'un nouvel ordre de choses s'établisse avec
« calme et avec tranquillité, ou que le royaume soit
« exposé à toutes les calamités de l'anarchie.

« Que les vrais citoyens y réfléchissent, ainsi que je
« l'ai fait, en fixant uniquement leur attention sur le
« bien de l'état, et ils verront que, même avec des
« opinions différentes, un intérêt éminent doit les réu-
« nir tous aujourd'hui. Le temps réformera ce qui
« pourra rester de défectueux dans la collection des
« lois qui auront été l'ouvrage de cette asssemblée »
(*cette critique indirecte et ménagée prouve que le roi
ne voulait pas flatter, mais dire la vérité, tout en employant la mesure nécessaire*); « mais toute entreprise
« qui tendrait à ébranler les principes de la constitu-
« tion même, tout concert qui aurait pour but de les
« renverser ou d'en affaiblir l'heureuse influence, ne
« serviraient qu'à introduire au milieu de nous les maux
« effrayants de la discorde; et, en supposant le succès
« d'une semblable tentative contre mon peuple et moi,
« le résultat nous priverait, sans remplacement, des
« divers biens dont un nouvel ordre de choses nous
« offre la perspective.

« Livrons-nous donc de bonne foi aux espérances
« que nous pouvons concevoir, et ne songeons qu'à
« les réaliser par un accord unanime. Que partout on
« sache que le monarque et les représentants de la
« nation sont unis d'un même intérêt et d'un même
« vœu, afin que cette opinion, cette ferme croyance,
« répandent dans les provinces un esprit de paix et de

« bonne volonté, et que tous les citoyens recomman-
« dables par leur honnêteté, tous ceux qui peuvent
« servir l'état essentiellement par leur zèle et par leurs
« lumières, s'empressent de prendre part aux différentes
« subdivisions de l'administration générale, dont l'en-
« chaînement et l'ensemble doivent concourir efficace-
« ment au rétablissement de l'ordre et à la prospérité
« du royaume.

« Nous ne devons point nous le dissimuler; il y a
« beaucoup à faire pour arriver à ce but. Une volonté
« suivie, un effort général et commun, sont absolument
« nécessaires pour obtenir un succès véritable. Conti-
« nuez donc vos travaux sans d'autre passion que celle
« du bien ; fixez toujours votre première attention sur
« le sort du peuple et sur la liberté publique; mais oc-
« cupez-vous aussi d'adoucir, de calmer toutes les dé-
« fiances, et mettez fin, le plus tôt possible, aux dif-
« férentes inquiétudes qui éloignent de la France un si
« grand nombre de ses concitoyens, et dont l'effet con-
« traste avec les lois de sûreté et de liberté que vous
« voulez établir : la prospérité ne reviendra qu'avec le
« contentement général. Nous apercevons partout des
« espérances; soyons impatients de voir aussi partout
« le bonheur.

« Un jour, j'aime à le croire, tous les Français indis-
« tinctement reconnaîtront l'avantage de l'entière
« suppression des différences d'ordre et d'état, lors-
« qu'il est question de travailler en commun au bien
« public, à cette prospérité de la patrie qui intéresse
« également les citoyens ; et chacun doit voir sans
« peine que, pour être appelé dorénavant à servir

« l'état de quelque manière, il suffira de s'être rendu
« remarquable par ses talents et par ses vertus.

« En même temps, néanmoins, tout ce qui rappelle
« à une nation l'ancienneté et la continuité des ser-
« vices d'une race honorée est une distinction que rien
« ne peut détruire; et, comme elle s'unit aux devoirs de
« la reconnaissance, ceux qui, dans toutes les classes
« de la société, aspirent à servir efficacement leur pa-
« trie, et ceux qui ont eu déjà le bonheur d'y réussir,
« ont un intérêt à respecter cette transmission de titres
« ou de souvenirs, le plus beau de tous les héritages
« qu'on puisse faire passer à ses enfants.

« Le respect dû aux ministres de la religion ne pourra
« non plus s'effacer; et lorsque leur considération sera
« principalement unie aux saintes vérités qui sont sous
« la sauvegarde de l'ordre et de la morale, tous les ci-
« toyens honnêtes et éclairés auront un égal intérêt à
« la maintenir et à la défendre.

« *Sans doute ceux qui ont abandonné leurs priviléges*
« *pécuniaires, ceux qui ne formeront plus comme autre-*
« *fois un ordre politique dans l'état, se trouvent soumis*
« *à des sacrifices dont je connais toute l'importance;*
« *mais, j'en ai la persuasion, ils auront assez de géné-*
« *rosité pour chercher un dédommagement dans tous*
« *les avantages publics dont l'établissement des assem-*
« *blées nationales présente l'espérance.* »

Le roi continue, comme on le voit, à exposer à tous
les partis les avantages des nouvelles lois, et en même
temps la nécessité de conserver quelque chose des anciennes. Ce qu'il adresse aux privilégiés prouve son
opinion réelle sur la nécessité et la justice des sacrifices

qu'on leur avait imposés, et leur résistance sera éternellement condamnée par les paroles que renferme ce discours. Vainement dira-t-on que le roi n'était pas libre : le soin qu'il prend ici de balancer les concessions, les conseils et même les reproches, prouvent qu'il parlait sincèrement. Il s'exprima bien autrement lorsque plus tard il voulut faire éclater l'état de contrainte dans lequel il croyait être. Sa lettre aux ambassadeurs, rapportée plus bas, le prouvera suffisamment. L'exagération toute populaire qui y règne démontre l'intention de ne plus paraître libre. Mais ici la mesure ne laisse aucun doute, et ce qui suit en est si touchant, si délicat, qu'il n'est pas possible de ne l'avoir pas senti, quand on a consenti à l'écrire et à le prononcer.

« J'aurais bien aussi des pertes à compter, si, au milieu des plus grands intérêts de l'état, je m'arrêtais à des calculs personnels ; mais je trouve une compensation qui me suffit, une compensation pleine et entière dans l'accroissement du bonheur de la nation, et c'est du fond de mon cœur que j'exprime ici ce sentiment.

« Je défendrai donc, je maintiendrai la liberté constitutionnelle, dont le vœu général, d'accord avec le mien, a consacré les principes. *Je ferai davantage; et, de concert avec la reine qui partage tous mes sentiments, je préparerai de bonne heure l'esprit et le cœur de mon fils au nouvel ordre de choses que les circonstances ont amené. Je l'habituerai dès ses premiers ans à être heureux du bonheur des Français*, et à reconnaître toujours, malgré le langage des flatteurs, qu'une sage constitution le préservera des dangers de

« l'inexpérience, et qu'une juste liberté ajoute un nou-
« veau prix aux sentiments d'amour et de fidélité dont
« la nation, depuis tant de siècles, donne à ses rois des
« preuves si touchantes.

« Je ne dois point le mettre en doute : en achevant
« votre ouvrage, vous vous occuperez sûrement avec
« sagesse et avec candeur de l'affermissement du pou-
« voir exécutif, cette condition sans laquelle il ne sau-
« rait exister aucun ordre durable au dedans, ni au-
« cune considération au dehors. Nulle défiance ne peut
« raisonnablement vous rester : ainsi, il est de votre
« devoir, comme citoyens et comme fidèles représen-
« tants de la nation, d'assurer au bien de l'état et à la
« liberté publique cette stabilité qui ne peut dériver
« que d'une autorité active et tutélaire. Vous aurez
« sûrement présent à l'esprit que, sans une telle auto-
« rité, toutes les parties de votre système de constitu-
« tion resteraient à la fois sans lien et sans correspon-
« dance; et, en vous occupant de la liberté, que vous
« aimez et que j'aime aussi, vous ne perdrez pas de vue
« que le désordre en administration, en amenant la
« confusion des pouvoirs, dégénère souvent, par
« d'aveugles violences, dans la plus dangereuse et la
« plus alarmante de toutes les tyrannies.

« Ainsi, non pas pour moi, messieurs, qui ne compte
« point ce qui m'est personnel près des lois et des ins-
« titutions qui doivent régler le destin dans l'em-
« pire, mais pour le bonheur même de notre patrie,
« pour sa prospérité, pour sa puissance, je vous invite
« à vous affranchir de toutes les impressions du mo-
« ment qui pourraient vous détourner de considérer

« dans son ensemble ce qu'exige un royaume tel que
« la France, et par sa vaste étendue, et par son im-
« mense population, et par ses relations inévitables
« au dehors.

« Vous ne négligerez non plus de fixer votre attention
« sur ce qu'exigent encore des législateurs les mœurs, le
« caractère et les habitudes d'une nation devenue trop
« célèbre en Europe par la nature de son esprit et de
« son génie, pour qu'il puisse paraître indifférent d'en-
« tretenir ou d'altérer en elle les sentiments de dou-
« ceur, de confiance et de bonté qui lui ont valu tant
« de renommée.

« Donnez-lui l'exemple aussi de cet esprit de justice
« qui sert de sauvegarde à la propriété, à ce droit
« respecté de toutes les nations, qui n'est pas l'ouvrage
« du hasard, qui ne dérive point des priviléges d'opi-
« nion, mais qui lie étroitement aux rapports les plus
« essentiels de l'ordre public et aux premières condi-
« tions de l'harmonie sociale.

« Par quelle fatalité, lorsque le calme commençait à
« renaître, de nouvelles inquiétudes se sont-elles répan-
« dues dans les provinces! Par quelle fatalité s'y livre-
« t-on à de nouveaux excès! Joignez-vous à moi pour
« les arrêter, et empêchons de tous nos efforts que des
« violences criminelles ne viennent souiller ces jours
« où le bonheur de la nation se prépare. Vous qui pou-
« vez influer par tant de moyens sur la confiance pu-
« blique, *éclairez sur ses véritables intérêts le peuple*
« *qu'on égare, ce bon peuple qui m'est si cher, et dont*
« *on m'assure que je suis aimé quand on veut me consoler*
« *de mes peines.* Ah! s'il savait à quel point je suis mal-

« heureux à la nouvelle d'un attentat contre les for-
« tunes, ou d'un acte de violence contre les personnes,
« peut-être il m'épargnerait cette douloureuse amer-
« tume!
 « Je ne puis vous entretenir des grands intérêts de
« l'état, sans vous presser de vous occuper, d'une ma-
« nière instante et définitive, de tout ce qui tient au
« rétablissement de l'ordre dans les finances, et à la
« tranquillité de la multitude innombrable de citoyens
« qui sont unis par quelque lien à la fortune publique.
 « Il est temps d'apaiser toutes les inquiétudes; il est
« temps de rendre à ce royaume la force de crédit à
« laquelle il a droit de prétendre. Vous ne pouvez pas
« tout entreprendre à la fois : aussi je vous invite à
« réserver pour d'autres temps une partie des biens
« dont la réunion de vos lumières vous présente le ta-
« bleau; mais quand vous aurez ajouté à ce que vous
« avez déjà fait, un plan sage et raisonnable pour
« l'exercice de la justice; quand vous aurez assuré les
« bases d'un équilibre parfait entre les revenus et les
« dépenses de l'état; enfin, quand vous aurez achevé
« l'ouvrage de la constitution, vous aurez acquis de
« grands droits à la reconnaissance publique; et, dans
« la continuation successive des assemblées nationales,
« continuation fondée dorénavant sur cette consti-
« tution même, il n'y aura plus qu'à ajouter d'année en
« année de nouveaux moyens de prospérité. Puisse
« cette journée, où votre monarque vient s'unir à vous
« de la manière la plus franche et la plus intime, être
« une époque mémorable dans l'histoire de cet empire!
« Elle le sera, je l'espère, si mes vœux ardents, si mes

« instantes exhortations peuvent être un signal de paix
« et de rapprochement entre vous. *Que ceux qui s'éloi-*
« *gneraient encore d'un esprit de concorde devenu si né-*
« *cessaire, me fassent le sacrifice de tous les souvenirs*
« *qui les affligent; je les paierai par ma reconnaissance*
« *et mon affection.*

« Ne professons tous, à compter de ce jour, ne pro-
« fessons tous, je vous en donne l'exemple, qu'une
« seule opinion, qu'un seul intérêt, qu'une seule vo-
« lonté, l'attachement à la constitution nouvelle, et
« le désir ardent de la paix, du bonheur et de la pros-
« périté de la France ! »

NOTE 16, PAGE 229.

Je ne puis mieux faire que de citer les mémoires de M. Froment lui-même, pour donner une juste idée de l'émigration et des opinions qui la divisaient ; dans un volume intitulé *Recueil de divers écrits relatifs à la Révolution*, M. Froment s'exprime comme il suit, pag. 4 et suivantes :

« Je me rendis secrètement à Turin (janvier 1790) auprès des princes français, pour solliciter leur approbation et leur appui. Dans un conseil, qui fut tenu à mon arrivée, je leur démontrai que, *s'ils voulaient armer les partisans de l'autel et du trône, et faire marcher de pair les intérêts de la religion avec ceux de la royauté, il serait aisé de sauver l'un et l'autre*. Quoique fortement attaché à la foi de mes pères, ce n'était pas aux non-catholiques que je voulais faire la guerre, mais aux ennemis déclarés du catholicisme et de la royauté, à ceux qui disaient hautement que depuis trop long-temps on parlait de Jésus-Christ et des Bourbons, à ceux qui prétendaient étrangler le dernier des rois avec les boyaux du dernier des prêtres. Les non-catholiques *restés fidèles* à la monarchie ont toujours trouvé en moi le citoyen le plus tendre, les catholiques *rebelles* le plus implacable ennemi.

« Mon plan tendait uniquement à lier un parti, et à lui donner, autant qu'il serait en moi, de l'extension et de la consistance. Le véritable argument des révolutionnaires étant la force, je sentais que la véritable réponse était la force; alors, comme à présent, j'étais convaincu de cette grande vérité, *qu'on ne peut étouffer une forte passion que par une plus forte encore, et que le zèle religieux pouvait seul étouffer le délire républicain*. Les miracles que le zèle de la religion a opérés depuis lors dans la Vendée et en Espagne, prouvent que les philosopheurs et les révolutionnaires de tous les partis ne seraient jamais venus à bout d'établir leur système anti-religieux et anti-social, pendant quelques années, sur la majeure partie de l'Europe, si les ministres de Louis XVI avaient conçu un projet tel que le mien, ou si les conseillers des princes émigrés l'avaient sincèrement adopté et réellement soutenu.

« Mais malheureusement la plupart des personnages qui dirigeaient Louis XVI et les princes de sa maison ne raisonnaient et n'agissaient que sur des principes philosophiques, quoique les philosophes et leurs disciples fussent la cause des agents de la révolution. Ils auraient cru se couvrir de ridicule et de déshonneur, s'ils avaient prononcé le seul mot de *religion*, s'ils avaient employé les puissants moyens qu'elle présente, et dont les plus grands politiques se sont servis dans tous les temps avec succès. Pendant que l'assemblée nationale cherchait à égarer le peuple et à se l'attacher par la suppression des droits féodaux, de la dîme, de la gabelle, etc., etc., ils voulaient le ramener à la soumission et à l'obéissance par l'exposé de l'incohérence des nouvelles lois, par le tableau des malheurs du roi, par des écrits au-dessus de son intelligence. Avec ces moyens ils croyaient faire renaître dans le cœur de tous les Français un amour pur et désintéressé pour leur souverain; ils croyaient que les clameurs des mécontents arrêteraient les entreprises des factieux, et permettraient au roi *de marcher droit au but qu'il voulait atteindre*. La valeur de mes conseils fut taxée vraisemblablement au poids de mon existence, et l'opinion des grands de la cour sur leurs titres et leur fortune. »

M. Froment poursuit son récit, et caractérise ailleurs les partis qui divisaient la cour fugitive, de la manière suivante, page 33:

« Ces titres honorables et les égards qu'on avait généralement pour moi à Turin, m'auraient fait oublier le passé et concevoir les plus flatteuses espérances pour l'avenir, si j'avais aperçu de grands moyens aux conseillers des princes, et un parfait accord parmi les hommes les plus influents dans nos affaires; mais je voyais avec douleur l'*émigration divisée en deux partis*, dont l'un ne voulait tenter la contre-révolution que *par le secours des puissances étrangères*, et l'autre *par les royalistes de l'intérieur*.

« *Le premier parti* prétendait qu'en cédant quelques provinces aux puissances, elles fourniraient aux princes français des armées assez nombreuses pour réduire les factieux; qu'avec le temps on reconquerrait aisément les concessions qu'on aurait été forcé de faire; et que la cour, en ne contractant d'obligation *envers aucun des corps de l'état*, pourrait dicter des lois à tous les Français.... Les courtisans tremblaient que la noblesse des provinces et les royalistes du tiers-état n'eussent l'honneur de remettre sur son séant la monarchie défaillante. Ils sentaient qu'ils ne seraient plus les dispensateurs des grâces et des faveurs, et que leur règne finirait dès que la noblesse des provinces aurait rétabli, au prix de son sang, l'autorité royale, et mérité par là les bienfaits et la confiance de son souverain. La crainte de ce nouvel ordre de choses les portait à se réunir, sinon pour détourner les princes d'employer en aucune manière les royalistes de l'intérieur, du moins pour fixer principalement leur attention sur les cabinets de l'Europe, et les porter à fonder leurs plus grandes espérances sur les secours étrangers. Par une suite de cette crainte, ils mettaient *secrètement* en œuvre les moyens les plus efficaces pour ruiner les ressources intérieures, faire échouer les plans proposés, entre lesquels plusieurs pouvaient amener le rétablissement de l'ordre, s'ils eussent été sagement dirigés et réellement soutenus. C'est ce dont j'ai été moi-même le témoin: c'est ce que je démontrerai un jour par des faits et des témoignages authentiques; mais le moment n'est pas encore venu. Dans une conférence qui eut lieu à peu près à cette époque, au sujet du parti qu'on pouvait tirer des dipositions favorables des Lyonnais et des Francs-Comtois, j'exposai sans détour les moyens qu'on devait employer, *en même temps*, pour assurer le triomphe des royalistes du Gévaudan, des Cévennes, du Vivarais, du Comtat-Venaissin, du Languedoc et de la

Provence. Pendant la chaleur de la discussion, M. le marquis d'Autichamp, maréchal-de-camp, *grand partisan des puissances*, me dit : « Mais les opprimés et les pa-
« rents des victimes ne chercheront-ils pas à se ven-
« ger ?... — Eh, qu'importe ? lui dis-je, pourvu que nous
« arrivions à notre but ! — Voyez-vous, s'écria-t-il,
« comme je lui ai fait avouer qu'on exercerait des ven-
« geances particulières ! » Plus qu'étonné de cette observation, je dis à M. le marquis de La Rouzière, mon voisin : « Je ne croyais pas qu'une guerre civile dût res-
« sembler à une mission de capucins ! » C'est ainsi qu'en inspirant aux princes la crainte de se rendre odieux à leurs plus cruels ennemis, les courtisans les portaient à n'employer que des demi-mesures, suffisantes sans doute pour provoquer le zèle des royalistes de l'intérieur, mais très-insuffisantes pour, après les avoir compromis, les garantir de la fureur des factieux. Depuis lors il m'est revenu que, pendant le séjour de l'armée des princes en Champagne, M. de La Porte, aide-de-camp du marquis d'Autichamp, ayant fait prisonnier un républicain, crut, d'après le système de son général, qu'il le ramènerait à son devoir par une exhortation pathétique, et en lui rendant ses armes et la liberté; mais à peine le républicain eut fait quelques pas, qu'il étendit par terre son vainqueur. M. le marquis d'Autichamp, oubliant alors la modération qu'il avait manifestée à Turin, incendia plusieurs villages, pour venger la mort de son missionnaire imprudent.

« *Le second parti* soutenait que, puisque les puissances avaient pris plusieurs fois les armes pour humilier les Bourbons, et surtout pour empêcher Louis XIV d'assurer la couronne d'Espagne à son petit-fils, bien loin de les appeler à notre aide, il fallait au contraire ranimer le zèle du clergé, le dévouement de la noblesse, l'amour du peuple pour le roi, *et se hâter d'étouffer une querelle de famille*, dont les étrangers seraient peut-être tentés de profiter..... C'est à cette funeste division parmi les chefs de l'émigration, et à l'impéritie ou à la perfidie des ministres de Louis XVI, que les révolutionnaires doivent leurs premiers succès. Je vais plus loin, et je soutiens que ce n'est point l'assemblée nationale qui a fait la révolution, mais bien les entours du roi et des princes ; je soutiens que les ministres ont livré Louis XVI aux ennemis de la royauté, comme certains faiseurs ont livré les princes et Louis XVIII aux ennemis de la France ; je soutiens que la plupart des courtisans qui entouraient les rois Louis XVI, Louis XVIII et les princes de leurs maisons, étaient et sont *des charlatans, de vrais eunuques politiques*, que c'est à leur inertie, à leur lâcheté ou à leur trahison que l'on doit imputer tous les maux que la France a soufferts, et ceux qui menacent encore le monde entier. Si je portais un grand nom et que j'eusse été du conseil des Bourbons, je ne survivrais pas à l'idée qu'une horde de vils et de lâches brigands, dont pas un n'a montré dans aucun genre ni génie, ni talent supérieur, soit parvenue à renverser le trône, à établir sa domination dans les plus puissants états de l'Europe, à faire trembler l'univers ; et lorsque cette idée me poursuit, je m'ensevelis dans l'obscurité de mon existence, pour me mettre à l'abri du blâme, comme elle m'a mis dans l'impuissance d'arrêter les progrès de la révolution. »

NOTE 17, PAGE 267.

J'ai déja cité quelques passages des mémoires de Ferrières, relativement à la première séance des états-généraux. Comme rien n'est plus important que de constater les vrais sentiments que la révolution excitait dans les cœurs, je crois devoir donner la description de la fédération par ce même Ferrières. On y verra si l'enthousiasme était vrai, s'il était communicatif, et si cette révolution était aussi hideuse qu'on a voulu la faire.

« Cependant les fédérés arrivaient de toutes les parties de l'empire. On les logeait chez des particuliers, qui s'empressaient de fournir lits, draps, bois, et tout ce qui pouvait contribuer à rendre le séjour de la capitale agréable et commode. La municipalité prit des mesures pour qu'une si grande affluence d'étrangers ne troublât pas la tranquillité publique. Douze mille ouvriers travaillaient sans relâche à préparer le Champ-de-Mars. Quelque activité que l'on mit à ce travail, il avançait lentement. On craignait qu'il ne pût être achevé le 14 juillet, jour irrévocablement fixé pour la cérémonie, parce que c'était l'époque fameuse de l'insurrection de Paris et de la prise de la Bastille. Dans cet embarras, les districts invitent, au nom de la patrie, les bons citoyens à se joindre aux ouvriers. Cette invitation civique électrise toutes les têtes; les femmes partagent l'enthousiasme et le propagent; on voit des séminaristes, des écoliers, des sœurs du pot, des chartreux vieillis dans la solitude, quitter leurs cloîtres et courir au Champ-de-Mars, une pelle sur le dos, portant des bannières ornées d'emblêmes patriotiques. Là, tous les citoyens, mêlés, confondus, forment un atelier immense et mobile dont chaque point présente un groupe varié : la courtisane échevelée se trouve à côté de la citoyenne pudibonde, le capucin traîne le baquet avec le chevalier de Saint-Louis, le porte-faix avec le petit-maître du Palais-Royal, la robuste harengère pousse la brouette remplie par la femme élégante et à vapeurs; le peuple aisé, le peuple indigent, le peuple vêtu, le peuple en haillons, vieillards, enfants, comédiens, cent-suisses, commis, travaillant et reposant, acteurs et spectateurs, offrent à l'œil étonné une scène pleine de vie et de mouvement; des tavernes ambulantes, des boutiques portatives, augmentent le charme et la gaité de ce vaste et ravissant tableau ; les chants, les cris de joie, le bruit des tambours, des instruments militaires, celui des bêches, des brouettes, les voix des travailleurs qui s'appellent, qui s'encouragent..... L'ame se sentait affaissée sous le poids d'une délicieuse ivresse à la vue de tout un peuple redescendu aux doux sentiments d'une frater-

nité primitive. Neuf heures sonnées, les groupes se
démêlent. Chaque citoyen regagne l'endroit où s'est
placée sa section, se rejoint à sa famille, à ses connaissances. Les bandes se mettent en marche au son
des tambours, reviennent à Paris, précédées de flam-
beaux, lâchant de temps en temps des sarcasmes
contre les aristocrates, et chantant le fameux air
Ça ira.

« Enfin le 14 juillet, jour de la fédération, arrive
parmi les espérances des uns, les alarmes et les terreurs des autres. Si cette grande cérémonie n'eut pas le
caractère sérieux et auguste d'une fête à la fois nationale et religieuse, caractère presque inconciliable
avec l'esprit français, elle offrit cette douce et vive
image de la joie et de l'enthousiasme mille fois plus
touchante. Les fédérés, rangés par départements sous
quatre-vingt-trois bannières, partirent de l'emplacement de la Bastille; les députés des troupes de ligne,
des troupes de mer, la garde nationale parisienne,
des tambours, des chœurs de musique, les drapeaux des
sections, ouvraient et fermaient la marche.

« Les fédérés traversèrent les rues Saint-Martin,
Saint-Denis, Saint-Honoré, et se rendirent par le Cours-
la-Reine à un pont de bateaux construit sur la rivière.
Ils reçurent à leur passage les acclamations d'un peuple immense répandu dans les rues, aux fenêtres des
maisons, sur les quais. La pluie qui tombait à flots ne
dérangea ni ne ralentit la marche. Les fédérés, dé-
gouttant d'eau et de sueur, dansaient des farandoles,
criaient : Vivent nos frères les Parisiens! On leur descendait par les fenêtres du vin, des jambons, des

fruits, des cervelas; on les comblait de bénédictions. L'assemblée nationale joignit le cortége à la place Louis XV, et marcha entre le bataillon des vétérans et celui des jeunes élèves de la patrie : image expressive qui semblait réunir à elle seule tous les âges et tous les intérêts.

« Le chemin qui conduit au Champ-de-Mars était couvert de peuple qui battait des mains, qui chantait *Ça ira*. Le quai de Chaillot et les hauteurs de Passy présentaient un long amphithéâtre, où l'élégance de l'ajustement, les charmes, les graces des femmes, enchantaient l'œil, et ne lui laissaient pas même la faculté d'asseoir une préférence. La pluie continuait de tomber; personne ne paraissait s'en apercevoir : la gaîté française triomphait et du mauvais temps, et des mauvais chemins, et de la longueur de la marche.

« M. de Lafayette, montant un superbe cheval et entouré de ses aides-de-camp, donnait des ordres et recevait les hommages du peuple et des fédérés. La sueur lui coulait sur le visage. Un homme que personne ne connaît, perce la foule, s'avance, tenant une bouteille d'une main, un verre de l'autre : *Mon général, vous avez chaud, buvez un coup*. Cet homme lève sa bouteille, emplit un grand verre, le présente à M. de Lafayette. M. de Lafayette reçoit le verre, regarde un moment l'inconnu, avale le vin d'un seul trait. Le peuple applaudit. Lafayette promène un sourire de complaisance et un regard bénévole et confiant sur la multitude ; et ce regard semble dire : « Je ne concevrai jamais aucun soupçon, je n'aurai jamais aucune inquiétude, tant que je serai au milieu de vous. »

« Cependant plus de trois cent mille hommes et femmes de Paris et des environs, rassemblés dès les six heures du matin au Champ-de-Mars, assis sur des gradins de gazon qui formaient un cirque immense, mouillés, crottés, s'armant de parasols contre les torrents d'eau qui les inondaient, s'essuyant le visage, au moindre rayon du soleil, rajustant leurs coiffures, attendaient en riant et en causant les fédérés et l'assemblée nationale. On avait élevé un vaste amphithéâtre pour le roi, la famille royale, les ambassadeurs et les députés. Les fédérés les premiers arrivés commencent à danser des farandoles; ceux qui suivent se joignent à eux, en formant une ronde qui embrasse bientôt une partie du Champ-de-Mars. C'était un spectacle digne de l'observateur philosophe, que cette foule d'hommes, venus des parties les plus opposées de la France, entraînés par l'impulsion du caractère national, bannissant tout souvenir du passé, toute idée du présent, toute crainte de l'avenir, se livrant à une délicieuse insouciance, et trois cent mille spectateurs de tout âge, de tout sexe, suivant leurs mouvements, battant la mesure avec les mains, oubliant la pluie, la faim et l'ennui d'une longue attente. Enfin tout le cortége étant entré au Champ-de-Mars, la danse cesse; chaque fédéré va rejoindre sa bannière. L'évêque d'Autun se prépare à célébrer la messe à un autel à l'antique dressé au milieu du Champ-de-Mars. Trois cents prêtres vêtus d'aubes blanches, coupées de larges ceintures tricolores, se rangent aux quatre coins de l'autel. L'évêque d'Autun bénit l'oriflamme et les quatre-vingt-trois bannières : il entonne le *Te Deum*. Douze cents musiciens exécutent ce cantique. Lafayette, à la tête de l'état-major de la milice parisienne et des députés des armées de terre et de mer, monte à l'autel, et jure, au nom des troupes et des fédérés, d'être fidèle à la nation, à la loi, au roi. Une décharge de quatre pièces de canon annonce à la France ce serment solennel. Les douze cents musiciens font retentir l'air de chants militaires; les drapeaux, les bannières s'agitent; les sabres tirés étincellent. Le président de l'assemblée nationale répète le même serment. Le peuple et les députés y répondent par des cris de *je le jure*. Alors le roi se lève, et prononce d'une voix forte: *Moi, roi des Français, je jure d'employer le pouvoir que m'a délégué l'acte constitutionnel de l'état, à maintenir la constitution décrétée par l'assemblée nationale et acceptée par moi.* La reine prend le dauphin dans ses bras, le présente au peuple, et dit: *Voilà mon fils; il se réunit, ainsi que moi, dans ces mêmes sentiments.* Ce mouvement inattendu fut payé par mille cris de Vive le roi, Vive la reine, Vive M. le dauphin! Les canons continuaient de mêler leurs sons majestueux aux sons guerriers des instruments militaires et aux acclamations du peuple; le temps s'était éclairci: le soleil se montrait dans tout son éclat; il semblait que l'Éternel même voulût être témoin de ce mutuel engagement, et le ratifier par sa présence..... Oui, il le vit, il l'entendit; et les maux affreux qui depuis ce jour n'ont cessé de désoler la France, ô Providence toujours active et toujours fidèle! sont le juste châtiment d'un parjure. Tu as frappé et le monarque et les sujets qui ont violé leur serment!

« L'enthousiasme et les fêtes ne se bornèrent pas au

jour de la fédération. Ce fut, pendant le séjour des fédérés à Paris, une suite continuelle de repas, de danses et de joie. On alla encore au Champ-de-Mars; on y but, on y chanta, on y dansa. M. de Lafayette passa en revue une partie de la garde nationale des départements et de l'armée de ligne. Le roi, la reine et M. le dauphin se trouvèrent à cette revue. Ils y furent accueillis avec acclamations. La reine donna, d'un air gracieux, sa main à baiser aux fédérés, leur montra M. le dauphin. Les fédérés, avant de quitter la capitale, allèrent rendre leurs hommages au roi; tous lui témoignèrent le plus profond respect, le plus entier dévouement. Le chef des Bretons mit un genou en terre, et présentant son épée à Louis XVI : « Sire, je vous remets, pure et sacrée, l'épée des fidèles Bretons : elle ne se teindra que du sang de vos ennemis. » — « Cette épée ne peut être en de meilleures mains que dans les mains de mes chers Bretons, répondit Louis XVI en relevant le chef des Bretons et en lui rendant son épée; je n'ai jamais douté de leur tendresse et de leur fidélité : assurez-les que je suis le père, le frère, l'ami de tous les Français. » Le roi, vivement ému, serre la main du chef des Bretons et l'embrasse. Un attendrissement mutuel prolonge quelques instants cette scène touchante. Le chef des Bretons reprend le premier la parole : « Sire, tous les Français, si j'en juge par nos cœurs, vous chérissent et vous chériront, parce que vous êtes un roi citoyen. »

« La municipalité de Paris voulut aussi donner une fête aux fédérés. Il y eut joûte sur la rivière, feu d'artifice, illumination, bal et rafraîchissements à la halle au blé, bal sur l'emplacement de la Bastille. On lisait à l'entrée de l'enceinte ces mots en gros caractères : *Ici l'on danse*; rapprochement heureux qui contrastait d'une manière frappante avec l'antique image d'horreur et de désespoir que retraçait le souvenir de cette odieuse prison. Le peuple allait et venait de l'un à l'autre endroit, sans trouble, sans embarras. La police, en défendant la circulation des voitures, avait prévenu les accidents si communs dans les fêtes, et anéanti le bruit tumultueux des chevaux, des roues, des cris de gare; bruit qui fatigue, étourdit les citoyens, leur laisse à chaque instant la crainte d'être écrasés, et donne à la fête la plus brillante et la mieux ordonnée l'apparence d'une fuite. Les fêtes publiques sont essentiellement pour le peuple. C'est lui seul qu'on doit envisager. Si les riches veulent en partager les plaisirs, qu'ils se fassent peuple ce jour-là; ils y gagneront des sensations inconnues, et ne troubleront pas la joie de leurs concitoyens.

» Ce fut aux Champs-Élysées que les hommes sensibles jouirent avec plus de satisfaction de cette charmante fête populaire. Des cordons de lumières pendaient à tous les arbres, des guirlandes de lampions les enlaçaient les uns aux autres; des pyramides de feu, placées de distance en distance, répandaient un jour pur que l'énorme masse des ténèbres environnantes rendait encore plus éclatant par son contraste. Le peuple remplissait les allées et les gazons. Le bourgeois, assis avec sa femme au milieu de ses enfants, mangeait, causait, se promenait, et sentait doucement son existence. Ici, des jeunes filles et des jeunes garçons dansaient au son de plusieurs orchestres disposés dans les clairières qu'on avait ménagées. Plus loin, quelques mariniers en gilet et en caleçon, entourés de groupes nombreux qui les regardaient avec intérêt, s'efforçaient de grimper le long de grands mâts frottés de savon, et de gagner un prix réservé à celui qui parviendrait à enlever un drapeau tricolore attaché à leur sommet. Il fallait voir les rires prodigués à ceux qui se voyaient contraints d'abandonner l'entreprise, les encouragements donnés à ceux qui plus heureux ou plus adroits, paraissaient devoir atteindre le but.... Une joie douce, sentimentale, répandue sur tous les visages, brillant dans tous les yeux, retraçait les paisibles jouissances des ombres heureuses dans les Champs-Élysées des anciens. Les robes blanches d'une multitude de femmes, errant sous les arbres de ces belles allées, augmentaient encore l'illusion. »

(*Ferrières*, Tome II, p. 89.)

NOTE 18, PAGE 274.

M. de Talleyrand avait prédit d'une manière très-remarquable les résultats financiers du papier-monnaie. Dans son discours il montre d'abord la nature de cette monnaie, la caractérise avec la plus grande justesse, et démontre les raisons de sa prochaine infériorité.

« L'assemblée nationale, dit-il, ordonnera-t-elle une émission de deux milliards d'assignats-monnaie ? On préjuge de cette seconde émission par le succès de la première, mais on ne veut pas voir que les besoins du commerce, ralenti par la révolution, ont dû faire accueillir avec avidité notre premier numéraire conventionnel ; et ces besoins étaient tels, que dans mon opinion, il eût été adopté ce numéraire même quand il n'eût pas été forcé : faire militer ce premier succès, qui même n'a pas été complet, puisque les assignats perdent, en faveur d'une seconde et plus ample émission, c'est s'exposer à de grands dangers ; car l'empire de la loi a sa mesure, et cette mesure c'est l'intérêt que les hommes ont à la respecter ou à l'enfreindre.

« Sans doute les assignats auront des caractères de sûreté que n'a jamais eus aucun papier-monnaie ; nul n'aura été créé sur un gage aussi précieux, revêtu d'une hypothèque aussi solide : je suis loin de le nier. L'assignat considéré comme titre de créance, a une valeur positive et matérielle; cette valeur de l'assignat est précisément la même que celle du domaine qu'il représente; mais cependant il faut convenir avant tout, que jamais aucun papier national ne marchera de pair avec les métaux; jamais le signe supplémentaire du premier signe représentatif de la richesse, n'aura la valeur exacte de son modèle : le titre même constate le besoin, et le besoin porte crainte et défiance autour de lui.

« Pourquoi l'assignat-monnaie sera-t-il toujours au-dessous de l'argent ? C'est d'abord parce qu'on doutera toujours de l'application exacte de ses rapports entre la masse des assignats et celle des biens nationaux; c'est qu'on sera long-temps incertain sur la consommation des ventes; c'est qu'on ne conçoit pas à quelle époque deux milliards d'assignats, représentant à peu près la valeur des domaines, se trouveront éteints; c'est parce que, l'argent étant mis en concurrence avec le papier, l'un et l'autre deviennent marchandise; et plus une marchandise est abondante, plus elle doit perdre de son prix; c'est qu'avec de l'argent on pourra toujours se passer d'assignats, tandis qu'il est impossible avec des assignats de se passer d'argent; et heureusement le besoin absolu d'argent conservera dans la circulation quelque espèce, car le plus grand de tous les maux serait d'en être absolument privé. »

Plus loin l'orateur ajoute :

« Créer un assignat-monnaie, ce n'est pas assurément représenter un métal-marchandise, c'est uniquement représenter un métal-monnaie : or un métal simplement monnaie ne peut, quelque idée qu'on y attache, représenter celui qui est en même temps monnaie et marchandise. L'assignat-monnaie, quelque sûr, quelque solide qu'il puisse être, est donc une abstraction de la monnaie métallique ; il n'est donc que le signe libre ou forcé, non pas de la richesse, mais simplement du crédit. Il suit de là que donner au papier les fonctions de monnaie, en le rendant, comme l'autre monnaie, intermédiaire entre tous les objets d'échange, c'est changer la quantité reconnue pour unité, autrement appelée dans cette matière *l'étalon de la monnaie* ; c'est opérer en un moment ce que les siècles opèrent à peine dans un état qui s'enrichit ; et si, pour emprunter l'expression d'un savant étranger, la monnaie fait à l'égard du prix des choses la même fonction que les degrés, minutes et secondes à l'égard des angles, ou les échelles à l'égard des cartes géographiques ou plans quelconques, je demande ce qui doit résulter de cette altération dans la mesure commune. »

Après avoir montré ce qu'était la monnaie nouvelle, M. de Talleyrand prédit avec une singulière précision la confusion qui en résulterait dans les transactions privées :

« Mais enfin suivons les assignats dans leur marche, et voyons quelle route ils auront à parcourir. Il faudra donc que le créancier remboursé achète des domaines avec des assignats, ou qu'il les garde, ou qu'il les emploie à d'autres acquisitions. S'il achète des domaines, alors votre but sera rempli : je m'applaudirai avec vous de la création des assignats, parce qu'ils ne seront pas disséminés dans la circulation, parce qu'enfin ils n'auront fait que ce que je vous propose de donner aux créances publiques, la faculté d'être échangées contre les domaines publics. Mais si ce créancier défiant préfère de perdre des intérêts en conservant un titre inactif; mais s'il convertit des assignats en métaux pour les enfouir, ou en effets sur l'étranger pour les transporter; mais si ces dernières classes sont beaucoup plus nombreuses que la première; si, en un mot, les assignats s'arrêtent long-temps dans la circulation avant de venir s'anéantir dans la caisse de l'extraordinaire; s'ils parviennent forcément et séjournent dans les mains d'hommes obligés de les recevoir au pair, et qui, ne devant rien, ne pourront s'en servir qu'avec perte; s'ils sont l'occasion d'une grande injustice commise par tous les débiteurs vis-à-vis les créanciers antérieurs, à recevoir les assignats au pair de l'argent, tandis qu'elle sera démentie dans l'effet qu'elle ordonne, puisqu'il sera impossible d'obliger les vendeurs à les prendre au pair des espèces, c'est-à-dire sans augmenter le prix de leurs marchandises en raison de la perte des assignats; alors combien cette opération ingénieuse aurait-elle trompé le patriotisme de ceux dont la sagacité l'a présentée, et dont la bonne foi la défend; et à quels regrets inconsolables ne serions-nous pas condamnés ! »

On ne peut donc pas dire que l'assemblée constituante ait complétement ignoré le résultat possible de sa détermination; mais à ces prévisions on pouvait opposer une de ces réponses qu'on n'ose jamais faire sur le moment, mais qui seraient péremptoires, et qui le deviennent dans la suite : cette réponse était la nécessité ; la nécessité de pourvoir aux finances, et de diviser les propriétés.

NOTE 19, PAGE 281.

Il n'est pas possible que sur un ouvrage composé collectivement, et par un grand nombre d'hommes, il n'y ait diversité d'avis. L'unanimité n'ayant jamais lieu, excepté sur certains points très-rares, il faut que chaque partie soit improuvée par ceux qui ont voté contre. Ainsi chaque article de la constitution de 91 devait trouver des improbateurs dans les auteurs même de cette constitution; mais néanmoins l'ensemble était leur ouvrage réel et incontestable. Ce qui arrivait ici était inévitable dans tout corps délibérant, et le moyen de Mirabeau n'était qu'une supercherie. On peut même dire qu'il y avait peu de délicatesse dans son procédé; mais il faut beaucoup excuser chez un être puissant, désordonné, que la moralité du but rend très-facile sur celle des moyens; je dis moralité du but, car Mirabeau croyait sincèrement à la nécessité d'une constitution modifiée; et bien que son ambition, ses petites rivalités personnelles contribuassent à l'éloigner du parti populaire, il était sincère dans sa crainte de l'anarchie.

D'autres que lui redoutaient la cour et l'aristocratie plus que le peuple. Ainsi partout il y avait selon les positions des craintes différentes, et partout vraies. La conviction change avec les points de vue, et la moralité, c'est-à-dire la sincérité, se trouve également dans les côtés les plus opposés.

NOTE 20, PAGE 286.

Ferrières, témoin oculaire des intrigues de cette époque, rapporte lui-même celles qui furent employées pour empêcher le serment des prêtres. Cette page me semble trop caractéristique pour n'être pas citée :

« Les évêques et les révolutionnaires s'agitèrent et intriguèrent, les uns pour faire prêter le serment, les autres pour empêcher qu'on ne le prêtât. Les deux partis sentaient l'influence qu'aurait dans les provinces la conduite que tiendraient les ecclésiastiques de l'assemblée. Les évêques se rapprochèrent de leurs curés; les dévots et les dévotes se mirent en mouvement. Toutes les conversations ne roulèrent plus que sur le serment du clergé. On eût dit que le destin de la France et le sort de tous les Français dépendaient de sa prestation ou de sa non-prestation. Les hommes les plus libres dans leurs opinions religieuses, les femmes les plus décriées par leurs mœurs, devinrent tout-à-coup de sévères théologiens, d'ardents missionnaires de la pureté et de l'intégrité de la foi romaine.

« Le *Journal de Fontenay*, l'*Ami du roi*, la *Gazette de Durosoir*, employèrent leurs armes ordinaires, l'exagération, le mensonge, la calomnie. On répandit une foule d'écrits dans lesquels la constitution civile du clergé était traitée de schismatique, d'hérétique, de destructive de la religion. Les dévotes colportèrent des écrits de maison en maison; elles priaient, conjuraient, menaçaient, selon les penchants et les caractères. On montrait aux uns le clergé triomphant, l'assemblée dissoute, les ecclésiastiques prévaricateurs dépouillés de leurs bénéfices, enfermés dans leurs maisons de correction; les ecclésiastiques fidèles couverts de gloire, comblés de richesses. Le pape allait lancer ses foudres sur une assemblée sacrilège et sur des prêtres apostats. Les peuples dépourvus de sacrements se soulèveraient, les puissances étrangères entreraient en France, et cet édifice d'iniquité et de scélératesse s'écroulerait sur ses propres fondements. »

Ferrières, tome II, page 198.)

NOTE 21, PAGE 291.

M. Froment rapporte le fait suivant dans son écrit déjà cité :

« Dans ces circonstances, les princes projetaient de former dans l'intérieur du royaume, aussitôt qu'ils le pourraient, des légions de tous les fidèles sujets du roi, pour s'en servir jusqu'au moment où les troupes de ligne seraient entièrement réorganisées. Désireux d'être à la tête des royalistes que j'avais dirigés et commandés en 1789 et 1790, j'écrivis à Monsieur, comte d'Artois, pour supplier son altesse royale de m'accorder un brevet de colonel-commandant, conçu de manière que tout royaliste qui, comme moi, réunirait sous ses ordres un nombre suffisant de vrais citoyens pour former une légion, pût se flatter d'obtenir la même faveur. Monsieur, comte d'Artois, applaudit à mon idée, et accueillit favorablement ma demande ; mais les membres du conseil ne furent pas de son avis : ils trouvaient si étrange qu'un bourgeois prétendît à un brevet militaire, que l'un d'eux me dit avec humeur : *Pourquoi ne deman-*

dez-vous pas un évêché? Je ne répondis à l'observateur que par des éclats de rire qui déconcertèrent un peu sa gravité. Cependant la question fut débattue de nouveau chez M. de Flachslanden; les délibérants furent d'avis de qualifier ces nouveaux corps de *légions bourgeoises*. Je leur observai : « Que sous cette dénomination ils
« recréeraient simplement les gardes nationales ; que
« les princes ne pourraient les faire marcher partout
« où besoin serait, parce qu'elles prétendraient n'être
« tenues de défendre que leurs propres foyers; qu'il
« était à craindre que les factieux ne parvinssent à les
« mettre aux prises avec les troupes de ligne; qu'avec
« de vains mots ils avaient armé le peuple contre les
« dépositaires de l'autorité publique; qu'il serait donc
« plus politique de suivre leur exemple, et de donner
« à ces nouveaux corps la dénomination de *milices*
« *royales* ; que... »

« M. l'évêque d'Arras m'interrompant brusquement, me dit : « Non, non, monsieur, il faut qu'il y ait du
« *bourgeois* dans votre brevet; » et le baron de Flachslanden, qui le rédigea, y mit du *bourgeois*. »

(*Recueil de divers écrits relatifs à la révolution*, page 62.)

NOTE 22, PAGE 321.

Voici des détails sur le retour de Varennes, que madame Campan tenait de la bouche de la reine même :

« Dès le jour de mon arrivée, la reine me fit entrer dans son cabinet, pour me dire qu'elle aurait grand besoin de moi pour des relations qu'elle avait établies avec MM. Barnave, Duport et Alexandre Lameth. Elle m'apprit que M. J*** était son intermédiaire avec ces débris du parti constitutionnel, qui avaient de bonnes intentions malheureusement trop tardives, et me dit que Barnave était un homme digne d'inspirer de l'estime. Je fus étonnée d'entendre prononcer ce nom de Barnave avec tant de bienveillance. Quand j'avais quitté Paris, un grand nombre de personnes n'en parlaient qu'avec horreur. Je lui fis cette remarque ; elle ne s'en étonna point, mais elle me dit qu'il était bien changé ; que ce jeune homme, plein d'esprit et de sentiments nobles, était de cette classe distinguée par l'éducation, et seulement égarée par l'ambition que fait naître un mérite réel. « Un sentiment d'orgueil que je ne saurais

« trop blâmer dans un jeune homme du tiers-état, di-
« sait la reine en parlant de Barnave, lui a fait applau-
« dir à tout ce qui aplanissait la route des honneurs et de
« la gloire pour la classe dans laquelle il est né : si jamais
« la puissance revient dans nos mains, le pardon de
« Barnave est d'avance écrit dans nos cœurs. » La reine
ajoutait qu'il n'en était pas de même à l'égard des nobles
qui s'étaient jetés dans le parti de la révolution, eux
qui obtenaient toutes les faveurs, et souvent au détri-
ment des gens d'un ordre inférieur, parmi lesquels se
trouvaient les plus grands talents; enfin que les nobles,
nés pour être le rempart de la monarchie, étaient
trop coupables d'avoir trahi sa cause pour en mériter
leur pardon. La reine m'étonnait de plus en plus par la
chaleur avec laquelle elle justifiait l'opinion favorable
qu'elle avait conçue de Barnave. Alors elle me dit que sa
conduite en route avait été parfaite, tandis que la rudesse
républicaine de Pétion avait été outrageante; qu'il mangeait, buvait dans la berline du roi avec malpropreté,
jetant les os de volaille par la portière, au risque de les
envoyer jusque sur le visage du roi; haussant son verre,
sans dire un mot, quand madame Élisabeth lui versait
du vin, pour indiquer qu'il en avait assez; que ce
ton offensant était calculé, puisque cet homme avait
reçu de l'éducation; que Barnave en avait été révolté.
Pressé par la reine de prendre quelque chose : « Madame, répondit Barnave, les députés de l'assemblée
nationale, dans une circonstance aussi solennelle, ne
doivent occuper Vos Majestés que de leur mission, et
nullement de leurs besoins. » Enfin ses respectueux
égards, ses attentions délicates et toutes ses paroles

avaient gagné non-seulement sa bienveillance, mais celle de madame Élisabeth.

« Le roi avait commencé à parler à Pétion sur la situation de la France et sur les motifs de sa conduite, qui étaient fondés sur la nécessité de donner au pouvoir exécutif une force nécessaire à son action pour le bien même de l'acte constitutionnel, puisque la France ne pouvait être république.... « Pas encore, à la vérité, lui « répondit Pétion, parce que les Français ne sont pas « assez mûrs pour cela. » Cette audacieuse et cruelle réponse imposa silence au roi, qui le garda jusqu'à son arrivée à Paris. Pétion tenait dans ses genoux le petit dauphin ; il se plaisait à rouler dans ses doigts les beaux cheveux blonds de l'intéressant enfant ; et, parlant avec action, il tirait ses boucles assez fort pour le faire crier... « Donnez-moi mon fils, lui dit la reine ; il est « accoutumé à des soins, à des égards qui le disposent « peu à tant de familiarités. »

« Le chevalier de Dampierre avait été tué près de la voiture du roi, en sortant de Varennes. Un pauvre curé de village, à quelques lieues de l'endroit où ce crime venait d'être commis, eut l'imprudence de s'approcher pour parler au roi ; les cannibales qui environnaient la voiture se jettent sur lui. « Tigres, leur cria Barnave, avez-« vous cessé d'être Français ? Nation de braves, êtes-« vous devenus un peuple d'assassins ?.... » Ces seules paroles sauvèrent d'une mort certaine le curé déjà terrassé. Barnave, en les prononçant, s'était jeté presque hors de la portière, et madame Élisabeth, touchée de ce noble élan, le retenait par son habit. La reine disait, en parlant de cet événement, que dans les moments des plus grandes crises, les contrastes bizarres la frappaient toujours; et que, dans cette circonstance, la pieuse Élisabeth, retenant Barnave par le pan de son habit, lui avait paru la chose la plus surprenante. Ce député avait éprouvé un autre genre d'étonnement. Les dissertations de madame Élisabeth sur la situation de la France, son éloquence douce et persuasive, la noble simplicité avec laquelle elle entretenait Barnave, sans s'écarter en rien de sa dignité, tout lui parut céleste dans cette divine princesse, et son cœur disposé sans doute à de nobles sentiments, s'il n'eût pas suivi le chemin de l'erreur, fut soumis par la plus touchante admiration. La conduite des deux députés fit connaître à la reine la séparation totale entre le parti républicain et le parti constitutionnel. Dans les auberges où elle descendait, elle eut quelques entretiens particuliers avec Barnave. Celui-ci parla beaucoup des fautes des royalistes dans la révolution, et dit qu'il avait trouvé les intérêts de la cour si faiblement, si mal défendus, qu'il avait été tenté plusieurs fois d'aller lui offrir un athlète courageux qui connût l'esprit du siècle et celui de la nation. La reine lui demanda quels auraient été les moyens qu'il lui aurait conseillé d'employer. — « La « popularité, madame. — Et comment pouvais-je en « avoir? repartit sa majesté; elle m'était enlevée. — Ah! « madame, il vous était bien plus facile à vous de la « conquérir qu'à moi de l'obtenir. » Cette assertion fournirait matière à commentaire; je me borne à rapporter ce curieux entretien. »

(*Mémoires de madame Campan, tome II, pages* 150 *et suivantes.*)

NOTE 23, PAGE 325

Voici la réponse elle-même, ouvrage de Barnave, et modèle de raison, d'adresse et de dignité.

« Je vois, messieurs, dit Louis XVI aux commissai-
« res, je vois par l'objet de la mission qui vous est
« donnée, qu'il ne s'agit point ici d'un interrogatoire,
« ainsi je veux bien répondre aux désirs de l'assemblée.
« Je ne craindrai jamais de rendre publics les motifs
« de ma conduite. Ce sont les outrages et les menaces
« qui m'ont été faits à ma famille et à moi, le 18 avril,
« qui sont la cause de ma sortie de Paris. Plusieurs
« écrits ont cherché à provoquer les violences contre
« ma personne et contre ma famille. J'ai cru qu'il n'y
« avait plus de sûreté ni même de décence pour moi
« de rester plus long-temps dans cette ville. Jamais
« mon intention n'a été de quitter le royaume; je n'ai
« eu aucun concert sur cet objet, ni avec les puissances
« étrangères, ni avec mes parents, ni avec aucun des
« Français émigrés. Je puis donner en preuve de mes
« intentions que des logements étaient préparés à Mont-

« médy pour me recevoir. J'avais choisi cette place,
« parce qu'étant fortifiée, ma famille y serait plus en
« sûreté; qu'étant près de la frontière, j'aurais été plus
« à portée de m'opposer à toute espèce d'invasion en
« France, si on avait voulu en tenter quelqu'une. Un
« de mes principaux motifs, en quittant Paris, était
« de faire tomber l'argument de ma non-liberté : ce
« qui pouvait fournir une occasion de troubles. Si j'a-
« vais eu l'intention de sortir du royaume, je n'aurais
« pas publié mon mémoire le jour même de mon dé-
« part; j'aurais attendu d'être hors des frontières; mais
« je conservais toujours le désir de retourner à Paris.
« C'est dans ce sens que l'on doit entendre la dernière
« phrase de mon mémoire, dans laquelle il est dit :
« Français, et vous surtout, Parisiens, quel plaisir
« n'aurais-je pas à me retrouver au milieu de vous !...
« Je n'avais dans ma voiture que trois mille louis en or
« et cinquante-six mille livres en assignats. Je n'ai pré-
« venu Monsieur de mon départ que peu de temps au-
« paravant. Monsieur n'est passé dans le pays étranger
« que parce qu'il était convenu avec moi que nous ne
« suivrions pas la même route : il devait revenir en
« France après moi. Le passe-port était nécessaire pour
« faciliter mon voyage; il n'avait été indiqué pour le
« pays étranger que parce qu'on n'en donne pas au
« bureau des affaires étrangères pour l'intérieur du
« royaume. La route de Francfort n'a pas même été
« suivie. Je n'ai fait aucune protestation que dans le
« mémoire que j'ai laissé avant mon départ. Cette pro-
« testation ne porte pas, ainsi que son contenu l'at-
« teste, sur le fond des principes de la constitution,

« mais sur la forme des sanctions, c'est-à-dire, sur le
« peu de liberté dont je paraissais jouir, et sur ce que
« les décrets, n'ayant pas été présentés en masse, je ne
« pouvais juger de l'ensemble de la constitution. Le
« principal reproche contenu dans le mémoire se rap-
« porte aux difficultés dans les moyens d'administra-
« tion et d'exécution. J'ai reconnu dans mon voyage
« que l'opinion publique était décidée en faveur de la
« constitution; je ne croyais pas pouvoir juger pleine-
« ment cette opinion publique à Paris; mais dans les
« notions que j'ai recueillies personnellement pendant
« ma route, je me suis convaincu combien il est néces-
« saire au soutien de la constitution de donner de la
« force aux pouvoirs établis pour maintenir l'ordre pu-
« blic. Aussitôt que j'ai reconnu la volonté générale,
« je n'ai point hésité, comme je n'ai jamais hésité à
« faire le sacrifice de tout ce qui m'est personnel. Le
« bonheur du peuple a toujours été l'objet de mes dé-
« sirs. J'oublierai volontiers tous les désagréments que
« j'ai essuyés, si je puis assurer la paix et la félicité de
« la nation. »

NOTE 24, PAGE 338.

Bouillé avait un ami intime dans le comte de Gouvernet; et, quoique leur opinion ne fût pas à beaucoup près la même, ils avaient beaucoup d'estime l'un pour l'autre. Bouillé, qui ménage peu les constitutionnels, s'exprime de la manière la plus honorable à l'égard de M. Gouvernet, et semble lui accorder toute confiance. Pour donner dans ses mémoires une idée de ce qui se passait dans l'assemblée à cette époque, il cite la lettre suivante, écrite à lui-même par le comte de Gouvernet, le 26 août 1791 :

« Je vous avais donné des espérances que je n'ai plus.
« Cette fatale constitution, qui devait être révisée,
« améliorée, ne le sera pas. Elle restera ce qu'elle est,
« un code d'anarchie, une source de calamités; et notre
« malheureuse étoile fait qu'au moment où les démo-
« crates eux-mêmes sentaient une partie de leurs torts,
« ce sont les aristocrates qui, en leur refusant leur ap-
« pui, s'opposent à la réparation. Pour vous éclairer,
« pour me justifier vis-à-vis de vous, de vous avoir peut-

« être donné un faux espoir, il faut reprendre les choses
« de plus haut, et vous dire tout ce qui s'est passé,
« puisque j'ai aujourd'hui une occasion sûre pour vous
« écrire.

« Le jour et le lendemain du départ du roi, les deux
« côtés de l'assemblée restèrent en observation sur leurs
« mouvements respectifs. Le parti populaire était fort
« consterné; le parti royaliste fort inquiet. La moindre in-
« discrétion pouvait réveiller la fureur du peuple. Tous
« les membres du côté droit se turent, et ceux du côté
« gauche laissèrent à leurs chefs la proposition des me-
« sures qu'ils appelèrent de *sûreté*, et qui ne furent
« contredites par personne. Le second jour du départ,
« les jacobins devinrent menaçants, et les constitution-
« nels modérés. Ils étaient alors et ils sont encore bien
« plus nombreux que les jacobins. Ils parlèrent d'ac-
« commodement, de députation au roi. Deux d'entre
« eux proposèrent à M. Malouet des conférences qui
« devaient s'ouvrir le lendemain; mais on apprit l'ar-
« restation du roi, et il n'en fut plus question. Cepen-
« dant, leurs opinions s'étant manifestées, ils se virent
« par là même séparés plus que jamais des enragés. Le
« retour de Barnave, le respect qu'il avait témoigné au
« roi et à la reine, tandis que le féroce Pétion insul-
« tait à leurs malheurs, la reconnaissance que leurs
« majestés marquèrent à Barnave, ont changé en quel-
« que sorte le cœur de ce jeune homme, jusqu'alors
« impitoyable. C'est, comme vous savez, le plus capa-
« ble et un des plus influents de son parti. Il avait donc
« rallié à lui les quatre cinquièmes du côté gauche, non-
« seulement pour sauver le roi de la fureur des jaco-

« bins, mais pour lui rendre une partie de son auto-
« rité, et lui donner aussi les moyens de se défendre à
« l'avenir, en se tenant dans la ligne constitutionnelle.
« Quant à cette dernière partie du plan de Barnave, il
« n'y avait dans le secret que Lameth et Duport; car
« la tourbe constitutionnelle leur inspirait encore as-
« sez d'inquiétude pour qu'ils ne fussent sûrs de la ma-
« jorité de l'assemblée qu'en comptant sur le côté
« droit; et ils croyaient pouvoir y compter, lorsque,
« dans la révision de leur constitution, ils donneraient
« plus de latitude à l'autorité royale.

« Tel était l'état des choses, lorsque je vous ai écrit.
« Mais, tout convaincu que je suis de la maladresse des
« aristocrates et de leurs contre-sens continuels, je ne
« prévoyais pas encore jusqu'où ils pouvaient aller.

« Lorsqu'on apprit la nouvelle de l'arrestation du roi
« à Varennes, le côté droit, dans les comités secrets,
« arrêta de ne plus voter, de ne plus prendre aucune
« part aux délibérations ni aux discussions de l'assem-
« blée. Malouet ne fut pas de cet avis. Il leur repré-
« senta que tant que la session durerait et qu'ils y as-
« sisteraient, ils avaient l'obligation de s'opposer acti-
« vement aux mesures attentatoires à l'ordre public et
« aux principes fondamentaux de la monarchie. Toutes
« ses instances furent inutiles; ils persistèrent dans
« leur résolution, et rédigèrent secrètement un acte de
« protestation contre tout ce qui s'était fait. Malouet
« protesta qu'il continuerait à protester à la tribune,
« et à faire ostensiblement tous ses efforts pour empê-
« cher le mal. Il m'a dit qu'il n'avait pu ramener à son
« avis que trente-cinq à quarante membres du côté

« droit, et qu'il craignait bien que cette fausse mesure
« des plus zélés royalistes n'eût les plus funestes con-
« séquences.

« Les dispositions générales de l'assemblée étaient
« alors si favorables au roi, que, pendant qu'on le con-
« duisait à Paris, Thouret étant monté à la tribune
« pour déterminer la manière dont le roi serait gardé
« (j'étais à la séance), le plus grand silence régnait dans
« la salle et dans les galeries. Presque tous les députés,
« même du côté gauche, avaient l'air consternés en en-
« tendant lire ce fatal décret; mais personne ne disait
« rien. Le président allait le mettre aux voix; tout-à-
« coup Malouet se leva, et, d'un air de dignité, s'é-
« cria : — Qu'allez-vous faire, messieurs? Après avoir
« arrêté le roi, on vous propose de le constituer pri-
« sonnier par un décret! Où vous conduit cette démar-
« che? Y pensez-vous bien? Vous ordonneriez d'empri-
« sonner le roi! — *Non! non!* s'écrièrent plusieurs
« membres du côté gauche, en se levant en tumulte;
« *Nous n'entendons pas que le roi soit prisonnier;* et le
« décret allait être rejeté à la presque unanimité, lors-
« que Thouret s'empressa d'ajouter :

« L'opinant a mal saisi les termes et l'objet du décret.
« Nous n'avons pas plus que lui le projet d'emprison-
« ner le roi; c'est pour sa sûreté et celle de la famille
« royale que nous proposons des mesures. » Et ce ne
« fut que d'après cette explication que le décret passa,
« quoique l'emprisonnement soit devenu très-réel, et
« se prolonge aujourd'hui sans pudeur.

« A la fin de juillet, les constitutionnels, qui soup-
« çonnaient la protestation du côté droit, sans cepen-

« dant en avoir la certitude, poursuivaient mollement
« leur plan de révision. Ils redoutaient plus que jamais
« les jacobins et les aristocrates. Malouet se rendit à
« leur comité de révision. Il leur parla d'abord comme
« à des hommes à qui il n'y avait rien à apprendre sur
« les dangers et les vices de leur constitution; mais il
« les vit moins disposés à de grandes réformes. Ils crai-
« gnaient de perdre leur popularité. Target et Duport
« argumentèrent contre lui pour défendre leur ouvrage.
« Il rencontra le lendemain Chapelier et Barnave, qui
« refusèrent d'abord dédaigneusement de répondre à ses
« provocations, et se prêtèrent enfin au plan d'attaque
« dont il allait courir tous les risques. Il proposa de dis-
« cuter, dans la séance du 8, tous les points principaux
« de l'acte constitutionnel, et d'en démontrer tous les
« vices. « Vous, messieurs, leur dit-il, répondez-moi;
« accablez-moi d'abord de votre indignation; défendez
« votre ouvrage avec avantage sur les articles les moins
« dangereux, même sur la pluralité des points auxquels
« s'adressera ma censure, et, quant à ceux que j'aurai si-
« gnalés comme antimonarchiques, comme empêchant
« l'acte du gouvernement, dites alors que ni l'assemblée
« ni le comité n'avaient besoin de mes observations à cet
« égard; que vous entendiez bien en proposer la ré-
« forme, et sur-le-champ proposez-la. Croyez que c'est
« peut-être notre seule ressource pour maintenir la mo-
« narchie et revenir avec le temps à lui donner tous
« les appuis qui lui sont nécessaires. » Cela fut ainsi con-
« venu; mais, la protestation du côté droit ayant été
« connue, et sa persévérance à ne plus voter ôtant
« toute espérance aux constitutionnels de réussir dans

« leur projet de révision, que les jacobins contrariaient
« de toutes leurs forces, ils y renoncèrent. Malouet,
« qui n'avait pas eu avec eux de communications régu-
« lières, n'en fit pas moins son attaque. Il rejeta solen-
« nellement l'acte constitutionnel comme antimonar-
« chique, et d'une exécution impraticable sur plusieurs
« points. Le développement de ses motifs commençait
« à faire une grande impression, lorsque Chapelier,
« qui n'espérait plus rien de l'exécution de la conven-
« tion, la rompit et cria au blasphème, en interrompant
« l'orateur, et demandant qu'on le fît descendre de la
« tribune; ce qui fut ordonné. Le lendemain il avoua
« qu'il avait tort; mais il dit que lui et les siens avaient
« perdu toute espérance, du moment où il n'y avait
« aucun secours à attendre du côté droit.

« Il fallait bien vous faire cette longue histoire, pour
« que vous ne perdissiez pas toute confiance en mes
« pronostics. Ils sont tristes maintenant; le mal est ex-
« trême; et, pour le réparer, je ne vois ni au dedans
« ni au dehors qu'un seul remède, qui est la réunion
« de la force à la raison. »

(*Mémoires de Bouillé*, page 282 et suiv.)

FIN DES NOTES DU TOME PREMIER.

TABLE

DES CHAPITRES

CONTENUS DANS LE TOME PREMIER.

CHAPITRE PREMIER.

État moral et politique de la France à la fin du 18ᵉ siècle. — Avénement de Louis XVI. — Maurepas, Turgot et Necker ministres. — Calonne. Assemblée des notables. — De Brienne ministre. — Opposition du parlement, son exil et son rappel. — Le duc d'Orléans exilé. — Arrestation du conseiller d'Éprémenil. — Necker est rappelé et remplace de Brienne. — Nouvelle assemblée des notables. — Discussions relatives aux états-généraux. — Formation des clubs. — Causes de la révolution. — Premières élections des députés aux états-généraux. — Incendie de la maison Réveillon. — Le duc d'Orléans; son caractère. . 3

CHAPITRE II.

Convocation et ouverture des états-généraux. — Discussions sur la vérification des pouvoirs et sur le vote par ordre et par tête. — L'ordre du tiers-état se déclare assemblée nationale. — La salle des états est fermée, les députés se rendent dans un autre local. — Serment du Jeu de Paume. — Séance royale du 23 juin. — L'assemblée continue ses délibérations malgré les ordres du roi. — Réunion définitive des trois ordres. — Premiers travaux de l'assemblée. — Agitations populaires à Paris. — Le peuple délivre des gardes-françaises enfermées à l'Abbaye. — Complots de la cour; des troupes s'approchent de Paris. — Renvoi de Necker. — Journées des 12, 13 et 14 juillet. Prise de la Bastille. — Le roi se rend à l'assemblée, et de là à Paris. — Rappel de Necker................................ 45

CHAPITRE III.

Travaux de la municipalité de Paris. — Lafayette commandant de la garde nationale; son caractère et son rôle dans la révolution. — Massacres de Foulon et de Berthier. — Retour de Necker. — Situation et division des partis et de leurs chefs. — Mirabeau; son caractère, ses projets et son génie. — Les brigands. — Troubles dans les provinces et les campagnes. — Nuit du 4 août. — Abolition des droits féodaux et de tous les privilèges. — Déclaration des droits de l'homme. — Discussions sur la constitution et sur le veto. — Agitation à Paris. Rassemblement tumultueux au Palais-Royal.................................... 119

CHAPITRE IV.

Intrigues de la cour. — Repas des gardes-du-corps et des officiers du régiment de Flandre à Versailles. — Journées des 4, 5 et 6 octobre; scènes tumultueuses et sanglantes. Attaque du château de Versailles par la multitude. — Le roi vient demeurer à Paris. — État des partis. — Le duc d'Orléans quitte la France. — Négociations de Mirabeau avec la cour. — L'assemblée se transporte à Paris. — Loi sur les biens du clergé. — Serment civique. — Traité de Mirabeau avec la cour. — Bouillé. — Affaire Favras. —

Plans contre-révolutionnaires. — Clubs des Jacobins et des Feuillants... 175

CHAPITRE V.

État politique et dispositions des puissances étrangères en 1790. — Discussions sur le droit de la paix et de la guerre. — Première institution du papier-monnaie ou des assignats. — Organisation judiciaire. — Constitution civile du clergé. — Abolition des titres de noblesse. — Anniversaire du 14 juillet. Fête de la première fédération. — Révolte des troupes à Nancy. — Retraite de Necker. — Projets de la cour et de Mirabeau. — Formation du camp de Jalès. — Serment civique imposé aux ecclésiastiques................... 237

CHAPITRE VI.

Progrès de l'émigration. — Le peuple soulevé attaque le donjon de Vincennes. Conspiration des *Chevaliers du poignard*. — Discussion sur la loi contre les émigrés. — Mort de Mirabeau. — Intrigues contre-révolutionnaires. Fuite du roi et de sa famille; il est arrêté à Varennes et ramené à Paris. — Dispositions des puissances étrangères ; préparatifs des émigrés. — Déclaration de Pilnitz. — Proclamation de la loi martiale au Champ-de-Mars. — Le roi accepte la constitution. — Clôture de l'assemblée constituante....... 289

FIN DE LA TABLE.

www.ingramcontent.com/pod-product-compliance
Lightning Source LLC
Chambersburg PA
CBHW070840230426
43667CB00011B/1874